全国中等职业技术学校汽车类专业通用教材

Qiche Fuwu Gongcheng

汽车服务工程

（第二版）

王旭荣　主　编

徐华东　主　审

人民交通出版社股份有限公司
China Communications Press Co.,Ltd.

内 容 提 要

本书依据《中等职业学校专业教学标准(试行)》以及国家和交通行业相关职业标准编写而成。主要内容包括:汽车销售过程中的服务、汽车生产和流通企业的售后技术服务、汽车维修服务、汽车美容与装饰服务、汽车备品供应服务、二手车交易服务、汽车其他专业服务、汽车服务市场开发,共计8个单元。

本书供中等职业学校汽车类专业教学使用,亦可供汽车维修相关专业人员学习参考。

图书在版编目(CIP)数据

汽车服务工程/王旭荣主编. —2 版. —北京:

人民交通出版社股份有限公司,2018.1

ISBN 978-7-114-14270-3

Ⅰ.①汽…　Ⅱ.①王…　Ⅲ.①汽车工业—销售管理—商业服务—中等专业学校—教材　Ⅳ.①F407.471.5

中国版本图书馆 CIP 数据核字(2017)第 254270 号

全国中等职业技术学校汽车类专业通用教材

书　　　名:	**汽车服务工程**(第二版)
著 作 者:	王旭荣
责任编辑:	闫东坡
出版发行:	人民交通出版社股份有限公司
地　　　址:	(100011)北京市朝阳区安定门外外馆斜街 3 号
网　　　址:	http://www.ccpress.com.cn
销售电话:	(010)59757973
总 经 销:	人民交通出版社股份有限公司发行部
经　　　销:	各地新华书店
印　　　刷:	北京科印技术咨询服务有限公司数码印刷分部
开　　　本:	787×1092　1/16
印　　　张:	11.25
字　　　数:	263 千
版　　　次:	2007 年 5 月　第 1 版
	2018 年 1 月　第 2 版
印　　　次:	2024 年 7 月　第 2 版　第 3 次印刷　累计第 11 次印刷
书　　　号:	ISBN 978-7-114-14270-3
定　　　价:	26.00 元

(有印刷、装订质量问题的图书由本公司负责调换)

第二版前言

为适应社会经济发展和汽车运用与维修专业技能型紧缺人才培养的需要，交通职业教育教学指导委员会汽车（技工）专业指导委员会于 2004 年陆续组织编写了汽车维修、汽车电工、汽车检测等专业技工教材、高级技工教材及技师教材，受到广大中等职业学校师生的欢迎。

随着职业教育教学改革的不断深入，中等职业学校对课程结构、课程内容及教学模式提出了更高的要求。《教育部关于深化职业教育教学改革　全面提高人才培养质量的若干意见》提出："对接最新职业标准、行业标准和岗位规范，紧贴岗位实际工作过程，调整课程结构，更新课程内容，深化多种模式的课程改革"。为此，人民交通出版社股份有限公司根据教育部文件精神，在整合已出版的技工教材、高级技工教材及技师教材的基础上，依据教育部颁布的《中等职业学校汽车运用与维修专业教学标准（试行）》，组织中等职业学校汽车专业教师再版修订了全国中等职业技术学校汽车类专业通用教材。

此次再版修订的教材总结了全国技工学校、高级技工学校及技师学院多年来的汽车专业教学经验，将职业岗位所需要的知识、技能和职业素养融入汽车专业教学中，体现了中等职业教育的特色。教材特点如下：

1."以服务发展为宗旨，以促进就业为导向"，加强文化基础教育，强化技术技能培养，符合汽车专业实用人才培养的需求；

2.教材修订符合中等职业学校学生的认知规律，注重知识的实际应用和对学生职业技能的训练，符合汽车类专业教学与培训的需要；

3.教材内容与汽车维修中级工、高级工及技师职业技能鉴定考核相吻合，便于学生毕业后适应岗位技能要求；

4.依据最新国家及行业标准，剔除第一版教材中陈旧过时的内容，教材修订量在 20% 以上，反映目前汽车的新知识、新技术、新工艺；

5.教材内容简洁，通俗易懂，图文并茂，易于培养学生的学习兴趣，提高学习效果。

《汽车服务工程》是汽车运用与维修专业课之一,教材详细介绍了近十年来国家出台的一系列重要的汽车维修标准和法规性文件,主要内容包括:汽车销售过程中的服务、汽车生产和流通企业的售后技术服务、汽车维修服务、汽车美容与装饰服务、汽车备品供应服务、二手车交易服务、汽车其他专业服务、汽车服务市场开发,共计8个单元。本书由山东交通职业学院王旭荣担任主编,山东交通职业学院徐华东担任主审。

　　限于编者经历和水平,教材内容难以覆盖全国各地中等职业学校的实际情况,希望各学校在选用和推广本系列教材的同时,注重总结教学经验,及时提出修改意见和建议,以便再版修订时改正。

编　者

2017 年 8 月

目　录
CONTENTS

绪　论

知识目标

1. 掌握汽车服务工程的概念；
2. 了解汽车服务工程的基本内容及分类；
3. 了解国际、国内汽车服务业的形成与发展概况；
4. 熟悉我国汽车服务业的基本现状；
5. 掌握汽车服务业的特点；
6. 了解汽车服务业在国民经济中的地位与作用。

课题一　汽车服务工程概述

随着我国汽车产业的迅速发展,机动车保有量迅猛增长,汽车服务业呈现出前所未有的活力,成为汽车行业又一新的利润增长点,同时迅速朝着产业化、专业化方向发展。从2012年至今,我国汽车后市场规模从2012年的4900亿元,逐年递增约1000亿元。据专家预测,未来汽车服务业将蕴藏着高达上万亿元的市场需求。因此,汽车后市场被经济学家称为汽车产业链上最大的利润"奶酪"。

一、汽车服务工程的概念与内涵

汽车服务一般是指对于汽车用户或客户的各类服务。汽车服务一般分售前服务、售中服务、售后服务。服务的范畴覆盖汽车销售、维护修理、美容装饰、配件供应、故障救援、技术培训、智能交通、回收解体、金融信贷、汽车保险、汽车租赁、信息资讯、二手汽车交易、停车、汽车运动、汽车俱乐部等。

汽车的各项服务是相互联系、相互依赖的一个有机整体。汽车服务业的产品是为汽车客户提供优质的服务,方便客户购车,有效、经济、愉快地使用汽车,并延长汽车的使用寿命。我们通常将实现产品所需的所有工作过程概括为"工程"。所以,汽车服务工程是指汽车从出厂开始经过销售、使用、维修,直至报废回收的全过程所涉及的各类服务工作组成的有机服务系统。

二、汽车服务工程的基本内容

随着国民经济稳步发展以及汽车技术的进步,人民生活水平不断提高,汽车服务工程涉及的领域也越来越广,其基本内容包括以下几个方面。

1. 汽车销售服务

汽车销售服务是指顾客在购买汽车的过程中,由销售部门的销售人员为顾客提供的各种服务性工作。例如,销售人员根据顾客的需求向顾客推荐适用的产品,为顾客代办各种购买手续、提车手续、保险手续及行车手续等,乃至为顾客提供其他必要的生活服务(如安排食宿)。目前,普遍采用的销售模式有连锁专卖店、汽车超市和汽车交易市场等。

2. 汽车售后服务

汽车售后服务一般是指汽车生产厂商在保修期内为用户提供的、以质量保修为中心的各项服务。其服务的主要内容有技术咨询、汽车维护、故障维修、备件供应、产品选装、信息反馈等。我国汽车的售后服务一般是以"4S"方式为主提供的,即整车销售、售后服务、备件供应、信息反馈的"四位一体"式服务。此外,还有汽车修理厂、汽车快修连锁店等多种形式的汽车售后服务。

3. 汽车配件和汽车相关产品供应服务

汽车配件供应服务是指汽车生产厂商售后服务配件供应体系以外的汽车配件和汽车相关产品的销售服务。其服务主体是汽车售后服务体系以外的各类销售服务机构或个人,分为批发和零售两类。汽车配件和汽车相关产品的经营模式主要有汽配超市连锁经营、汽配商城集中经营和零售经营等。另外,为汽车实现正常运行补充燃润料服务的加油站,也是汽车配件和汽车相关产品供应服务的重要组成部分。

4. 汽车维修服务

汽车维修服务是指汽车生产厂商及各类汽车维修企业提供的质量保修期之外的汽车技术服务。汽车维修服务企业可以提供各类综合项目的维修服务,如汽车整车的大修;也可以只提供某一单项的维修服务,如发动机修理、车身维修、电气系统维修、自动变速器修理以及轮胎修理等。汽车用户可以根据自己的需要和喜好,选择相应的汽车维修企业为自己服务。

5. 汽车检测服务

汽车检测涵盖两个方面,一方面是为了维修汽车而进行的汽车故障检测和维修质量的检测,这类检测服务是汽车维修服务不可分割的组成部分;另一方面是为保证交通安全,每年要进行一次汽车安全检测,通常要求提供安全检测服务的机构是具有检测资质的独立机构。

6. 汽车维护、美容与装饰服务

汽车维护服务是指更换汽车润滑油,对汽车进行检查、紧固、调整及各种附加的小修作业服务。汽车维护通常是预约的、按计划进行的。

汽车美容与装饰服务主要是根据用户要求,在不改变汽车的基本使用性能的前提下,对汽车进行的内外装饰、漆面养护、防盗用品安装等服务。

7. 汽车故障救援服务

汽车故障救援服务是指因车辆突发故障而导致车辆不能正常行驶时所实施的紧急救助

服务。救援服务的主要内容包括临时加油、故障抢修、拖车服务等。

8. 汽车驾驶培训服务

汽车驾驶培训服务是指为广大的汽车爱好者提供汽车驾驶训练,帮助他们掌握驾驶技术并考取驾驶执照的服务。

9. 汽车回收解体服务

汽车回收解体服务是指根据国家有关汽车报废的管理规定,将从用户手中回收报废的车辆进行解体,并作相应无害化处理的服务,属于绿色环保服务。通过提供车辆的回收解体服务,防止报废车和报废零件的再使用,对防止环境污染、杜绝资源浪费、促进交通安全、提高社会效益和经济效益具有重要意义。

10. 智能交通服务

智能交通服务就是向广大的汽车驾驶人提供以交通导航为核心,提高用户出行效率的服务。智能交通系统是将数据通信传输技术、电子控制技术、计算机信息处理技术等应用于交通运输,实现运输方式的现代化。智能交通服务系统包括车载系统和公共系统两大组成部分。车载系统主要有信息接收系统(收音机、影碟机、车载电话、车载计算机)、车载办公系统等;公共系统有交通信息、行车向导、事故救援、联络通信等。

采用智能交通系统可以有效地缓解交通拥挤,同时改善交通环境,降低交通事故,提高交通参与者的方便和舒适程度。

11. 汽车信贷服务

汽车信贷服务主要指向广大汽车购买者提供金融支持的服务。例如,金融服务机构为顾客提供资信调查与评估、提出贷款担保方式和方案、拟订贷款合同和还款计划书,依据顾客的信用度或在一定的担保条件下向顾客提供一次性或分期支付的贷款等。

12. 汽车租赁服务

汽车租赁服务是向顾客提供短期或临时性用车,并收取计时或计程租金的服务方式。

13. 汽车保险服务

汽车保险服务是指向广大的汽车用户提供适用的汽车保险产品,收取保费、鉴定事故损失和责任、办理理赔手续等具体的保险服务。

国内传统的汽车保险与理赔主要由保险公司自己的理赔人员负责定损和办理理赔。由于被保险人对车辆保险涉及的有关问题(如车险条款、车辆修理、事故处理规定等)知之甚少,这种方式对被保险人有时会有失公平。近年来,在我国为车辆保险理赔提供第三方专业评估的汽车保险公估行业,已悄然兴起。其社会职能主要是维护市场公平竞争的秩序,促进交易活动顺利进行,降低市场交易费用,保障各市场主体的合法权益,促进市场主体决策和管理的完善等。

14. 二手汽车交易服务

二手汽车交易服务即为汽车交易双方提供的相关服务。服务内容包括二手车收购、二手车销售、买卖代理、信息服务、交易中介、车辆评估及代办各种手续等。二手汽车交易应满足不同层次的消费者对汽车的各种需求,活跃汽车市场并促进新车的销售。

15. 汽车信息服务

汽车信息服务是指向汽车服务企业提供行业资讯服务和向消费者提供汽车导购的信息

服务。服务内容包括市场调查与预测、项目规划、行业动态、汽车导购、政策法规宣传等。

16.汽车文化服务

汽车文化服务是指向广大汽车爱好者提供与汽车相关的、以文化消费为主题的各种服务。汽车文化服务有汽车博物馆、汽车展览、汽车影院、汽车报刊、汽车书籍、汽车服饰、汽车模特、汽车旅游、汽车运动等。当前，随着汽车的普及、文化的发展，国内正在形成较大规模的汽车文化服务产业。

17.汽车市场与场地服务

汽车市场与场地服务是指向汽车服务商家和汽车用户提供场所和场地服务，是汽车服务工程配套的服务项目，包括汽车交易市场、汽车配件市场、公共停车场以及展览场馆等。

三、汽车服务工程的分类

（1）按照服务内容的特征划分，汽车服务工程可分为：

①汽车销售服务，包括新车销售、二手汽车销售、交易服务等；

②汽车维修服务，包括汽车配件供应服务、汽车维修服务、汽车检测服务、汽车故障救援服务等；

③汽车使用服务，包括汽车维护及美容与装饰服务、汽车驾驶培训服务、智能交通服务、汽车保险服务、汽车信息服务、汽车资讯服务、汽车租赁服务、汽车回收解体服务等；

④汽车延伸服务，包括汽车信贷服务、汽车法律服务、汽车文化服务等。

（2）按照服务内容的技术特征划分，汽车服务工程可分为：

①技术型服务，包括汽车的售后服务、维护修理、美容与装饰、配件供应、故障救援、技术培训、智能交通、回收解体等；

②非技术型服务，包括汽车销售、金融信贷、汽车保险、汽车租赁、信息资讯、二手车交易及停车、加油、汽车运动、汽车俱乐部等。

课题二　汽车服务业的形成与发展

汽车服务工程是由各类汽车服务内容形成的一个服务体系，汽车服务的内涵和内容随着汽车保有量的增加及广大汽车用户对各类汽车服务的需求日益增加而拓展。汽车服务市场具有很大的商机。

一、国际汽车服务业的形成与发展

1.国际汽车服务业的形成

汽车工业在全世界获得了迅速的发展，成为很多国家的支柱产业，带动了汽车服务业的形成和发展。汽车服务市场非常大，包括所有与汽车使用相关的业务。发达国家早就进入到了汽车服务时代，汽车租赁、二手车交易、汽车维修和汽车金融等业务，被称之为"黄金产业"。据权威资料统计，2015 年，美国、英国、德国等国家的二手车交易量都已达到新车销售量的 2 倍以上，日本二手车年销量已连续 6 年超过了新车，二手车交易的利润也超过了新车销售利润。2015 年全球汽车租赁业的年营业额已超过 1331 亿美元。以美国最为典型，每 9

个工人中就有一人从事与汽车有关的生产、销售、服务等工作。

美国的汽车服务概念形成于20世纪初期。20世纪20年代开始出现专业的汽车服务商,从事汽车的维修、配件、用品销售、清洁养护等工作,著名的 PEPBOYS、AUTOZONE、NA-PA 等连锁服务商,都是在这一时期开始创业。2015年,他们已经成为美国汽车服务市场的中坚力量。美国 PEPBOYS 已经拥有500多家大型汽车服务超市,每家面积近2000m²,被称作汽车服务行业的沃尔玛;AUTOZONE 发展了3000多家700~800m² 的汽车服务中心;而 NAPA 的终端则达到10000多家。

进入20世纪70年代,世界性的石油危机和外国汽车大量涌入美国,不仅对美国的汽车工业带来巨大冲击,同时也引起了美国汽车售后服务市场的巨变,经营内容大大扩展,服务理念也大大改变,汽车服务开始向低成本经营转变,注重发展连锁店和专卖店的服务形式。连锁技术的充分应用是美国汽车服务业最大的特点。在美国几乎不存在单个的汽车服务店,无论全业务的 PEPBOYS 汽车服务超市,还是单一功能的洗车店,无不以连锁的形式经营。这种模式不但能满足汽车服务行业发展与扩张的需要,而且能保证服务的专业化、简单化、标准化和统一化,得到了从业者和消费者的普遍欢迎。

美国不但有数千平方米的 PEPBOYS 连锁店的大型卖场,也有 AUTOZONE 这样的一站式汽车服务中心;有星罗棋布、分散于大街小巷的便利型连锁店,还有各式各样的专业店,比如专业贴膜、专业喷漆、专业装音响等。多种业态各有优势、相互补充,满足不同层次消费者的不同需要,各有自己的生存与发展空间。例如在美国,一家 PEPBOYS 的大卖场周围,一般都会聚集很多小店,每间100~200m²,有修换轮胎的,改装底盘的,贴太阳膜的等。每家都充分地把自己的优势发挥到极致,又与其他的商家相结合,成行成市,一起满足消费者的要求。分工已经从生产领域扩展到了服务领域,消费者更依赖专业化,而不再相信全能。

有资料表明,经过近百年的发展,2015年美国的汽车服务业已经在汽车产业链中占据重要位置,其规模超过3560亿美元,而且是整个汽车产业链中利润最丰厚的部分,汽车维修服务业已经成为美国仅次于餐饮业的第二大服务产业,并连续30年保持持续高速增长,是美国服务行业的骨干。

2. 国际汽车服务发展的一些新趋势

1)品牌化经营

一辆车的交易是一次性的,但是优秀的品牌会赢得顾客一生信赖,这就是品牌的价值所在。品牌可以使商品卖更好的价钱,为企业创造更大的市场;品牌比产品的生命更为持久,好的品牌可以创造牢固的客户关系,形成稳定的市场。

品牌经营是一种艺术。品牌经营要求企业告别平庸,打动顾客。有人认为汽车工业是重工业中唯一涉及时尚的行业,因为汽车代表着厂家的形象,也代表着用户的形象。

品牌对经营者是一种耐心的考验。品牌如同一个精美的瓷花瓶,烧制不易,价值连城,但是失手打破却是再简单不过的事。一个汽车公司或一家经销商,每天有成千上万次接触顾客的机会,每次机会都可能发生重大的影响。

在国外,著名汽车厂家的产品商标同时也是服务商标,特别是在汽车修理方面,如果挂出某一大公司的商标,就意味着提供的服务是经过该公司确认的,使用商标是经过该公司许可的。而在国内,只认识产品商标,以服务作为品牌,国内还是远远没有认识到。近年,德尔福宣称在中国树立汽车品牌服务形象,应该说是国外品牌服务向国内进军的开始,美国的保标快修业到中国推行连锁加盟计划,实际上就是以品牌带动服务网络建设。

2）从修理为主转向维护为主

汽车坏了就修理还不是真正的服务,真正的服务是要保证用户的正常使用,通过服务要给用户增加价值。厂家在产品制造上提出了零修理概念,售后服务的重点转向了维护。20世纪80年代,美国汽车维修市场开始萎缩,修理工厂锐减了31.5万家,而与此同时,专业汽车养护中心出现爆炸性增长,仅1995年一年就增加了3.1万家。2015年,美国的汽车养护业已经占到美国汽车维修行业的80%,产值超过4000亿美元。

3）电子化和信息化

随着汽车技术的发展,汽车的电子化水平越来越高,一些汽车产品已经实现了全车几乎所有功能的电脑控制,如动力系统、制动系统、悬架系统、空调系统、转向系统、座椅系统、灯光系统、音响系统等,车载通信系统、车载上网系统、车载电子导航系统等也得到越来越多的应用,因此汽车的维修越来越复杂,维修人员凭经验判断故障所在的时代早已经过去,现在汽车的维修需要通过专门仪器进行检测,运用专用设备进行调整。汽车修理所需要的产品数据也以电脑网络、数据光盘的形式提供,不再需要大量的修理手册。汽车厂商和修理商也会提供网上咨询,帮助用户及时解决使用中的问题。

4）规模化经营和规范化经营

汽车维修行业的规模化经营与汽车制造业不同,不是通过建立大规模的汽车修理厂或汽车维修中心,而是通过连锁、分支机构实施经营。美国的保标快修业在美国本土就有一千多家加盟店,并在全世界扩展自己的网络系统。

规模化经营同规范化经营是密不可分的。在同一连锁系统内,采用相同的店面设计、人员培训、管理培训,统一服务标识,统一服务标准,统一服务价格,统一管理规则,统一技术支持,中心采用物流配送,减少物资储存和资金占用,降低运营成本。

由于汽车产品的复杂化,带来了维修技术也越来越复杂,难度越来越高,维修的设备价值越来越高,已经不能像原来那样每个维修服务点都购置一套,为此,国外汽车公司开始实行销售和售后服务的分离,即在一个城市有几家规模较大的维修服务中心,备有全套的修理器材,而一般销售点只进行简易的修理和维护作业。

在汽车厂家提供越来越周到的售后服务的同时,汽车的维修行业也出现专业化经营的趋势,如专营玻璃、轮胎、润滑油、美容品、音响、空调等。专业化经营具有专业技术水平高、产品规格全、价格相对比较低等优势。与此同时,综合化（一站式）经营也发展很快,如加油站同时提供洗车、小修、一般维护、配件供应等服务。

二、我国汽车服务业的形成与发展

我国当前是全球第一大汽车制造国和最大汽车消费国,巨大的汽车后服务市场逐渐形成。到2016年,我国汽车保有量已达到2.9亿辆,汽车后市场规模超过万亿元,正在由"汽车制造和汽车消费"向"汽车服务"转型。

我国的汽车服务体系历经了三个主要发展阶段。

1. 起步阶段

1956年,随着第一汽车制造厂在长春建成投产,我国的汽车工业从无到有,汽车服务业也随之进入起步阶段。从 1956 年至 1984 年,这个阶段的汽车生产、汽车销售与汽车维修服务都是在国家计划经济的体制下运行的,归属于国家不同的产业部门管理,汽车的生产、流通与维修服务的各项职能被人为分割,各自独立运行。各生产企业缺乏自主经营权,企业间也不存在竞争关系。汽车服务仅局限于汽车维修服务这一单一类别,几乎没有其他的服务内容。

由于这一时期国家的经济基础比较薄弱,汽车数量少、汽车品种单一,且由于汽车用户几乎都是国有或集体所有制的企事业单位,对汽车服务除汽车维修质量外也无太多要求,使得我国的汽车服务业在这一阶段发展速度缓慢,服务内容也很不全面。

2. 发展阶段

1985 ~ 1993 年,国家全面进入市场经济建设时期,单一的计划经济体制被彻底打破,市场逐步成为资源配置的主角,市场竞争日趋激烈。随着汽车市场的开放,个人购车大幅增加,使汽车保有量也迅速增加。这些变化直接推动了汽车服务业的发展,对汽车服务业的服务内容也提出了新的要求,促使汽车服务业突破单一的汽车维修服务形式,新的汽车服务项目随之出现并得到发展。如汽车配件市场、汽车厂家的售后服务体系的建立、特约维修站、汽车分期付款的销售方式都是在这一时期出现的。在这一时期,汽车的驾驶培训服务、报废车回收服务也得到强化和规范。

3. 全面形成阶段

从 1994 年至今,是我国汽车服务业全面形成并成熟的阶段。在这一阶段,我国的汽车工业得到了稳步、健康的发展,轿车开始进入家庭,汽车的买方市场已经形成,私人购车已经逐步占据了汽车市场的主导地位。在这种背景下,我国的汽车服务业出现了剧烈的变革,针对汽车用户的各种日益增长的汽车服务方面的需求,我国汽车服务业的服务范围迅速扩大,服务的内涵极大地丰富,服务的水准也得到较大提高,汽车服务工程体系基本形成,并逐步与国际汽车服务业接轨。

三、我国汽车服务业的基本现状

统计表明,2015 年国内仅汽车维修正式注册的企业就已达 48 万余家,汽车用品及服务方面,仅经营汽车美容的企业就有近 20 万家。但与跨国企业相比,国内汽车服务行业仍存在许多不完善,主要体现在以下几个方面。

1. 服务质量不高

随着我国汽车市场的逐渐成熟,消费者对经销商提供的服务要求也越来越高。而我国汽车服务行业中汽配城和路边店占有相当大的比例,不能满足汽车消费者日益增长的需求,汽车服务质量在整体上尚处于中低水平状态。

2. 从业人员素质较低

提高服务质量取决于汽车服务业从业人员的自身素质和技术水平。而该行业在目前阶段大多由一些文化层次较低的人从事作业,这些人由于自身素质所限,使行业的技术力量水平明显偏低,行业的技术服务质量也受到了很大影响。汽车服务业对从业人员不仅要求有吃苦耐劳的精神,更侧重于专业技能。因此,随着我国汽车产量进一步增加,必然需要大量职业化、专业化的服务人才。

3.管理方式落后

我国的汽车服务业内,管理方式落后主要表现在两个方面:一是服务管理理念落后,"以人为本,顾客至上""理解顾客需求,满足并争取超越顾客要求"的先进理念在我国汽车服务业内还未普遍建立,表现在企业生产过程中重视硬件设施建设,忽视对服务质量的管理;二是管理技术落后,我国的汽车服务企业和部门还未普遍采用先进的信息化管理手段,使得管理效率低下,阻碍了汽车服务业的发展。

4.管理制度法规不健全

目前,国内汽车服务业还没有形成一整套严格的行业标准和服务体系。如没有旧机动车评估的国家标准,国家尚无汽车租赁业务的相关管理条例和法规,汽车美容与装饰业的价格标准、质量标准和工时标准缺少明确的统一规范等,这些都为相关的汽车服务企业的不规范经营提供了空间。汽车服务市场的发展呼吁国家有关部门尽快制定出一整套关于汽车服务市场管理的相关政策、规范和法规,以引导汽车服务业健康发展。

四、我国汽车服务业的发展趋势

在新的历史时期,全球实现经济一体化步伐越来越快,国民经济面临全面的国际竞争与合作,这将拉动我国汽车服务业的大发展,通过引进先进的服务和管理理念,逐步缩短与国际先进水平的差距。

1.汽车服务业管理规范、法规将逐步完善

最近几年,政府有关部门出台了一些与汽车服务业相关的重要制度与政策措施,如《保险法》《道路交通安全法》《汽车金融公司管理办法》及其实施细则、《缺陷汽车产品召回管理条例》《汽车信贷管理办法》《汽车销售管理办法》、国家交通部发布的《机动车维修管理规定》等。随着汽车服务市场的发展,国家还会不断地制定和完善关于汽车服务业管理的规范、法规,这将对我国汽车服务市场的发展产生积极影响。

2.商家提供诚信和优质的服务将是汽车服务的重心

现在,许多从事汽车服务业的人士已经充分认识到优质的服务对企业和行业发展的重要意义,"企业的一切经营活动,都要围绕顾客的需求"的理念已经越来越被业内人士接受。许多商家通过自律,改正过去的服务欺诈行为,以树立自己诚信和优质服务的形象,这将带动汽车服务业整体形象的提升。

经销商为摆脱伪劣商品对市场的冲击及营销无利可图的局面,变目前单纯的商品经营模式为品牌经营、网络经营、深度开发经营、团队经营等全方位经营模式。通过经营创新,开发新的利润空间和实现差别化竞争;通过注重投资和品牌建设,把连锁经营的那种稳定感、信任感和安全感带给顾客。

3.汽车服务业正向"连锁店"和"一站式服务店"两个方向发展

连锁经营在汽车服务业中是比较理想的模式,它有助于提高整个行业的服务水平。中国汽车后市场已经掀起了加盟连锁浪潮,并成长了一批有影响的汽车服务企业,有的企业服务连锁店的数量已超过千家。据业内专家分析,连锁经营将是未来汽车服务行业的主流运营模式。连锁业的兴盛不但能大大提高商业流通领域的效率,而且对制造业、服务业等产业也带来深远的影响,更重要的是它使消费者受益,提升了人们的生活品质。

4. 市场竞争日趋激烈

我国已正式加入 WTO。根据 WTO 议定的条件,我国给予外商全面的贸易权和分销权,开放企业营销、批发和零售、售后服务、产品修理、维护、物流运输、金融服务等与服务贸易有关的市场。在国际和国内的两个汽车服务市场上,我国的汽车服务业将与国际国内的同业者开展全面、充分的市场竞争。因此,我国的汽车服务业必须面对日趋激烈的国际国内竞争。

<h2 style="text-align:center">课题三　汽车服务业的特点及其
在国民经济中的地位与作用</h2>

一、汽车服务业的特点

通过对汽车服务内容以及形成与发展过程的分析,汽车服务业有以下突出的特点:

(1) 汽车服务业服务领域涉及的内容广、门类多。

(2) 汽车服务业产业规模大,利润丰厚。据资料表明,汽车产业链中 20% 的利润来自整车,20% 的利润来自汽车零部件,而 60% 的利润来自汽车服务业。

(3) 汽车服务业为社会提供的就业机会多,社会效益好。汽车服务业产业规模大,并由于服务性质决定着汽车服务网点分布,汽车服务业能直接为社会提供众多的就业岗位。

(4) 汽车服务业是汽车工业发展的重要保证。一个能够充分满足广大汽车用户各种需求,为顾客提供高效、方便、快捷服务的汽车服务体系,可以最大限度地刺激消费者的购车欲望,从而极大地促进汽车工业的发展。

二、汽车服务业在我国国民经济中的地位与作用

经过多年的发展,我国的汽车服务业已经成长为仅次于餐饮服务业的第二大产业,每年完成数以千亿计的产值,随着我国经济的发展和汽车普及程度的加快,这个产业还将继续壮大。据预测,到 2020 年中国汽车产量可达 4000 万辆,是世界第一大汽车生产国,我国的汽车消费市场也成为全球最大的汽车市场。这表明我国的汽车服务业还有很大的发展潜力,蕴藏着巨大的利润空间,汽车服务业必将成为国民经济的重要组成部分,其完成的产值将是汽车制造业本身的数倍。

汽车服务业吸纳就业能力的意义尤为重大。至 2020 年,我国人口预计达到 15 亿人左右,大约需要 7 亿~8 亿个就业岗位,如果按照目前发达国家汽车及相关产业提供 18% 的就业机会计算,到时我国汽车及相关产业提供的就业岗位将达到 1.2 亿~1.4 亿个,其中汽车服务业直接提供的就业机会将在 8000 万个以上。这是个庞大的就业市场,对于缓解我国长期面临的就业压力,将起到不可估量的作用。

综上所述,汽车服务业不仅是汽车工业的重要组成部分,更是国民经济的重要组成部分,对国家经济发展和社会的稳定具有十分重要的作用。

单元一
汽车销售过程中的服务

知识目标

1. 理解各种销售模式的特点及区别；
2. 熟悉提供车辆信息及购车上牌手续咨询的内容；
3. 熟悉网上订购汽车的操作程序；
4. 熟知保修索赔的条件、期限及范围。

技能目标

1. 能够利用网上资源查询购车信息；
2. 能正确提供车辆的各种信息及代理服务。

课题一 汽车销售模式

汽车销售模式是汽车产品在流通阶段的制度安排，是汽车营销环节的重要组成部分，它直接影响着汽车产业链的整体运作效率。目前，我国汽车业的营销模式呈现多样化的格局，现存的主要汽车营销模式有4种，即多品牌的普通经销、连锁品牌专卖、汽车交易市场、网络销售等。多数制造商是以特许经营的品牌专卖店为主体，一般的普通经销商和网络销售为补充。

汽车消费者希望在适当的时间和地点购买到其所需的汽车产品；汽车生产者希望其所生产的产品能迅速、顺利地转移到消费者手中，实现汽车产品的价值和使用价值，促进生产的发展。因此，销售模式的多样化符合当前汽车市场发展阶段的特点，符合当前汽车消费群体的不同需求，适应不同区域市场差异的要求。

一、普通经销商销售模式

1.普通经销商销售模式和特点

（1）不限定区域。普通经销商是指从事货物交易中，取得商品所有权的中间商。它属于"买断经营"性质，具体形式可能是批发商，也可能是零售商。经销商最明显的特征是将商品买进以后再卖出，由于拥有商品所有权，经销商往往制定自己的营销策略，自行确定销售区域，以期获得更大的效益。

（2）经销商认定条件相对宽松。汽车经销商的一般条件有：属于合法注册的企业法人；

注册资金不低于一定数额(具体要求与其经营的汽车品种有关);具有拟分销车型的经营资格;有固定的或属于自己的经营场所;有一定的自由流动资金;在当地有较好的银行资信和一定的融资能力。

（3）多品牌经营。普通经销商通常是根据市场需求经营多个品牌的产品,汽车制造企业没有对其进行培训和规范化的义务。因此,汽车制造商对经销商也没有额外的限制,其收益主要来自于商品买卖之间的差价。

2. 普通经销商的市场地位

在普通经销商的销售模式中,经销商承担的主要义务是分销,即制造商通过经销商将产品销售给消费者。多品牌销售使人员素质难以控制,普通经销商的销售模式不是目前市场交易的主流模式。但随着多种资本进入汽车市场,一批私营或股份制销售商家正在迅速崛起,有的甚至被多个汽车厂家同时看好,成为专业化、多品牌的特许专营商。

二、连锁品牌专卖销售模式

1. 连锁品牌专卖的特点

连锁品牌专卖是汽车制造商与经销商签订合同,授权汽车经销商在一定区域内从事指定品牌的营销。多数品牌专卖是以汽车厂家的连锁式品牌专项经营为主体,以整车销售(Sale)、配件供应(Spare part)、维修服务(Service)和信息反馈(Survey)的"四位一体"为特色的综合性汽车营销模式,因此,汽车品牌专卖店也被人们称为"4S 店",目前它已成为我国汽车销售的主要模式。连锁品牌专卖区别于其他销售模式的特点如下。

1)要求统一规范、统一标识、限定价格、限定区域

连锁品牌专卖店统一的店面形象和舒适的购车环境,给人强烈的视觉冲击,能有力地提升汽车生产企业的影响,并为企业品牌树立良好的形象。如一汽丰田、北京现代、广州雅阁等品牌专卖店,均已实施从外观形象到内部布局、从硬件投入到软件管理,售前、售中和售后等一系列服务程序,都有统一规范、统一标识、统一管理,并实施严格的统一培训。

为了减少流通环节,增加汽车市场的透明度,汽车生产企业对同一品牌汽车在不同地区销售实行统一限定的最低零售价,配件价格也由生产企业实行全国统一限价,其中主要部件自给。这既保证了配件质量,又降低了成本。

为了统一销售政策,生产企业还给经销商划定市场范围,实行区域内以直销为主的终极用户销售,限制跨地区经营。同时建立了完备的信息反馈系统和用户管理系统,使厂商及时跟踪用户使用情况,改进产品设计。

2)具有排他性

连锁专卖店的排他性主要体现在不得经销其他品牌的产品,而且一个汽车品牌在某个城市的专卖店数量是有一定限量的。由于专卖制度具有排他性,使真正有实力的经销商可以借助品牌专卖的方式淘汰许多竞争对手,从中获得稳定的收益,并把主要精力放在发展自己区域内的客户上,用良好的服务稳定用户。这种经销队伍的优胜劣汰,对净化汽车流通市场可以起到积极作用。

3)具有严格的认定条件

实行连锁品牌专卖后,生产企业在选择经销商的过程中,要对经销商的融资能力、资金

周转、财务状况、售车经验、服务水平等多方面进行严格的综合评估和资格认证。同时，还要在专营商与制造商之间建立信息管理运作程序，将每天各专营店的销量、库存、需求及品种等各方面的信息及时反馈、汇总和分析，为新车型的规划、研发和产品的完善提供必要的市场资料和操作依据。

4）经销政策透明公正

生产企业给予经销商地区垄断的经营地位，保证经销商有合理的利润率，并对品牌专卖的企业确立了同一规模、相同标准的返利政策。合理的毛利率和公平有序的竞争环境避免了销售网络内经销商之间的无序竞争，并形成一致对应其他品牌的竞争格局。这样既可以使经销商接受限价、限量的规定，又可吸引众多投资。

2. 连锁品牌专卖模式的发展优势

品牌专卖模式不但有利于我国汽车销售结束"千军万马齐上阵"的混乱营销局面，强化营销资质认定，规范汽车交易行为，而且可以帮助汽车制造厂商增加利润、扩充资本积累，有益于扩大生产和增大科技开发力度。由于责任明确、产品售后服务方便、有保障，对于广大消费者来说，利大于弊。同时，真正有实力的汽车经销商可以借助"专卖制"战胜许多竞争对手，从中受益。这种营销模式对汽车工业的发展是大有好处的。

品牌专卖模式的优势主要是在于汽车制造厂商与经销商的利益一致、策略互补，减少了中间环节和责任冲突，有利于营销的拓展，而且汽车制造厂实行经销商区域代理，统一服务规范，减少了经销商之间的无序竞争与抬价、压价。特别是连锁品牌专卖能够使各店共享品牌资源，降低宣传成本。由于采取"四位一体"模式，生产、销售、维修服务由汽车制造厂商负责到底，汽车制造厂商对连锁品牌专卖店的专业营运管理和技术支持，使消费者可以在车辆购买、使用方面做到放心、称心。

在现阶段，品牌专卖模式是适应我国国情的主要汽车销售模式，这种模式也是今后一个阶段我国的主流汽车销售模式。

3. 连锁品牌专卖销售模式的现状

连锁品牌专卖模式在1999年由欧洲传入我国，以后逐步得到了市场和消费者的认可。从其在我国的发展情况来看，目前连锁品牌专卖模式已经成了一个十分庞大的市场，正以中国特有的方式塑造着新的市场格局。这种模式已经被认为是我国汽车销售模式与国际接轨的标志。目前，仅北京地区在工商局注册的汽车品牌专卖店就有两千多家，其中有400家的注册资产达到1000万元以上；在上海地区包括上海市汽车修理公司在内，近几年来，发展最为迅速的十几家大型汽车服务公司都已纷纷开设了"四位一体"的汽车联销品牌专卖店（即4S店）。这种经营模式的成功，主要得益于"良好的品牌形象、总部的保障支持、组织系统的稳固和可控"这三大要素。随着全球经济一体化进程的步伐加快和汽车市场的发展，走汽车联销品牌专卖模式的道路将是今后国内汽车服务业占领市场的有效途径。

4. 品牌专卖模式的范例

（1）广州本田销售模式。这是现今公认的国内较为成功的品牌销售模式。它直接照搬日本本田公司的品牌专营模式，系国内首家采用"四位一体"制专营店销售网络的厂商。在专营店布建过程中，根据各地的售车量，确定分销点的布建数量。

（2）上海大众销售模式。多年来上海大众一直由上海汽车工业销售总公司行使产品的总经销权,并由其在全国各地建立的多级销售网进行产品的批发与零售。这种产销分离的销售模式带来的后果是难以根据市场变化及时调整产品策略,曾使上海大众市场占有率出现衰退,促使上海大众收回产品销售权,于 2000 年 8 月成立"上海大众汽车销售有限公司",将通过资格认证的经销商改为特许专营店,实行统一的"四位一体"制。至此,上海大众完成了销售制的战略转型。

(3)天津夏利销售模式。夏利由天津汽车工业销售有限公司总经销。其在全国各地建立全资子公司、控股子公司、参股子公司、特许经销商及特约维修服务站(中心)负责整车销售、零配件供应、维修服务和信息反馈工作。销售采用自销与特许经销的混合模式。

三、汽车交易市场销售模式

汽车交易市场包括普通经销商和位于交易市场内的品牌专营店。在一些大城市,汽车交易市场的成交额占到总成交额的一半左右,汽车交易市场在中国目前销售渠道中的地位十分突出。

1. 汽车交易市场的特点

汽车交易市场是符合中国国情、民情、商情,具有市场生命力和经营活力的成功的营销模式,是在中国传统的汽车流通模式的基础上发展建立起来的,应该说是适应我国发展现状的。大型汽车交易市场具有知名度高、综合性客流量大、商家品牌多、便于购车者选择比较、服务功能齐全、交易集中、经销商经营成本低等诸多优势,能满足不同层次的消费者的需要,其特点如下。

1)容量大、品牌齐全

汽车交易市场作为一种已经存在数年的汽车销售模式,因其营业面积大,销售的品牌齐全,市场内部竞争激烈,消费者可以在价格上得到实惠以及在配套设施上相对完善,办理各种手续比较简便,再加上配件等也可以在市场内一次购齐等优点,这种富有中国特色的汽车交易市场将会在一段时间内备受欢迎而存在。

例如,汽车交易市场在城市交通方便的位置,有 200 亩土地就可容纳包括新车、二手车在内的 200 个以上汽车品牌销售店。而 4S 专卖店在城市交通方便的位置以 10 亩土地(含配套绿地面积)设置一个整车销售、配件供应、服务及维修的专卖点。两者对比,我们不难发现,在日益紧张的土地资源的使用上,汽车市场做到了最大化的节约,仅为 4S 店的 1/10 左右。

2)普通经销商和特许经销商同场竞争

汽车交易市场管理者与经营者划分而治,功能清晰,市场管理者主要为经营者服务,为方便购车者提供服务;另外厂家同意特许专卖店的进入,满足不同消费者需求。在市场内,独立经销商和分散的个性化销售也开始占有一定的份额,私人、私营、股份制的商家迅速崛起,还有部分有实力的企业集团,如果被多个汽车厂家看好并授予特许专营权,就可拥有多个品牌的经销权,而汽车交易市场即为普通经销商和特许经销商同场竞争提供了平台。

3)多种服务一站完成

汽车虽然是一个最终消费品,但不同于其他消费品,它具有相当长的价值增值链,如销售、金融服务、上牌照、保险、维修服务、汽车美容养护、置换、培训等。消费者在享受汽车文明的同时,渴望能得到上述服务行业便捷、高质量、高水准的服务。在这一点上,有形汽车交易市场具有不可替代的优势。汽车交易市场人流、物流、信息流非常集中，能提供全方位的服务，消费者进入市场，好像进了百货公司，与汽车有关的物品和服务应有尽有，不仅购车可以货比三家，按揭、置换、装潢、美容、保险、维修等服务也都可以货比三家，有的汽车城还设有上牌代理点。

2.汽车交易市场模式的发展趋势

在国外，汽车交易市场也是受消费者欢迎的模式之一，并有新的发展趋势。以美国为例，品牌代理模式的发源地在美国，但美国的有形汽车市场的发展并没有止步。如位于美国密歇根州南部的底特律汽车城，为世界最著名的汽车城，是一个多品牌的汽车有形市场，集汽车博览、汽车贸易物流为一体，商业、金融密集，并经常举行大型的国际车展。最大的一次汽车展会，全球共有60多个概念车、50多个品牌、700多种轿车和载货汽车参展，约65万观众到场参观。又如法国巴黎汽车城，有8个大型功能厅，分别展示普通车型、概念车、运动赛车及汽车部件，并设有提供各类汽车信息的互联网站。

中国有形汽车市场已走过了20个年头，越来越多的汽车有形市场如同雨后春笋般成为我国汽车销售的主流模式，如北京的亚运村汽车交易市场、北方汽车交易市场、天津空港汽车园、上海国际汽车城、厦门国际汽车城等一大批大型汽车市场纷纷成立。

从我国的情况看，目前品牌专卖店发展比汽车有形市场要好，这主要与品牌专卖店良好的售后服务保障有较大的关系。因此，汽车有形市场也要不断与时俱进，加大软硬件的投入和建设，进一步建立与驻场经销商的和谐关系，净化交易环境，优化各种服务功能，为不同层次的消费者提供更多的延伸服务和增值服务，继续保持大型汽车市场对购车者的吸引力。特别地，在汽车交易市场设立更多品牌专卖店是消费者期盼的理想模式之一。进一步而言，如果汽车交易市场以其现有的综合优势，能够吸引专卖店驻场来建立其"四位一体"的营销体系，那么，大型交易市场不但不会被专卖店取代，反而会因为具有诸多便利和优势而吸引各个层次的消费者。

3.汽车交易市场销售模式范例

1）天津空港国际汽车园

天津空港国际汽车园占地100万 m²，吸引了多家知名汽车企业的专卖店，提供包括中外汽车展示、销售、零部件供应以及汽车检测、维修、试乘试驾、仓储物流、金融信贷、上牌办证等在内的各项汽车相关服务，服务范围辐射京津冀和中国北方地区。汽车爱好者和消费者在这里可以享受"一条龙""一站式"服务，一天内就可完成选车、购车和手续办理。特别是每年举办的四季汽车嘉年华活动，体现了它集汽车文化、汽车娱乐、汽车展示、汽车驾乘、汽车交易为一体的全方位功能，使其成为天津及周边城市消费者赏车、购车、品味汽车文化的一个全新的、多功能的汽车文化娱乐场所，也由此为京津冀三地，甚至全国的消费者提供一个购车、看车、玩车的平台。投入运营10年来，其交易额每年都超过亿元，成为华北地区汽车特别是进口车的消费基地。

2）北京亚运村汽车交易市场

北京亚运村汽车交易中心占地面积近20万 m²。其中包括：室外大型停车展示场地、交易大厅、高档轿车常设展厅、大型仓库停车场、商务中心、通信中心、信息中心、业务洽谈室、会客室、休息厅、多功能厅。它除了提供国内外汽车现货交易场地、展销自选、储存转运、资金结算、存货汇兑、信息交流、技术培训、订货会议、娱乐保健外,还组织大型交易、展销活动及汽车配件、汽车用品交易会、国内外汽车交易信息发布、汽车俱乐部活动、汽车售后综合服务、汽车集团品牌专题活动,可随时为交易双方提供信息。交易市场符合国家有关法律、法规,具有相当的权威性和严肃性,拥有交易经验丰富、专业知识广博的各类专门人才,是迄今为止我国起点较高、标准规范、设施先进的区域性汽车行情与信息中心。在交易市场内,市工商、税务、交管、交通、银行、保险等部门现场办公;可提供汽车检修调试、汽车清洗、汽车装饰、代客验车、上牌、与外国厂商合作、代理、代销、经销、沟通有关管理部门、业务部门的联系等全方位的一条龙服务。北京亚运村汽车交易市场自成立以来20年的时间,已经销售汽车累计超过60万辆,交易额累计突破500亿元人民币,年交易量占到北京市轿车年交易量的40%左右,因此被誉为"中国汽车市场晴雨表"。

四、网络销售模式

随着信息技术的发展和互联网服务的日臻完善,网上购车已经成为现实。汽车是高端产品,在网络上能够运用多种传播手段,比如一些汽车视频、动态的FLASH,配合汽车的音响效果,形成强势的立体传播。国内大部分汽车企业都建立了自己的网站,网络营销也将成为汽车企业接触用户的一种新的有效途径。

1. 网络销售模式的特点

在互联网站上开辟市场,能最大限度地超越时空和地域的界线,直接同世界各地用户接触,减少交易时间,降低交易成本。

2. 汽车网站现状

汽车网站是指在国际互联网上登记的各种有关汽车的站点。世界上的汽车网站很多,大致可以分为两大类。

(1)综合性网站,提供汽车新闻、汽车知识、汽车技术、发展动态、车型介绍、汽车工具书、汽车竞赛、车迷活动、二手车信息、车路地图等,如新浪、TOM、搜狐、网易汽车频道、太平洋汽车网、QQ汽车频道、中国汽车网、新锐车网等。

(2)各汽车生产厂家的网站,提供公司介绍、产品介绍、汽车图片、维修服务等方面的信息,如大众汽车公司网站、丰田汽车公司网站等。

20世纪70年代,随着计算机和网络等硬件环境的改善及应用领域的扩展,尤其是进入21世纪后互联网的普及,逐步发展了电子商务的模式。这种新的模式,打破了传统商务的地域界线,实现了人们在相知或未知背景下的自由沟通。

自由商务作为一种全新的电子商务模式,其个性鲜明的服务特色,为企业的发展提供了广阔空间。这种模式,不仅是对电子商务的挑战,更是对现时汽车销售方式的挑战。

3. 网络销售的发展前景

有统计表明,2016年天猫双十一全国网上交易突破1000亿元,而其中,汽车销售额还较少。面对这样一个庞大的市场,电子商务在汽车领域"钱"景无量,这将是对汽车销售现有模式的颠覆。

汽车团购在我国迅速兴起,团购使消费者得利,增加销售商的销量。"在市场看车,网络上团购车"可极大地提高商务活动效率,减少不必要的中间环节,使生产"直达"消费,开创了"无店铺""网上营销"的新模式。但是汽车是比较特殊的产品,必须向用户提供专业的、大量的服务,光靠互联网是解决不了的。因此选择网上售车,必须同时解决汽车从出厂到办各种手续,以及未来的维修、事故处理、保险理赔这些服务。因此这种模式下,汽车企业仍需经销商,但是他们只提供这些服务,从这些服务中谋取利润,这种方式在中国也是一个发展趋势。而实际上,目前低成本运营的汽车经销商的实际整车销售利润已经很低,售后服务是汽车销售服务的主要收入来源,汽车网站可以和技术水平、信誉度高的销售商或维修厂进行合作,进一步降低汽车的营销成本,完善售后服务。

4. 网上订购汽车的程序介绍

网上购车的程序:以途观为例。

(1)输入 http://www.chinacarsbiz.com,进入中国汽车交易网站首页。点击"汽车品牌",进入品牌首页。在上海大众的位置,点击途观,即可得到途观系列的价格等信息,对你所中意的车型点击"订购",需要填写"订购数量、期望交货日期、交货方式、附加说明、订货单位(人)、联系电话、电子邮件、通信地址"等,最后点击"确认订购",即完成了网上购车的程序,数小时后经销商就会与你联系。

(2)输入 http://www.csvw.com,进入大众汽车网站首页,点击你所选择的经销商,搜索"订购途观",即可得到途观的价格等信息,对你所中意的车型点击"订购",需要填写"订购数量、期望交货日期、交货方式、附加说明、订货单位(人)、联系电话、电子邮件、通信地址"等,最后点击"确认订购",即完成了网上购车的程序,数小时后经销商就会与你联系。

5. 网上订购汽车的注意事项

(1)网上订购仅仅表示购买意向,在个人注册资料填写中必须正确填写自己的联系方式、手机号码,以便汽车销售商与你联系,作最终的确认。

(2)有些网站提供的汽车产品照片,因拍摄角度和光照的作用,会与看到的实物有一定的感觉不同,所以,不可只看宣传照片作购买决定。

(3)下订单前,最好自行前往购买车型的售车处对该产品进行试驾,对性能、市场价格、办理手续等作详细了解。

五、汽车销售服务的改革趋势

《汽车销售管理办法》实施后,汽车销售领域经销商将面临大洗牌。改革汽车销售模式或在现有模式的基础上完善服务功能势在必行。

1. 从传统展厅销售向顾问式销售转型

我国目前的几种汽车销售模式无论采用哪种类型,都还属于传统的展厅式销售。展厅式销售,不易克服的一个缺陷在于被动式的坐商,缺乏对客户群的主动研究和细分、定位。而顾问式销售显然可以很好地弥补这一缺陷,通过一对一专家顾问式销售,可以把售前咨询、售中服务、售后维护有机结合起来,形成面向客户的全程销售模式,减少来自不同环节的潜在客户流失。因此,顾问式销售是变被动销售为主动销售的捷径。美国汽车销售员大部分是学历很高、受过专业培训的汽车销售工程师。销售员不仅负责开拓新客户,同时也负责老客户的再开发。

顾问式销售人员主要的工作职责是通过公司的合作伙伴、自身销售能力以及公司提供的准客户名单等各种销售方式挖掘和积累准客户信息;结合客户的家庭环境、收入情况、工作特点、生活习惯、兴趣爱好,根据自身的专业知识和市场信息,帮助消费者缩小被选车辆的范围;根据消费者的要求,以方便客户为原则,安排目标车辆试驾计划,让消费者充分体验目标车辆的性能特点,从而帮助其作出选择;一旦客户作出选购车型决定后,为客户在价格、保修等各方面争取最优惠条件,协助财务安排保险建议以及办理上牌等手续;陪同客户前往提车,为客户检查新车车况,提供新车装饰以及各种必备配件选购建议,协助采购,并且灌输新车维护注意事项;随时为客户提供疑难问题的解答,为车辆异常情况提供专业意见;定期联系关怀、掌握客户车辆使用情况,提醒车辆维护事项,把握客户二次购车机会。

这种顾问式的汽车销售,不仅仅是提高销售人员的素质与销售能力的问题,而且是对原有销售模式的一种改革。

2. 从产品销售向服务销售转型

随着国民收入的持续增长以及私人购车比例的迅速上升,汽车消费结构和潮流都会日益丰富。多样化、多变化的消费需求,使驾车族从对产品的关注转向对服务的关注将日渐明显,而经销商队伍的持续增加,也使得产品同质化趋向加强,今后服务将成为经销商建立竞争优势的主要手段。除了销售过程中的必须服务和售后维修外,包括汽车租赁、汽车维护、汽车置换、汽车快修连锁等在内的增值服务将获得迅速发展。汽车增值服务业从汽车销售行业中脱离出来,成为有一定市场规模的、具备高速增长潜力的新的独立行业,也将成为汽车销售服务的改革方向。

3. 从普通经销向规模分销转型

汽车销售行业目前通行的商业模式是以合格证抵押融资,从厂商处以代理价进货,再以零售价售出。应该说,这是目前汽车销售行业比较经济的做法。然而,随着汽车整体市场的进一步壮大,以及汽车消费的日渐成熟,汽车销售行业的规模化必将提上日程。要实行规模化,除了品牌代理多元化和跨区域渠道分销外,改变目前的普通经销模式,推行规模分销,是一条重要出路。所谓规模分销,即大批量进货、包销买断、低价销售、快进快出。采用规模分销可以做到商业信用、银行信用的结合,可以在进销两头争取主动,可以有利于实现最低价进货、最快出货,盘活现金流和做到零库存。

4. 从以新车销售为主向新车、二手车并重转型

美国的汽车销售中,二手车与新车销售量比为4:1,而二手车业务的利润要占到整体销售利润的30%左右。可见,二手车业务已经成为美国汽车销售行业非常重要的业务领域。中国目前汽车保有量正在迅猛增长,中国二手车业务将有望达到高峰期。越来越多的经销商将在新车销售以外,重点拓展二手车业务,以实现新旧车业务的互动。从以新车销售为主,向销售新车、二手车并重转型,将成为汽车销售服务的改革重点。

课题二 汽车销售过程中的业务流程

一、提供车辆信息

1. 咨询服务

回答客户的提问,主动进行问询和介绍是咨询服务的主要内容。咨询服务的目的就是了解客户的真正需求,引导、激发客户的购买欲望,促成交易。

1)咨询服务的注意事项

在咨询服务的过程中,应该从客户的角度出发,倾听他们的谈话,关注他们的需求,建议他们买什么车型合适,介绍清楚车辆的特征、配置、选装设备、优势及价格。一定要友好、尊敬地进行交流,诚实、真诚地提供信息,让客户在销售中占主导地位。

在咨询服务的过程中,应该打消客户的各种担忧,如担心受到虚假不平等的待遇、销售的产品和维修服务不能满足他们的要求、价格比他们预期的高等。

倾听时一定要全神贯注,及时给出反馈信息,让客户知道你在聆听,对重要信息应加以强调,及时检查你对主要问题理解的准确性,重复你不理解的问题。

2)在咨询服务的过程中收集的主要信息

(1)客户的个人情况,如集体还是个人购买、购车的主要用途、生活方式、职业职务、预算、经济状况等。了解客户的个人情况有助于掌握客户的实际需求。

(2)过去用车经验,如果有过用车经验,那么过去用的什么车、购车原因、对过去使用车的态度,重点掌握其不满之处等。了解过去他们使用车的经验有助于理解客户再买车时的需求欲望。

(3)对新车的要求,主要是对配置、颜色、款式、选装项等的要求。询问客户的需求和购买动机有助于销售人员针对客户的需求,突出具体车型的适用特点,以便更好地为这个客户服务。

2. 展示和介绍车辆

展示和介绍车辆时,应该有的放矢,要针对客户真正的需求,针对产品卖点,使用有效的介绍方法,以满足客户需要。

1)介绍车辆的方法

(1)六方位介绍法。从车辆前部、驾驶员一侧、后部、乘客一侧、发动机舱、内部六个方位依序介绍,如图1-1所示。重点从各角度突出其卖点,即汽车的特征和优势,在介绍时细心观察和回应客户,以迎合客户突出的兴趣点,并针对客户的兴趣、需求和疑问进行讲解。

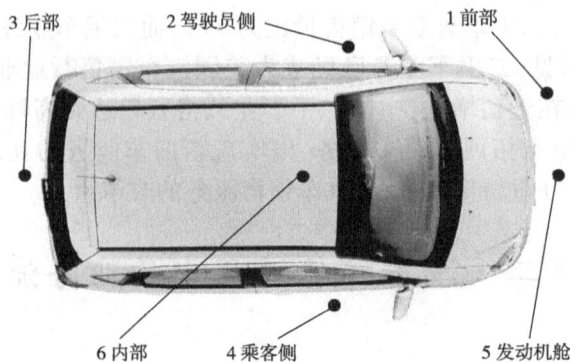

图1-1　六方位环绕示意图

(2)目录介绍法。按照宣传说明书的介绍文章,口语化、按部就班地介绍汽车。这种方法更适用于拜访客户时使用。

（3）问题对应法。客户提出问题,销售顾问有针对性地回答问题。

（4）试驾体验法。这是最好的展示车辆的方式,让汽车自己推销自己。如果条件允许,应该尽量提供试乘试驾服务。在试驾前,应确保车辆整洁,整车性能完好,且燃油充足,办好上路所需的保险和牌证。向顾客介绍所有装备和使用方法,试驾客户必须持有驾驶证,并签试驾协议以确保安全。试驾时,应提供足够的驾驶时间,一般以 10 ~ 20min 为宜。试车道路应避开有危险的路段,在途中提供试驾车所拥有的稳定性、舒适性、车内安静等性能的展示机会。试驾中,应先由销售顾问进行试驾,介绍车辆,指出汽车的各种特性并解答问题。客户驾驶时销售顾问指出试车的道路,并说明道路情况,客户试驾过程中销售顾问应相对保持安静,根据客户驾驶技术和提问等简要予以介绍。

2）介绍车辆时要避免的情况

（1）夸夸其谈,说的太多,夸大其词,过分吹嘘;

（2）提供毫无根据的比较信息,一味贬低其他品牌车辆;

（3）专业知识缺乏,不能解答客户提出的问题;

（4）强调客户不感兴趣的方面;

（5）在销售过程中催促客户,为了成交急不可待;

（6）试车后带有强迫意味地让客户作出购买决定。

二、购车及上牌手续咨询

购车后汽车上牌照以前,需要办理一些较为复杂的手续,为方便消费者,提供咨询服务就显得尤为重要。

1.购车

（1）全款购车:消费者需提供身份证,车商提供汽车销售发票、车辆保修手册、车辆使用说明书。

（2）定金购车:消费者交定金后签订《定购合同》;办好定金手续后,等车商的车到货后,交清全部车款,方可提车。需要提醒注意的是,交付定金后如果退车,车商将不予退还定金。车商不愿交车或者不能按《定购合同》约定的时间交车,消费者可以要求车商双倍返还定金。

（3）按揭购车:要经历"交首付款—签合同—银行审批—银行放贷—办理牌照—办理还贷手续"的过程。消费者需提供的证件有:身份证、户口本、住房证明、收入证明和两张一寸照片(已婚者交配偶身份证、结婚证)。

需要提醒注意的是,若贷款者是医生、教师、政府公务员、律师、会计师、审计师等职业,或属于银行、证券、保险等金融领域的从业人员,在申请购车贷款时,银行一般会优先考虑或者有优惠政策。而银行一般规定贷款金额最高不得超过车价的 70%,贷款期限通常为 3 年。

2.机动车保险

保险一定要在领取牌照之前办理,汽车出事率较高,容易给他人带来危害。因此购买新车时,某些涉及第三者责任的险种是必须要投保的。机动车辆保险为不定值保险,分为汽车基本险和附加险。其中汽车基本险包括车辆损失险、机动车交通事故责任强制保险(简称交强险)、第三者责任险。在我国境内的机动车辆必须投保交强险,附加险不能独立保险。附加险包括全车盗抢险、车上责任险、无过失责任险、车载货物掉落责任险、玻璃单独破碎险、车辆停驶损失险、自燃损失险、新增设备损失险、不计免赔特约险等。

3. 车辆购置税

车辆购置税是指国税部门对购买汽车、摩托车、电车、挂车、农用运输车征收的税。车辆购置税实行以价定率的办法计算应纳税额，并实行一次征收。购买已征购置税的车辆不再征收车辆购置税。车主需提供的证件有购车发票、车辆合格证、车主身份证（并各证复印3份）。若是单位购买，还需提供法人代码证书。

4. 车船使用税

凡在中华人民共和国境内拥有并且使用车船的单位和个人，均为车船使用税的纳税义务人，在缴纳保险费用时由保险公司代为收取。

5. 移动证

在领取正式牌照之前，只有办理了移动证的车辆才能上路行驶，跨省市的车辆则须到检测场验车，并办理临时牌照方准许上路。车主需提供购车发票、个人身份证明等。

6. 验车

领牌照前，车管部门要对车辆的安全等基本性能进行重新检测，检测线由车辆管理部门指定。检验合格后，填发由驻场民警签字的机动车登记表。验车时须带齐所需证件，包括车主身份证、车辆合格证，购车发票；进口车还需出示商检书、进口单和车管部门所核发的准验单。

7. 领取车牌照

验车后5个工作日到各区县车管所领取牌照。领取车牌照、临时行车执照和"检"字牌。私车牌证须车主本人亲自前往，他人不能代领。同时给车辆拍照，准备办理行驶执照。车主需提供购车发票原件及复印件，公车需提供单位代码证书原件及复印件，私车提供车主身份证、机动车验车表、车辆购置税凭证、产品合格证、交强险单据（包括保险单正本、收据及保险卡）等。

8. 办理车辆行驶证

在领取牌照的同一车管所办理车辆行驶证，需携带的文件包括行驶证待办凭证、购置税缴纳凭证，车辆发票注册登记联，交强险副本，客户身份证原件复印件，安委会登记备案资料。

三、购车后的代理服务

代理服务即从车主看车、订车到交车，每个服务环节都有相应的服务措施以对应，车主除了提供相关证件、交款之外，所有证照、验车、保险等都是营业人员代办，从而让车主在最短时间内舒心完成购车过程。提供购车后的代理服务，关键是让车主清楚有哪些手续和所涉及的费用。通常情况下，新车上牌的手续和收费标准各地略有差异。

四、汽车保修索赔咨询服务

做好保修索赔工作，可以避免这些质量缺陷给用户带来的不便。同时，出色的保修索赔工作也是树立品牌形象，为营销和售后服务赢得市场的手段。

尽管各汽车制造厂保修索赔的具体规定有些不同，但原则上没有大的区别，保修索赔服务一般包括以下内容。

1. 保修和索赔原则及条件

(1)保修和索赔必须是在规定的质量担保期内。

(2)顾客必须遵守《保修手册》的规定,在规定的时间内做免费强制性维护。

(3)顾客必须遵守《使用说明书》的规定,正确驾驶、维护、存放车辆。

(4)所有因产品质量引起的保修服务工作,必须由汽车特约维修单位实施。

在规定的担保期内,因质量问题造成的损坏,符合上述保修服务的原则,公司可提供免费调试或更换零部件,以恢复车辆的正常状态;符合退、换整车条件的,给予退换整车。如因质量事故造成顾客的直接经济损失(车辆停驶造成的损失除外),公司给予赔偿,间接损失不予弥补。

2. 保修索赔范围及期限

(1)整车质保期:自顾客购车之日(购车发票日期)起的×个月或车辆累计行驶里程在×公里之内(一般为36个月或累计行驶里程在100 000km),两个条件任何一个超过即为超过保修期。

(2)装配调试质保期:装配调试项目保修期一般为×个月或累计行驶里程在×公里(一般为3个月或累计行驶里程6 000km),两个条件任何一个超过即为超过保修期。

(3)玻璃质保期:汽车售出后×个月内(一般为1个月内),玻璃制品因材料及制造工艺等原因引起的变色,光学畸变、气泡、分层等质量问题可以保修。

(4)橡胶和塑料制品质保期:在正确使用汽车的情况下,汽车的橡胶制品(如密封圈、垫片、O形环等)和塑料制品(如内外装饰件)在汽车售出后×年且行驶里程×公里(一般为保修索赔期限的一半)之内,经鉴定后确属质量问题的可保修。

(5)轮胎质保期:轮胎在汽车售出后×个月或行驶里程×公里(一般为6个月或累计行驶里程5 000km)之内,在正常环境下使用,如发现鼓包、龟裂、分层等质量问题给予保修。

(6)蓄电池质保期:汽车售出×个月(一般12个月)内,在正常环境下使用,蓄电池出现质量问题的予以保修。

(7)消耗件质保期:空气滤清器、燃油滤清器、机油滤清器等消耗件,只对其第一次更换期内的质量问题予以保修。

(8)其他零部件质保期:各类继电器、灯泡、喇叭、点烟器、油水分离器等零部件,自购车后×个月且行驶里程×公里(一般为2个月或累计行驶里程5 000km)之内,在正常使用下,出现质量问题的予以保修。

覆盖件及油漆涂层,如有碰撞缺陷,不能实行保修。

3. 不属于保修索赔的范围

(1)因未按使用说明书要求使用和维护车辆而引起的损坏。

(2)因顾客私自改装汽车或装换不属公司提供的备件而引起的损坏。

(3)汽车常用消耗品和消耗件如润滑油、制动液、熔断丝、制动摩擦片、刮水片、灯泡等。

(4)汽车在非正常环境下放置或使用,或超载引起的零部件损坏。

(5)由于用户选用不正当的燃油、润滑油、防冻液、制动液或车辆维护中没使用规定材料而造成的故障。

（6）由于发动机进水造成的车辆故障。

（7）在新车运送、交付、保管过程中,因不正确操作造成零件丢失、锈蚀、碰撞等的损失。

（8）发现汽车车身出现变色、褪色、车身表面有气孔、裂纹、凹痕、锈蚀或喷漆板件、内外饰件、橡胶制品等出现老化的情况,用户在提车时应及时提出保修要求,否则不予保修。

（9）在保修期内,用户车辆出现故障后未经保修单位同意,继续使用车辆而造成进一步损坏的,只对原故障损失(须证实确属产品质量问题)负责,其余损失责任由用户承担。

（10）车辆发生严重事故时,用户应保护现场,保管好损坏零件但不能自行拆解故障车。经查明事故原因后,属产品质量问题的,将按规定支付全部保修及车辆托运费用。如未保护现场或因丢失损坏零件以致无法判别产品质量的,保修单位不承担任何保修索赔费用。

（11）保修期内的车辆未经保修单位许可,在非保修单位修车发生的费用及随之产生的损坏,保修单位不予保修索赔。

（12）由于环境问题造成的损坏,如表面腐蚀等。

（13）用户因车辆故障所发生的额外费用和其他经济损失,如保修时车辆停用、住宿和租赁车辆的费用,及其他营业利益损失等。

（14）用户不能提交《保修手册》或购车发票等有关凭证。

（15）随车工具不予保修。

单元二
汽车生产和流通企业的售后技术服务

知识目标

1. 熟悉汽车售后服务的概念及功能；
2. 熟悉汽车现代售后服务理念；
3. 熟悉技术培训中服务站培训的内容；
4. 熟悉汽车质量保修、备件供应的基本规定及程序；
5. 熟悉售后服务网络的规划与布局原则；
6. 熟悉售后服务网络及服务站的建设管理内容与程序；
7. 熟悉产品信息反馈系统建立的方法；
8. 掌握服务档案建立的方法。

课题一 汽车售后服务概述

加入世界贸易组织后，除了汽车价格竞争外，更重要的是服务竞争。售后服务体系是否完善、备件供应是否及时，都是人们购车考虑的一个很重要的因素。没有售后服务的汽车是不能给消费者以信心的，因此，庞大而细致的经营、服务网络是汽车业竞争的一张王牌。汽车跨国集团，无论是欧美，还是日本，他们都有一套完善的服务理念与服务体系。据统计，全球汽车业 50% ~60% 的利润是从服务产生的，服务是汽车价值链上一块最大的"奶酪"。在我国，汽车售后服务领域还有着巨大的市场潜力和利润空间。

一、汽车产品售后服务的概念

汽车产品售后服务泛指客户接车前、后，由汽车销售部门为客户所提供的所有技术性服务工作。它可能在售车前进行（如整修车辆等），也可能在售车时进行（如车辆美容和按照客户要求即时为用户进行的附件安装和检修，以及根据企业的需要为客户所进行的培训、发放技术资料等），但更多的是车辆售出后，按期限所进行的质量保修、日常维护、维修、技术咨询以及配件供应等一系列服务工作。

售后服务是营销策略中不可分割的组成部分和销售工作的重要支撑条件。尽管售后服务的范畴是宽广的，内容是多方面的，但重要的是为用户提供实在的好处，能够真正地为用户解决后顾之忧。也就是说,售后服务的功能应当覆盖能为用户想到的一切技术服务内容。通过服务,使用户用好汽车产品,把在实际使用中遇到的问题和信息及时反馈到汽车生产企业,使其能及时改进存在的不足,增加产品的市场竞争力,为企业创造最好的效益。

二、汽车售后服务理念

理念就是人们从事某种活动的信念与追求,是人们"先乎于心,倾之于情,付诸于行"的行动规范和准则。在汽车服务上,跨国汽车公司的现代理念是:以车为媒,以人为本,体贴入微,讲求实效,并主要体现在以下几个方面。

1. 延伸服务

汽车服务有别于普通商品的售后服务,它不仅指修理、维护、配件供应等服务工作,还包括汽车使用环节的各种延伸服务,如金融服务、汽车餐饮、智能交通等系列服务产品。

2. 终身服务

终身服务是指汽车自售出后直至汽车报废的整个寿命周期内给车主提供的一整套服务,如汽车经销商推出的"终身用户"的服务理念,即为所有在店内购买汽车的用户,提供从售前咨询到后续维护、修理、车辆更新、车辆置换等一系列相关服务。"终身用户"与平常说的轿车终身保修有很大的差异,它是间接为驾车人、乘车人提供更有效的服务,甚至包括将来用户准备换车时,为用户更换更高配置或同品牌其他型号的轿车等服务。

3. 主动服务

主动服务是将汽车服务从传统的被动式检修服务带进了主动关怀的新境界。例如,东风柳汽"阳光在线"的服务车,从 2004 年 6 月 18 日起,开始在我国最长也是最繁忙的高速公路主干线——京珠高速公路上,以最低限速来回穿梭,只要路边有东风柳汽的车出现故障,服务车就会立即赶上去进行紧急处理。这是我国国内所有汽车生产企业中对传统的被动接受客户求援检修服务,变主动上路服务的首次尝试。

4. 情感服务

汽车服务既要注重维修等有形服务,也要注重情感服务。广州本田用服务打天下,每到一处都是先有服务后有销售,而服务又不是单纯的被动性的服务。例如,一入冬,广州本田4S 店会提供代步车以方便来修车的顾客。另外,开通 24h 售后服务救援电话、维修组 24h 待命等服务项目。广州本田 4S 店注重情感服务,给用户"家"的感觉。

5. 诚信服务

海尔出色的售后服务使其在老百姓中的口碑越来越好,自然会有越来越多的用户,其制胜法宝就是诚信服务。汽车企业真正做到诚信服务,消费者就会口口相传:要买车就买这个品牌的车,质量好,服务更好。

现代理念的一个基本点是把服务看作一种产品,它是可以系列生产的;既然是产品生产就需要投资,因而就有成本问题。服务如同任何一个产品,也有价值,包括实际使用的有形价值和品牌等无形价值。当然,服务一样可以在市场上出卖,并参与市场竞争。另外,服务崇尚创新,即需要与时俱进。纵观当今的全球竞争,各大跨国公司也越来越将竞争重点放在服务能力上,并不遗余力地开展服务竞争。福特公司提出他们的代理商网络已不再是仅仅解决用户购买和维修的需求,而是要满足用户对汽车整个生命周期中从购车、保险、贷款、装潢、维修、汽车管理、旧车置换等一切随机性的需求,以此减少服务环节、降低交易成本、提供便捷周到的服务。其他企业也紧跟其左右不懈竞争。服务竞争已成为新世纪新的竞争热点,并成为衡量企业管理水平的核心竞争能力。可见,汽车行业提供优质服务绝不是一项可有可无的工作。科技的飞速发展以及日益激烈的市场竞争,使得顾客的需求标准更高。顾客不仅希望买到优质的产品,更希望得到高水平的服务。这种服务应该不断地赋予它更丰富、更周到的内容,如三包索赔、质量追踪、回访客户、车辆召回等。

丰田公司的服务理念是"做用户还没有想到的"。丰田公司的神谷正太郎被誉为汽车销售神仙,他创立的销售理论是"消费者第一、销售者第二、制造者第三"。这三句话的核心思想是:有消费者才有销售者,有销售者才有制造者。正因为他们始终把服务于消费者当作首要工作,才使得丰田汽车成为欧美汽车强有力的挑战者。

我国汽车企业中也不乏有特色的服务理念。如东风汽车公司提出的售后服务宗旨是"质量第一、信誉第一、用户第一",其售后服务工作的目标是"东风汽车公司对东风汽车从用户开始使用到报废,负责到底"。

如今的跨国企业通过不断丰富客户服务内容促进顾客关系,其核心是如何把服务融入产品中。服务能力越强,越容易实现市场差异化。它不仅增加了对顾客的附加值,而且可以击败竞争对手,保持牢固的客户关系,而且耐用商品比经常购买的易耗品更需要服务。汽车企业在经历了生产竞争、价格竞争、技术竞争之后,最终都将进入服务竞争,服务竞争正在成为汽车市场竞争的主旋律。

三、售后服务的功能

随着竞争的加剧、社会的进步,用户对售后服务的要求和期望会越来越高,对同样服务的满意度可能会降低。现代消费者追求的服务质量、服务价格、服务态度、过程安排等都要最优化,他们对服务过程的每一个环节都提出很高的要求,同时更注重在整个过程中的心理满足。

售后服务的好坏会关系到消费者对品牌的满意程度和抱怨程度,从而影响到品牌形象及车辆的销售。售后服务人员必须要有这种意识:产品质量哪怕是一点点缺陷,都是企业自身的工作错误。因此,用户无论如何愤怒、抱怨,售后服务人员应始终以主人翁的姿态,用一种"负责的心情、还债的感情"来对待用户的困难,同时售后服务人员还应满怀着信心,以便树立起用户用好汽车产品的信心。因此,各大汽车商都对其售后服务功能的发挥和人员素质非常重视,制定有效的处理顾客抱怨的程序,目的就是为了使顾客抱怨程度降到最低,通过服务的诚恳与迅速,使顾客有实质的感受,以安抚顾客,使其达到百分之百的满意。

安抚顾客、减少抱怨,不是售后服务的主要功能,而更重要的是要为顾客解除后顾之忧。例如,别克公司在关怀式售后服务理念的基础上,推出了六项标准化关心服务,使服务更具体化、专业化,它包括主动服务(主动提醒问候服务)、贴身服务(一对一顾问式服务)、效率服务(快速保修通道服务)、诚信服务(配件、工时价格透明管理)、专业服务(专业技术维修认证服务)、品质服务(2年或60000km质量担保)。这样使客户真正体验到关怀的魅力和实实在在的服务。

任何有效的营销手段都必须依托产品的质量和性能,在售后维护与修理过程中,常常能发现产品质量、性能、设计或制造方面的不足等问题,售后服务部门可将这些信息及时反馈给企业,这将有利于企业及时做出正确的决策。

综上所述,完善的售后服务应具备以下功能。

(1)为用户提供优质、及时的服务,解除后顾之忧。

(2)准确、及时地反馈产品的使用信息、质量信息以及各种重要的社会信息,供企业及时作出正确的决策。

(3)安抚用户,降低用户抱怨程度。

售后服务的功能表明,售后服务应包括以下工作内容。

(1)组织和管理售后服务网络,建立客户档案,进行跟踪服务。

(2)满足用户的备品(备件)供应。

(3)汽车产品的质量保修。

(4)进行技术培训服务。

(5)塑造企业形象。

售后服务是汽车产品销售的延伸,对提升客户满意度、拓展汽车品牌文化起着非常重要的作用。

课题二　汽车生产和流通企业的技术服务

一、技术培训

汽车企业要提高服务质量,首先要对技术服务人员和销售人员进行培训,培训内容包括介绍、讲解汽车的技术性能、维护知识等。同时,还应通过售后服务网络对用户进行技术培训、技术咨询、技术指导、技术示范等。

1.用户培训

用户培训主要集中于销售环节。用户培训一般较为简单,内容较为粗浅。通常情况下,用户提车时经销商会要求将新车开到服务站进行交车前的全面检查,此时可以根据用户的具体情况进行一些有针对性的简单培训,例如:检查用户的技术资料是否交付完整(通常包括产品使用说明书、备件目录、保修手册、服务指南等资料)、讲解售后服务相关政策、合理科学使用汽车的经验、简易故障判断及其排除方法等。对于汽车新产品,在局部范围试销时,一般要对专业用户进行集中培训,要按照统一标准、统一内容、统一教材进行标准化讲解。

2.服务网络的培训

服务网络(网点)培训的主要对象,通常是以服务站的技术骨干为主。对他们的培训,内容上要深一些、知识面要广一些,以帮助服务站形成能够排除各种使用故障和技术咨询服务的能力。

对服务站的培训,主要内容有:

(1)汽车结构及其技术内容;

(2)汽车常见故障、典型故障和突发故障现象的形成机理及其排除方法;

(3)汽车新产品的技术培训;

（4）汽车厂商售后服务管理，特别是质量保修的管理政策和业务流程；

（5）其他内容培训，如服务站的经营管理、大型促销服务活动的准备等。

二、汽车产品的质量保证

1. 质量保证工作的内容

质量保证是售后服务工作的核心，包括以下工作内容。

1）受理用户索赔要求，并向企业反馈用户质量信息

售后服务网络负责受理索赔，作出赔偿决定，由售后服务部总部赔偿，鉴定科对赔偿进行复核，然后综合分析，向企业的设计、生产、销售等部门反馈质量动态和市场趋势等信息。

2）汽车召回

召回制度是指已经投放市场的汽车，如果发现由于设计或制造方面的原因，存在缺陷或可能导致安全、环保问题，生产厂就必须及时向国家有关部门报告产品存在的问题，并提出申请召回。在国外，如美国、日本、加拿大、英国、澳大利亚等，汽车召回制度均实施得较早，且有相关的法律法规。我国在出台《缺陷汽车产品召回管理条例》后，国家质量监督检验检疫总局又发布了《缺陷汽车产品召回管理条例实施办法》从而为汽车产品的质量保证工作提供了强有力的保障。

2. 汽车产品质量保修的基本规定

（1）汽车厂商（公司）对售出的汽车及配件实行质量担保。

（2）质量担保期限，从汽车产品售出或装上之日（以购车发票为准）起××个月或行驶里程在××公里之内，两个条件任何一个超过即为超过保修期。

（3）汽车出现故障，只有特约维修站有权受理质量担保申请；故障一旦出现，用户应立即与特约维修站联系并由维修站排除故障。

（4）下列情况汽车制造公司将不承担质量担保：汽车如果出现故障后在非特约维修站修理过；装上未经汽车制造公司认可的零件；未按汽车制造公司许可的方式对车辆进行了改装；顾客没有遵守车辆的使用规定（使用说明书、维护计划等）。

3. 质量保修工作流程

（1）用户至特约维修站。

（2）业务接待员听取用户的反映及报修内容。

（3）业务接待员对车辆进行初步检查，根据故障情况及用户反映的情况，分为普通报修车及申请索赔车。

（4）申请索赔车辆交由索赔员检查鉴定。

（5）确属索赔范围车辆由索赔员登记有关的车辆数据。

（6）修理工作结束后，及时在索赔件上挂上标签。

（7）用户凭进厂修理单领取车辆。其中属于质量保修范围的作业为免费服务。

（8）每天工作结束后，由索赔员根据当天的修理情况，填写好故障报告，并将带有标签的索赔件放入索赔件仓库。所有的索赔件保持原样，按有关规定处理。

（9）定期将故障报告单和索赔申请单寄往汽车主机厂售后服务总部。

（10）根据计算机登记清单，定期向售后服务总部结算索赔费用。

三、汽车备品(件)供应的基本要求和程序

备品供应是售后服务工作的主要内容之一。

1. 汽车备品(件)供应的基本要求

1)满足用户的备品供应

备品供应的需求量要进行科学的预测,既能满足用户需求,又不至于出现大量积压而占据仓库容量和资金。

2)实行汽车配件专卖

在售后服务过程中,汽车配件供应起着重要的作用。一方面,汽车配件是进行汽车维护、修理的必备物品;另一方面汽车生产企业要以备品让利供应的形式,支持自己售后服务网络开展备品经营,以取得效益,维持售后服务部门的运转。从这两方面看,企业的服务和赢利都离不开汽车配件。要保证服务和盈利的圆满实现,实行汽车配件的专卖是有效的手段之一。

3)实现备品供应的网络化

由于备品运输的难度较大,为保证售后服务网络、备品营销、用户的备品需求,备品的供应应实现网络化。以生产基地作为中心库,在交通、通信发达地区和产品集中销售的地区建立备品分库,各分库的进货、储备、发货受总库指挥,向辖区内的服务网点供货。

2. 汽车备品(件)供应程序

汽车备品(件)供应一般程序如图 2-1 所示。

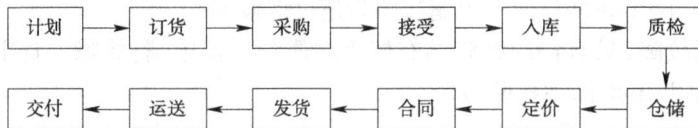

计划 → 订货 → 采购 → 接受 → 入库 → 质检

交付 ← 运送 ← 发货 ← 合同 ← 定价 ← 仓储

图 2-1　汽车备品(件)供应一般程序

四、产品技术服务信息分析处理

质量保修能为企业收集、分析和研究自己的产品质量状况,了解质量变化动态,提供产品设计改进的依据。当今的汽车厂商都十分注重通过质量保修工作收集、整理其产品质量信息,并使用计算机手段对质量保修信息进行分析、加工和利用,以便掌握产品的质量动态。通常在汽车市场活跃(畅销)时,质量保修信息可以及时反映厂商的生产质量动态,而汽车市场平淡(滞销)时,质量保修信息则反映的是数月前的生产质量情况。

汽车厂商要想获得高质量的信息,必须要有规范的信息载体和收集完整的信息内容。通常以质量赔偿鉴定单和重要质量信息反馈单作为信息载体。而信息内容一般应包括汽车型号、底盘号、发动机号、生产日期、销售日期、用户使用性质(是否是专业的运输机构、是否带挂车、是否自用等)、驾驶员的年龄与文化程度、发生故障时已行驶里程、当时的工作状况(载荷、车速等)、发生故障的地点及地形(道路)特征、故障发生的日期、故障总成及其生产序号、故障零部件的生产厂家、故障状态、故障编码、造成故障的原因、使用责任单位、质量故障赔偿金额及故障排除费用、服务站鉴定员对故障的判断分析和处理方法、用户对故障的意

见等。这些信息要作为车辆质量保修档案进行管理,通常应保存数年的时间,并借助计算机进行管理。

在对信息内容规范的基础上,还需要在信息的收集、分析和处理等环节予以规范,设计合理的信息流程。售后服务的质量保修部门在收到质量保修信息后,要及时输入计算机质量保修管理系统,建立车辆质量保修档案,对质量故障信息进行分类统计,形成初步的质量分析报告,将这些信息及时反馈给生产厂商的有关质量责任部门和质量管理部门,并由他们具体研究和改进质量工作。

质量信息分析处理的常规参数如下。

(1)汽车厂商历年单车平均赔偿金额(元/辆)。其计算方法是厂商在当年质量保修赔偿的总金额(元)除以厂商当年的汽车总销售量(辆)。需要说明的是,这个指标是我国汽车行业过去的传统统计项目,现在有弱化的趋势。过去该指标通常控制在 8 元以内(系质量水平的目标,而不是赔偿限额)。

(2)汽车厂商历年百车赔偿率(%)。其计算方法是厂商在当年质量保修赔偿的总车辆数(辆)除以厂商当年的汽车总销售量(辆)。这个指标是国内外汽车厂商重要的统计项目,其控制目标通常在 6% 以内。

(3)主要质量故障发生频次历年对比。每年在年中期比较上半年发生的 20 种频次最高的质量问题,年终一般比较 60~80 种当年发生频次最高的质量问题,分析当年的变化。对发生频次最高的几项质量问题列出历年"百车发生频率(频次)",进行对比研究。

(4)历年各个质量责任单位质量赔偿发生频次(次)和金额(元)。该指标系指各个质量责任单位分别统计的质量赔偿的频次数(次)和赔偿的金额数(元)。

(5)各大总成发生的质量赔偿频次占总频次比例(%)。该指标系指按汽车结构的各大总成分别统计的质量故障发生的赔偿频次数占总赔偿频次数的比例。

(6)某一重要质量故障按生产月份发生的频次分布。其系指某种质量故障按生产月份发生的赔偿频次的分布。此项统计主要用于检查不同的生产月份,发生同类质量故障的情况,然后找出在该月引发质量故障的原因。

(7)某一重要质量故障按生产序号发生的频次分布状况。其系指某种质量故障按生产序号发生的赔偿频次的分布。此项统计主要用于检查新产品生产初期的生产质量情况,监视某种质量故障是否由高到低,直至趋于稳定或消失。

(8)某一重要质量故障按汽车行驶里程发生的频次分布情况。其系指某种质量故障按汽车行驶里程发生的赔偿频次的统计分布。该项统计反映了某一质量故障与行驶里程的变化关系,可以用于研究汽车的可靠性以及进行故障预测。

(9)故障原因发生的赔偿频次(次)。其系指某种质量故障按汽车生产环节(故障导致原因)发生的赔偿频次。该项统计可以用于研究某一质量故障的产生机理(原因),找出质量控制的关键环节。

(10)产品使用地域统计的赔偿频次(次)。其系指某种质量故障按产品使用地区发生的赔偿频次分布。该项统计可以用于研究某一质量故障与使用地区的分布变化,找出其与地域特点的关系,从而使得供应商可以针对地区特点投放不同的产品品种。

(11)故障总频次与汽车行驶里程的分布。其系指某一行驶里程所发生的全部故障赔偿频次的总和。该项统计反映了各个行驶里程所对应的全部故障频次总数,可以用于研究总体质量故障与里程的变化关系。

(12)3000km 范围内故障频次与汽车行驶里程的关系。此项统计是对前一统计的细化,主要研究 3000km 范围内的质量故障频次与行驶里程的变化关系。

当然,还可以进行更多的统计分析,充分利用质量保修信息,尽量多挖掘信息价值是目前质量保修工作的发展方向。通过统计分析,得出一系列的有益信息,对于生产实践和改进企业的质量工作具有现实指导意义。

课题三　服务网络的建设

一、售后服务网络(网点)的规划与布局

售后服务网络(网点)是伴随汽车厂商生产经营的发展而不断发展的。其建设与发展首先就是要合理确立整个服务网络的网点规模(数量)和布局。

1. 售后服务网络(网点)规模的确定

售后服务网络的规模,主要是指网点的数目,即平均服务能力下的网点数量。这个规模应与社会对企业售后服务的需求相适应。售后服务网络(网点)规模的大小,取决于以下因素:

(1)企业产品的社会保有量(Q);

(2)每车每年平均所需的服务次数(F)及每次服务的平均工时(H),其中服务工时主要取决于服务设备的生产率;

(3)企业售后服务网络(网点)对本企业产品的服务占有率(r),即对本企业产品而言,售后服务网络每年完成的服务频次数与服务总频次数之比;

(4)服务站的平均设计服务能力(P),它取决于服务站的设计工位数及工作时间;

(5)服务站的平均服务能力利用系数(ε)。

那么,全售后服务网络的规模(服务站数目 M)可由以下公式确定:

$$M = Q \times F \times H \times r \div P \div \varepsilon$$

汽车厂商依据以上因素对自己的服务站进行测算,大体确定自己的服务规模,并通过市场调查或用户调查,了解其服务网点的数量是否能够充分满足用户对售后服务的需要。规模过小,产品不能得到良好的售后服务,会增加用户等待服务的时间,降低用户对售后服务的满意水平;反之,规模过大,导致服务站的业务不足,使服务站的效益下降。

2. 售后服务网络网点的布局

网点布局系指汽车厂商根据全社会对本企业售后服务需求的地理分布及企业今后开拓市场需要,而对服务站进行地理布置和确立组建顺序的工作过程,布局应坚持以下原则。

(1)统一规划与分步建设相统一的原则。首先,汽车厂商必须根据自己市场营销的战略需要,对全售后服务网络做出总体上的战略安排,对未来一定时期内全售后服务网络的规模、功能进行统一规划。其次,由于建立健全的、完善的服务网络需要投入必要的人力、财力和时间,建网工作不能一蹴而就。这时,企业就需对需要建网的地区、网点排出顺序,分步

建设。

（2）现实需要与市场开拓相统一的原则。售后服务网络既要充分满足现有用户的需要，又要充分满足潜在用户的需要。尤其是当汽车厂商准备开拓一个新的目标市场时，售后服务应首先到位，以解除用户的后顾之忧。此时，要考虑在新的地区建立必要的服务网点，但数目不可一时建得太多。

（3）服务能力与服务地域相统一的原则。服务站的服务能力必须与其服务地域的范围相统一。各服务站的服务地域不可过大，范围过大可能会导致给用户造成不便，加大服务站的服务压力，从而减少服务站的服务市场占有率，同时会增加服务站上门服务的费用和服务成本，削减服务站的经济效益；相反，服务地域范围也不可过小，范围过小又会导致服务站服务能力闲置，削减服务收入和经济效益，不能获得服务的规模效益，也同时会增加服务网点建设的压力。

汽车厂商要根据其市场营销的需要，做好售后服务网点的规划与布局，确定服务网点的规模、数量及其比例关系。对于传统目标市场，由于本企业的汽车保有数量较多，因而服务网点的数量要多一些，且要考虑不同规模网点的搭配，以便各司其职，相互协作，相互补充，避免产生恶意竞争。随着汽车维修理念向着"立等修理""快修""零修""小修""换件修理""总成更换"等修理方式转变，售后服务网点的平均规模趋于缩小，网点数目趋于增加，要求售后服务网点尽量贴近市场、贴近用户。对于企业拟开拓的新型目标市场，服务网点的建设须先于产品的实际投放，以便支持市场开拓。但由于服务的业务量可能不大，因而网点的规模不宜太大，数量也不宜过多。

二、售后服务网络（网点）的建设与管理

汽车厂商对其售后服务网络（网点）体系进行规划之后，就要具体发展网点成员（特约维修站），并对网点实施规范管理。售后服务网络（网点）的建设与管理，系指汽车厂商根据其营销战略和具体服务需要，对其售后服务网点进行选建、考评、撤并和优化的过程。

1. 建点依据

服务站选点主要考虑的是目标市场保有量及辐射周边城市的能力，同时应对发展中的目标市场和主要竞争对手的重点市场加以倾斜。

2. 建站条件

服务站必须具备以下条件。

（1）具备相应的汽车服务资质。一般要求财务独立、维修场地独立，最好组织机构也独立。

（2）硬件条件。要求具有足够的场地和专业的维修设备，满足汽车厂商对其服务站的设备要求。

（3）服务人员条件。特别是维修技术人员（技工、技师）、质量鉴定人员及必要的经营管理人员等的数量和资质必须符合汽车厂商的要求。

3. 建站程序

服务商要进入汽车厂商的售后服务体系，通常要遵照以下程序。

（1）申请。社会独立维修店（维修企业）向汽车厂商的地区管理机构提交建站申请书，

并接受汽车厂商的大区管理或办事处(汽车厂商在其市场地区设立的销售服务管理分支机构)对其硬件设施进行考察。同时,提供相关材料,如公司结构、经营规模、股本比例、经营项目、经营历史和业绩、公司内外照片等。

(2)初审。汽车厂商的网点管理部门根据申报的材料和其分支机构(大区管理或办事处)的考察报告,结合服务网络规划方案,审查其是否符合自己的售后服务网络体系布局发展规划,将符合条件的申报对象定级,并要求服务站在规定时间建设服务站。

(3)建设。通过初审的申报对象应根据汽车厂商的统一标准,委托设计单位进行设计,经厂商的网点管理部门认可后,进行服务场所建筑主体的建设,包括以下几个方面。

①工程规划。服务站的规模与功能、场地规划、业务大厅、修理车间、配件仓库、照明等。

②标记与标识。标识、灯箱、标记牌、宣传画等。工程规划竣工后,再进行人力资源的建设和设备筹建。轿车厂商一般还要求有计算机管理系统的规划建设。

(4)审批和签约。建设完毕后,汽车厂商的服务管理总部将再次按照事先确立的验收规范,对建成的服务站进行全面考察、考评和验收,合格后,报经售后服务主管领导审批。审批后,由厂商的网点管理部门或大区管理(办事处)与验收合格的服务站签订合同书。正式签订合同后,该服务站就成为汽车厂商服务网络的一员(特约服务站),享受相应的权利,履行相应的义务。

汽车厂商在建立新网点时,应严格按照申请、调查、论证、审批的程序建设,避免人为因素干扰,保证网点的成功建设,从而形成售后服务建站管理的科学规范。

4. 网点管理

汽车厂商不仅要注重服务网络的建设,也要注重对整个服务网点的管理,包括对网点进行业务培训、日常管理、定期考核与优化调整等,实施网点的动态管理。

(1)培训。由于服务站存在的复杂性和功能的复杂性,培训内容应该较宽,可以是产品技术的某一专项技术,或是经营方面的,也可以是服务站专业人员方面的(质量保修鉴定、财务、备件或配件经营等)。

(2)日常管理。汽车厂商的地区机构负责协助服务站搞好售后服务工作,监督服务站做好以下方面的工作:

①以标准价格进行维护、修理汽车;

②热情周到的规范服务;

③按时按量完成各种报表、信息收集与传送;

④积极配合汽车厂商的服务宣传、促销活动;

⑤保证服务站经营的配件都是由厂商提供或认可。

(3)考核。各厂商对服务站的考核项目不尽相同,基本的考核项目主要有以下几点。

①服务站组织结构:考核服务站是否有独立的财务、人员编制和作业场地,人员配置是否达到厂商要求等。

②人员培训和服务站形象建设:考核服务站的培训工作是否符合要求,服务站是否有统一的企业形象、标识、灯箱、宣传画等。

③服务站工作环境:考核服务站整体布局是否符合厂商要求,出入口设计是否合理,维修车间、工具设备是否标准等。

④优质服务：考核服务站是否按照业务流程规定的要求服务用户，这一项目通常采用实地观察或秘密考察的方式完成。

⑤服务站内部管理：考核服务站着装、文具、文档是否符合标准，从业人员是否接受了符合厂商要求的培训，是否有专业资质证明(证书)等。

⑥信息反馈与广告宣传：考核服务站对质量、当地市场等信息的反馈是否及时、准确，各类报表完成质量等；服务站的广告、宣传工作是否符合要求；对统一安排的宣传、优惠活动配合度等。

⑦配件管理和索赔工作：考核服务站配件经营管理水平，服务站索赔工作是否符合规定，数据传递、索赔质量以及旧件的回收保管工作等。

⑧档案资料：考核服务站档案是否齐全，是否准时上报给厂商等。

⑨用户调查和访问：考核服务站的服务态度、服务水平以及整个服务体系在用户心目中的形象等(这一项目通常采用市场调查法考核)。

⑩环境保护：考核服务站的消防设施、绿化、废气排放、废油废液的处理等是否符合要求。

汽车厂商对其服务网点通常实施年度管理，即对全部售后服务网络成员进行年度审查，将年审的结果或等次作为对网点成员进行奖惩、升降级、撤并的依据，以保证全售后服务网络体系的不断优化。

三、服务站的建设与管理

现在的服务站与售前成为一体即4S店模式，服务站的建设与管理，是售后服务网络(点)建设与管理的重要内容之一，包括选择合适的建设方式，制订建设规范、统一业务流程及建设外观形象等。

1. 服务站的组建方式

服务站的组建方式大体上包括以下几种。

(1)直接投资建立自己全资的服务站。汽车厂商对这类服务站的控制力最好，但从节约建设资金看，这类服务站数目不宜过多，只适宜建设汽车厂商自己的"标准站"或"样板站"等类型的服务站。

(2)持股投资建立控股、参股、合资的服务站。汽车厂商对这种服务站的控制力弱于前一种服务站，数目也不宜过多。

(3)以代理方式建立服务站。国内外汽车厂商广泛采取这种方式建立自己的售后服务网络体系，其网点的主流形式就是特约服务站。汽车厂商要建立完善的、庞大的售后服务网络，代理制是最为经济的建设方式，它使得汽车厂商既可以建立满足全社会广泛需要的服务网络，又可以节约自己的建设资金。特约服务站的产权独立(所有建设资金及流动资金均是服务站自己的)，不属于汽车厂商，汽车厂商一般通过产品品牌吸引、经营指导、技术支持、区域保护等手段，吸引特约服务站加盟。

2. 服务站的建设规范

汽车厂商对服务站具有业务规划、指导与管理职能。特别是大多数品牌轿车企业的特约维修站，业务还具有排他性，对其特约维修站从外观建筑、布置，到室内设计、设备配置和经营管理软件等，都有非常具体的规定及统一的要求。

品牌汽车厂商一般都为其特约维修站制订了"建站模式规划手册"。"建站模式规划手册"的主要内容包括工程规划、标记与标识、工程规划审批与验收、计算机系统管理规划、组织与人员规划、人员培训规划、工具与设备规划等。在每一项内容上，均提供了非常具体的规定，如对建筑物提供了立体彩色效果图、平面施工图等，对各种标识和箱牌提供了具体尺寸、图案，对组织、人员及其培训也提供了具体的机构设计、素质要求、培训日程及学习内容。以上规划手册的内容十分全面、具体，是特约服务站建设必须遵循的技术规范，也是检查验收的技术依据。

3. 服务站的服务能力建设

服务能力多指服务站单位时间内完成的技术服务工作量（工时）。其建设的主要内容包括服务站的场地面积、设备配置及经营管理能力等。

服务站的场地面积包括服务站的建筑面积与露天停车场面积。服务站的设备配置包括以下几种类型：

（1）通用设备类，如常规维修工具及设备等；

（2）专用设备类，如烤漆设备等；

（3）检测设备类，如动平衡机等；

（4）台架设备类，如各总成检修台等；

（5）电教、通信和办公设备类，如投影仪、传真机等。

服务站的经营管理收入主要有：备件经营收入、质量保修得到的汽车厂商的劳务补偿、受汽车厂商委托的服务促销活动的劳务补偿、质量保修范畴以外的各种服务收入等。此外，服务站通过广泛开展旧车置换、汽车租赁、汽车融资及各种手续代办等业务，增加新型经营收入。

4. 服务站的业务流程

（1）招揽用户。市场竞争日益激烈，服务站需要主动出击寻找客户，不能完全坐等客户上门。招揽用户的程序如图 2-2 所示。

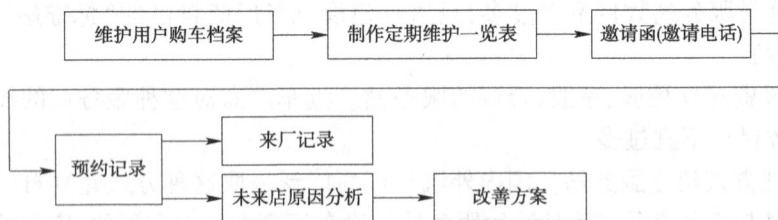

图 2-2 招揽用户程序图

（2）预约用户，涉及的内容有：

①电话邀请，根据用户车辆档案，当临近维护日期时，打电话提醒和邀请用户；

②受理预约，当用户主动预约来站进行维护、修理服务时，要及时受理；

③确定预约来站日期；

④制作维修服务卡。

（3）接待用户，程序如图 2-3 所示。

（4）配件管理。配件管理要求做到：

①对无库存的零部件必须提前向零部件部门确认到货日期；

②对待修车辆应根据预定到货日期安排作业；

③对无库存零部件的车辆用户，请用户按预定到货日期预约来店；

④零部件到货日期不能保证交车日期时，必须事先与用户联系，征求用户同意；

⑤必须每日检查，及时掌握零部件到货情况。

```
┌────────┐   ┌────────┐   ┌────────┐   ┌──────────┐
│ 顾客接待 │ → │ 确认来意 │ → │ 受理车辆 │ → │ 车辆故障诊断 │
└────────┘   └────────┘   └────────┘   └──────────┘

┌──────────┐   ┌────────────┐   ┌────────┐   ┌────────┐
│ 车辆费用估计 │ → │ 确定车辆完工时间 │ → │ 用户确认 │ → │ 交车程序 │
└──────────┘   └────────────┘   └────────┘   └────────┘
```

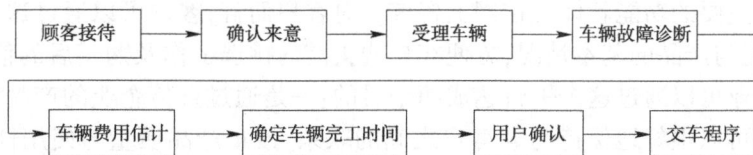

图 2-3　接待用户程序图

（5）维修作业管理。此项管理的内容包括作业指示、作业进度控制、完工时间控制等。

修理作业一般要遵循以下步骤：

①故障及车辆情况核实；

②明确作业内容；

③领取零部件；

④实施作业；

⑤记录故障原因、作业内容；

⑥签名确认。

（6）结账。接待人员把接车修理单交财务人员制作结账单，并再次与用户确认交车时的付款方式。

（7）交车。向用户说明此次的作业内容及车辆使用注意事项，提醒其下次维护的时间或里程，并对修理结果做出共同的确认。

（8）跟踪服务。维修完毕后，服务站应对用户进行跟踪服务。通常要制作跟踪管理表，交车一段时间（一般是一周）后打电话给用户，询问车辆情况、维修时费用是否满意，记录用户的评价并致谢意。

5. 服务站的形象建设

企业形象对现代企业生产经营活动的作用越来越大，良好的企业形象是企业重要的无形财富。售后服务如同销售一样，它是汽车厂商生产经营活动与用户使用消费的联系纽带，售后服务工作属于"窗口"性工作，对企业形象建设肩负重要使命，它能推进企业形象建设，实现售后服务"标准化"。它包括服务站建筑物设计、布置的标准化，厂标、厂徽、标牌、悬挂物及色彩搭配的标准化，服务程序的标准化，工作人员着装的标准化及服务规范的标准化。

课题四　客户关系的管理

一、建立产品信息反馈系统

1. 产品信息反馈系统

产品信息反馈系统是一个由人员、设备（计算机等硬件）和程序（软件）所组成的信息交流互通平台,旨在建立以生产厂商为管理中心,围绕物资供应链上下游资源,寓经销商、服务商、供应商信息高度快速集成平台,实现对产品售后服务跟踪管理、维修信息、维修费用信息、质量信息、配件需求信息的及时在线反馈,形成对客户需求和产品质量的快速反应机制。它能及时地搜集、分析产品使用信息,为企业准确提供市场产品使用信息,并把企业的决策或处理意见及时地反馈到用户。企业与客户之间的网站就是在企业与客户之间建立一个平台,这个平台最主要的功能就体现在网上咨询。对客户而言,客户可以通过这个平台了解到企业的基本情况与产品的基本情况,方便客户购买前的挑选工作及购买后的信息服务工作;对企业而言,企业可以通过这个平台达成两个目的:一是通过宣传企业的产品和形象来吸引新的客户;二是可以很好地保持与老客户之间的联系,搜集产品质量与使用性能信息,更好地做好产品售后服务。汽车行业企业与企业之间的网站是一个连接汽车厂家、零配件厂家、经销商和终端客户的一个平台。经销商可以通过这一平台,及时了解自己所经销车型的一些具体问题,方便处理客户对车型的一些具体问题。当有一些零部件出现问题时,厂家的系统管理人员可以在最短的时间内找到该零部件,帮助解决问题。同时零部件厂也可以通过这个平台了解到零部件的质量问题和数量。

产品信息反馈系统一般要求具有信息采集、储存、分类、检索查询、传递、分析决策及反馈功能。按照功能要求和结构设计的思想,产品信息反馈系统可划分为若干子系统模块,如基本信息采集维护、三包费用审核管理、配件费用管理、费用信息查询、质量信息分析、旧件索赔管理、配件供应、配件库存管理、费用分析、供应商产品质量分析、客户关系管理、综合信息发布系统。产品信息反馈系统的建立须满足以下功能。

(1)对分布在全国各地的数百家售后服务站实现远程统一规范化管理,维修信息共享,提高产品售后服务水平,建立可靠的售后服务体系,保持良好的客户关系。

(2)自产品出厂开始能通过跟踪考核,通过各维修站信息反馈,了解产品质量信息、配件质量信息、采购商信息,为相关部门提供管理依据。

(3)时时对维修站维修费用、维修效率、故障原因等查询、审核、审批、统计、分析,发布公司对产品的售后服务及维修站管理的政策、通知、通报,实现远程监控、跟踪考核。

(4)通过旧件清退信息对维修更换零部件进行监督、控制,并督促及时清退,形成对供应商产品质量的考核信息。

(5)根据对4S店工作量信息的分析,调整4S店的分布,为用户提供方便、快捷的服务,同时能了解产品销售市场区域。

(6)通过维修信息,可以按车辆型号、出厂时间、故障原因、更换零部件名称等类型进行查询、统计、分析,形成真实、有效、及时的销售信息和质量信息反馈。

(7)及时将大量的维修数据信息的统计分析,形成各种功能图,为生产、销售、采购部门提供翔实的管理决策依据。

(8)有利于根据维修信息,及时调整保修政策,追求客户满意度最大化。

2. 信息采集与反馈

1)产品技术服务信息跟踪

它作为售后服务工作流程的最后一个环节,其重要程度也正如预约服务一样。跟踪服务过程中需询问的内容主要有以下几个方面:汽车产品的使用性能是否满意;维修人员能否正确诊断出故障;维修人员能否正确解决诊断出的故障;维修质量是否满意;维修人员是否为用户提供中肯的建议;服务人员是否询问需要替换车;维修人员是否进行用户未要求的项目、工时价格、材料价格是否满意;维修人员对维修过程的解释是否清楚;客户对结算单的解释是否满意;服务接待人员是否快速登记到达车辆;维修服务是否遵守维修时间等。当然并不是所有内容都要一样不少地去询问,要看对方的反应。除询问外,亦可请用户填写一份事先设计好的问卷来了解用户对服务的满意程度。

在客户完成第一次购车交易后,服务人员应定期与客户进行沟通。了解客户对产品的意见,并协助客户解决问题。此外,服务人员应定期给客户提供各种相关资料,以强化品牌忠诚度,掌握将来客户二次购买的动向。若遇有客户进行投诉,服务人员或销售公司的专职人员要快速有效地处理客户的投诉。

服务人员在定期与客户沟通时,应注意了解客户对产品的意见,这会有利于产品和服务的改进。此外,服务人员主动与客户沟通,可以减少客户的投诉率。一般来说,服务人员在客户购车后,分别于3日、10日、30日、90日分4次与客户主动联系,了解使用情况,并将有关情况汇总上报生产企业,以改进产品。对服务中的问题,转达到相关人员,以便及时处理和改进工作。

2)故障报告

故障报告是获得使用质量信息的最重要来源,能准确地反映情况,并且信息反馈速度快。通过维修站获取质量信息是最为简便快捷的方法。这些反馈信息通过分析和总结,将有助于供货厂家对产品设计做出更改或是在售后服务领域内采用新的故障解决办法。所有的质量问题应按要求填写故障报告,并按规定时间与供货厂家联系。

服务站要对产品技术服务信息进行及时的分析、处理和汇总,填写客户反馈信息及处理情况汇总表(表2-1),并通过计算机网络向售后服务中心反馈。

客户反馈信息及处理情况汇总表　　　　　　　　　　　　　　表2-1

客户名称		车牌		车型	
维修情况:					
进厂时间		退修次数		跟踪时间	
报修项目:			配件项目		
客户意见:					
技术部意见:					
部门主管意见:					
处理情况:					

制单:　　　　　　　核准:　　　　　　　日期:　　年　月　日

建立产品信息反馈系统,对产品在使用中的质量问题及时处理并通知用户。售后服务部门应对售出产品的质量、性能进行追踪或通过信息反馈系统了解。对于发现的产品在设计、制造等方面的缺陷,售后服务部门应及时通知全体用户,以消除事故隐患,必要时要采取车辆"召回"措施。

二、客户关系的管理

将售出的汽车建立服务档案,一方面便于售后服务工作的开展,比如提醒用户接受定期维护、电话回访服务满意度等;另一方面详细的服务档案,也是处理售后服务质量的依据。售后服务人员要树立"一次购车,终身服务"的观念,这既是客户的需要,也是企业发展的需要。

1. 建立用户档案

建立用户档案直接关系到售后服务的正确组织和实施。用户的档案管理是对用户的有关材料以及其他技术资料加以收集整理、鉴定、保管和对变动情况进行记载的一项专门工作。建立用户档案应注意以下事项:

(1)档案内容必须完整、准确;

(2)档案内容的变动必须及时;

(3)档案的查阅、改动必须遵循有关规章制度;

(4)要确保档案及资料的保密性。用户档案的主要内容有用户名称、地址、邮政编码、联系电话、E-mail、电子信箱、法定代表人姓名、注册资金、生产经营范围、经营状况、使用状况、与销售企业建立关系日期、往来银行、历年交易记录、联系记录、售后服务内容等。

2. 保持与客户的联络

建立用户档案的目的在于及时与客户联系,了解用户的要求,并对用户的要求做出答复。应经常查阅一下最近的用户档案,了解用户汽车和配件的使用情况、存在的问题。与用户进行联络应遵循以下准则:

(1)了解用户要求,应着重了解用户的汽车及配件有什么问题,或者用户想干什么。

(2)专心听取用户的要求并做出答复。

(3)多提问题,确保完全理解用户的要求。

(4)总结用户要求。完全理解了用户的要求以后,还要归纳一下用户的要求。可以填写汽车用户满意度调查表或电话采访用户记录等。

汽车企业在用户档案管理时应做好"走保"服务、"三包"服务、主动服务、热线服务和用户投诉服务,并及时做好服务档案。某汽车厂商三包服务工作信息流程标准表、用户投诉服务工作信息流程标准表见表2-2、表2-3。

三包服务工作信息流程标准表　　　　　　　　　表2-2

序号	流程块	工作标准
1	故障报修	在保修期内出现故障,用户就近向4S店报告;一般情况下,用户把车开到4S店维修;抛锚的车则请求救援服务;用户现场报修,服务站上门服务
2	接待用户	用户来站报修,服务站必须热情接待用户,接待过程中必须使用文明用语,妥善安排用户休息等待,并耐心听取用户对故障的描述
3	电话接听	服务站接到用户现场报修来电时,必须使用文明用语,并耐心听取用户对故障的描述,了解相应情况,做好记录
4	组织外出	服务站根据对故障的初步判定,组织人员、配件外出服务,到位时间执行"外出服务到位时间标准"
5	故障分析	检查汽车,对故障分析诊断
6	制订三包服务维修方案	根据故障分析诊断结果,制订三包服务维修方案
7	用户确认	权限内的维修方案在服务站交用户确认

续上表

序号	流程块	工作标准
8	请示	维修方案属办事处或服务站权限外的应向上一级主管部门请示
9	处理	接到下级部门请示报告,做出处理意见并回复
10	指导	三包服务维修属疑难故障的,上级部门应指导下级部门进行分析处理
11	实施维修	按维修方案组织维修并在保修完工时间量化标准内完成
12	反馈	按《质量信息管理规定》反馈
13	旧件处理	对更换下来的旧件进行标识、存放,按三包保修旧机件管理规定执行
14	建档	建立三包服务台账
15	用户跟踪	按主动服务工作流程
16	抽查、考核	技术服务中心按比例抽查服务站的三包服务情况;按《技术服务考核管理规定》进行考核

用户投诉服务工作信息流程标准表　　　　　　　表2-3

序号	流程块	工作标准
1	投诉	用户对产品质量、服务质量存在的问题,可向办事处或技术服务中心投诉
2	接收	办事处、技术服务中心接听到用户投诉后应明确答复用户
3	组织服务并反馈	如投诉质量问题,除安排服务站为用户处理外,同时执行《质量信息管理规定》
4	实施服务	服务站及时为用户实施服务
5	回复	服务站在完成服务后回复办事处;如属技术服务中心组织办事处服务的,则办事处在接到服务站完成服务后的信息后回复技术服务中心,技术服务中心建档
6	调查分析、形成报告	投诉的内容属服务质量问题,应进行调查分析并形成报告
7	回复用户	将处理结果回复用户
8	下整改通知	如投诉服务质量问题属实,应对责任单位下纠止通知,限期整改
9	执行整改	办事处或服务站按整改通知要求进行整改
10	跟踪验证	对整改效果跟踪验证
11	建档	建立用户投诉档案

3. 客户关系管理

随着信息技术的发展,一些大汽车公司花大力气对每个顾客进行研究,力求进行"一对一"的沟通,于是在20世纪90年代出现了数据库营销服务。汽车企业创立先进的顾客数据库,以此更好地了解顾客,为顾客提供其所需要的个性化服务,加强同顾客的忠诚关系,把顾客当作一项资产来管理和开发,创新地开展软件支持的全面顾客关系管理(CRM-Customer Relationship Management)。所以,CRM就是建立在IT技能上,能为顾客及时提供个性服务的一种支持系统，开发与管理数据库的能力成了汽车企业未来市场竞争的关键因素。

　　CRM 在市场管理方面，可以有效地增加客户线索；在销售管理方面，利用那些客户线索和共享信息，使潜在客户成为有效客户；在客户支持管理方面，可以帮助企业收集其他的客户信息，使他们不断购买企业的产品。

　　为了达到上述目标，汽车公司通过建立 Call Center(呼叫中心)、客户数据库来完善公司网站，形成与经销商、维修站、用户的沟通平台，实现"一对一"个性服务。同时，对于经销商、维修站以及用户的需求，在第一时间作出反应，从而提升服务营销管理水平。

单元三
汽车维修服务

📚 **知识目标**

1. 了解质量认证的基本概念和 ISO 9000 族标准的基本组成；
2. 了解国家关于汽车维修行业开业条件的相关规定；
3. 掌握质量管理概念和质量管理的基本工作方法及基本原则；
4. 熟悉全面质量管理的特点和工作程序；
5. 掌握汽车维修企业质量管理的基本方法；
6. 掌握国家有关汽车维修质量管理的法律和法规要求；
7. 熟悉汽车维修企业和经营业户开业、歇业、停业审批程序。

课题一 汽车维修企业生产与质量管理

21 世纪,世界经济正向全球一体化方向发展,国际市场竞争日趋激烈。在市场竞争中,决定竞争胜负的关键要素是质量,任何一个组织要想在竞争中立于不败之地,必须视质量为生命,充分地重视质量管理,并且以持续的质量改进作为组织的永恒目标。

一、全面质量管理基本知识

1. 质量和质量特性

任何组织都是通过一系列的工作过程形成产品的。产品可以是有形的,如机床、汽车、水泥等,也可以是无形的,如服务、软件、知识等。人们对产品质量概念的认识是一个不断变化、发展的过程,逐渐形成了目前得到共识的 ISO 9000 族标准中的质量概念,即"一组固有特性满足要求的程度"。

质量概念的关键是"满足要求",这些要求必须转化为有指标的特性,作为评价、检验和考核的依据。由于顾客的需求是多种多样的,因此,反映质量的特性也应该是多种多样的。另外,不同类别的产品,质量特性的具体表现形式也不尽相同。

对有形产品来讲,产品的质量特性的表现形式可以是使用性能,使用寿命,使用的安全性、可靠性、经济性以及产品所具有的其他物理和化学性能等。

从事汽车服务的相关企业或组织的产品主要是"服务过程"。服务类产品在某种意义上讲可以说是无形的,服务类产品有以下的质量特性。

(1)无形性:服务是观点和概念,是无形的活动,不像有形产品那样展示在顾客面前,看不见、摸不着。顾客对服务质量的评价要凭借消费后所获得的满意程度来做出。

(2)不可储存性:服务不能储存,不能像有形产品那样利用库存来适应需求的波动。

(3)同步性:服务的生产和消费的过程是同时发生的,具有不可分割性,顾客作为参与者出现在服务过程中,在服务的过程中消费服务。

(4)波动性:波动性即不确定性。服务的过程和服务的结果会因服务人员、顾客和服务环境的不同而不同,难以提供稳定和绝对标准化的服务。

汽车维修企业的产品具有双重质量特性,一方面汽车维修产品是汽车维修接待人员和维修人员对顾客的汽车进行的维修服务,具有服务类产品的质量特性;另一方面,维修后的汽车也具有有形产品的质量特性,通过"使用性能,使用寿命,使用的安全性、可靠性、经济性以及产品所具有的其他物理和化学性能"等固有特性反映产品质量。顾客对汽车维修产品质量的评价是通过接待人员的服务以及维修后的汽车所表现出的质量特性而综合得出的。

2. 质量管理的概念

1)质量管理

ISO 9000:2000 标准对质量管理的定义是:"在质量方面指挥和控制组织的协调的活动"。从定义中可知,组织的质量管理是指挥和控制组织与质量有关的相互协调的活动。质量管理是以质量管理体系为载体,通过建立质量方针和质量目标,并为实施规定的质量目标进行质量策划,实施质量控制和质量保证,开展质量改进等活动予以实现的。

质量管理的任务就是建立、实施和保持一个有效的质量管理体系并持续改进产品和过程,不断提高质量管理体系的有效性。

2)质量管理体系

管理体系是指建立方针和目标并实现这些目标的相互关联或相互作用的一组要素。ISO 9000:2000 标准对质量管理体系的定义是:"在质量方面指挥和控制组织的体系。"体系是指"相互关联或相互作用的一组要素",其中,要素是指构成体系的基本单元或组成体系的基本过程。管理体系是指"建立方针和目标并实现这些目标的体系"。质量管理体系是建立质量方针和目标及与实现质量方针和目标相关的组织机构、过程、活动和资源。它能够帮助组织增进顾客的满意度。

3)质量改进

ISO 9000:2000 标准对质量改进的定义是:"质量改进是质量管理的一部分,是致力于增强满足质量要求的能力。"质量是决定组织在竞争中取胜的重要因素,为了增强组织的竞争力,组织应确保质量管理体系能推动和促进持续的质量改进,使其质量管理工作的有效性和效率能令顾客满意,同时为组织自身带来持久的收益。

3. 质量管理的基础工作

开展质量管理工作必须做好一系列的基础工作,质量管理的基础工作是否扎实,关系到质量管理以至整个企业(组织)的管理水平能否提高。质量管理的基础工作如下。

1)质量教育工作

国内外企业管理实践证明,开展质量管理,必须"始于教育,终于教育"。质量教育是提高产品质量和提高民族素质的结合点,质量教育也是提高企业(组织)竞争力的重要手段。质量的竞争实质上是企业(组织)员工素质的竞争。要提高企业竞争力,必须加强对企业员工的质量教育,使员工牢固树立"质量第一"的思想,提高质量管理的自觉性,掌握并运用好质量管理的科学思想、原理、技术和方法,以不断提高产品质量和企业(组织)的整体管理水平。一般质量教育包括三个基本内容:质量意识教育、质量管理知识教育和专业知识教育。

2)标准化工作

标准是人们为了更好地满足各方面的共同要求和取得良好的社会效益,在科学、技术、实践经验的综合成果的基础上,对重复性的事物和概念,在一定的范围内所做的统一规定,并以特定的形式发布,作为有关方面共同遵守的准则和依据。

标准化是指人们制定标准并有效地实施标准的一种有组织的活动过程。标准化的主要目的在于追求一定范围内事物的最佳秩序和概念的最佳表述,以期获得最佳的社会效益和经济效益。标准化工作和质量管理有着极其密切的关系,标准化工作是质量管理的基础,质量管理又是执行、贯彻标准的保证。

作为汽车维修企业必须认真贯彻和执行国家、地方、行业和汽车制造企业为相关汽车维修制定的各项技术标准和维修企业的管理标准,以保证汽车维修服务的质量,达到让顾客满意。

3)计量管理工作

计量是实现单位统一、保证量值准确可靠的活动。具体地说就是采用计量器具对物料以及生产过程中的各种特性和参数进行测量。因此,计量是企业生产的基础,计量管理工作是质量管理的基础工作之一。准确的计量,是贯彻产品质量标准、保证产品质量、保证质量管理的科学性和严肃性的重要手段。

4)质量信息工作

质量信息是有关质量方面有意义的数据,是指反映产品质量和企业生产经营活动各个环节工作质量的数据、原始记录和相关资料。汽车维修产品质量信息包括汽车维修质量和工作质量的基本数据、原始记录以及维修竣工汽车在使用过程中反映出来的各种情报资料。汽车维修质量信息是汽车维修质量管理的不可缺少的重要依据,汽车维修质量的信息反馈有助于及时反映影响汽车维修质量的诸因素和汽车维修过程的原始动态、客户的意见和要求。通过对汽车维修质量信息的分析,可以正确认识影响汽车维修质量的各种因素的变化与汽车维修质量波动之间的内在联系,从而掌握汽车维修质量的规律性,作为改进质量的依据。质量信息是质量管理活动的重要资源,为了确保质量管理体系的有效运行,质量信息必须准确、及时、系统、完整。

5)建立质量责任制

明确管理者的责任和权利,是管理的一般原则。为了保证和提高产品质量,企业领导及全体员工都必须明确自己应该承担的质量责任。建立质量责任制,就是要明确规定质量形成过程的各个环节中每个部门、每个程序、每个岗位、每个人的质量责任,明确其具体任务、职责和权力、考核标准等,做到责、权、利分明,从而把与产品质量有关的各项工作和全体员工的积极性结合起来,使企业形成一个严密的质量体系,将质量工作落到实处。

4. 质量管理的基本原则

一个组织或企业的基本任务是提供满足顾客需要的产品,使顾客满意,这是组织或企业存在和发展的前提。而作为组织和企业的领导者在实施质量管理时应该遵循哪些原则呢？ISO 9000:2000 标准的 8 项质量管理原则,是组织和企业成功实施质量管理,达到预期效果的指南。这些原则适用于所有类型的组织和企业,可作为建立质量管理体系的基本原则。

(1) 以顾客为关注焦点。"组织依存于顾客,因此,组织应当理解顾客当前和未来的需求,满足顾客要求并争取超越顾客期望。"

这项原则告诉我们:任何组织的存在都要依赖于它的顾客,一个组织如果失去了顾客,就无法生存下去。所以,组织应该尊重顾客,把满足顾客的需求和期望放在第一位,并将其转化为组织的质量要求,处处以顾客为中心,为顾客着想。不仅理解和满足顾客目前的需求和期望,而且还要努力地去了解顾客未来的需求和期望并争取超越顾客的期望,以创造竞争优势,争取新顾客,巩固老顾客,以扩大市场占有率从而获得经济效益。

(2) 领导作用。"领导者应确立组织统一的宗旨和方向,创造并保持使员工能充分参与实现组织目标的内部环境。"

这项原则提醒我们:在任何组织的质量管理工作中,最高领导者的作用是至关重要的。组织的最高领导者的首要责任是要为组织创立明确的发展目标和确立努力的方向,并且使全体员工了解组织的发展目标和努力方向,为员工创造和提供一个稳定的工作环境,以激励员工积极参与组织的管理,为实现组织的既定方针和目标,最大限度地发挥他们的聪明才智和创造性。

(3) 全员参与。"各级人员都是组织之本,只有他们的充分参与,才能使他们的才干为组织带来收益。"

这项原则告诫我们:组织管理应以人为本,各级人员都是组织的根本。人力资源是组织最重要的资源之一,组织的成功,不仅仅取决于领导的正确决策,还有赖于组织全体人员的参与。组织要为各部门、各岗位的所有员工创造一个良好的工作环境,并赋予他们应有的责任和权利,以激发他们的工作积极性;不断地为员工提供教育和培训,以增长他们的才干和能力,充分发挥员工的创造性;完善人才培训教育体系,以制度化的方式传授、分享知识和经验,为员工的成长和发展创造良好条件。只有这样才会给组织带来最大的收益。

(4) 过程方法。"将活动和相关的资源作为过程进行管理,可以更高效地得到期望的结果。"

这项原则告诉我们:所有的质量工作都是通过过程来完成的。所谓过程是"任何使用资源将输入转化为输出的活动"。"系统识别和管理组织所应用的过程,特别是这些过程之间的相互作用"称为过程方法。为了更有效地获得期望的结果,必须识别、确定、监视、测量、分析质量管理体系所需的过程,而每个过程的输入是资源,输出是产品及过程的结果,因此,管理好每一个过程也就是要管理好该过程涉及的活动和相关资源。

(5) 管理的系统方法。"将相互关联的过程作为系统加以识别、理解和管理,以提高实现目标的有效性和效率。"

这项原则告诉我们:任何一个组织的质量管理体系的建立和运作,都应采用系统管理方法。即把质量管理体系的各项过程作为一个科学合理的过程网络来管理,有助于提高质量目标的有效性和效率。

(6) 持续改进。"持续改进总体业绩应当是组织的一个永恒目标。"

这项原则告诉我们:质量管理体系不能一成不变。随着环境的变化、科学技术的进步,顾客的要求也随之改变,组织应不断调整自己的经营战略和策略,不断提高管理水平,以增加顾客的满意度。持续改进是组织自身生存和发展的需要。

(7)基于事实的决策方法。"有效决策应建立在数据和信息分析的基础上。"

这项原则告诉组织的管理者:正确的决策依赖于对客观事实、数据和信息的科学分析。首先应对信息和数据的来源和可靠性进行识别,以事实为依据有助于提高决策的有效性,减少决策的失误。这就要求组织一定要加强信息管理工作、加强质量记录的管理和计量工作的管理。

(8)互利的供方关系。"组织与供方的关系应建立在相互依存和互利的关系基础上。"

这项原则告诉我们:现代社会已进入高度专业化和世界经济一体化的时代,任何一类产品的生产都需要一个组织和多个供方共同合作来完成。因此,要认真识别和优选供方,处理好与供方的合作伙伴关系,形成兴衰与共的利益共同体,优化资源。

5.全面质量管理的概念

20世纪60年代,美国通用电气公司的费根堡姆和质量管理专家朱兰博士提出了"全面质量管理"的概念。全面质量管理就是用最经济的手段、以最小的投入生产出顾客满意的产品,使企业取得最佳的经济效益。这一新的质量管理理论很快被各国企业所接受,尤其在日本运用得最为成功。

1)全面质量管理的特点

全面质量管理就是从过去的以"事后检验、把关"为主,变为以"预防、改进"为主,从管结果变为管过程,使生产经营的全过程始终处于受控之下。全面质量管理的特点就是在"全"字上做文章,主要表现在以下几个方面。

(1)管理内容的全面性:全面质量管理中"质量"的概念突破了只局限于产品质量的框框,提出了全方位质量的概念,它不仅包括产品的质量,还包括产品质量赖以形成的工程质量、工作质量、成本质量和服务质量。

(2)管理范围的全面性:产品的质量取决于设计质量、制造质量和使用质量(合理的使用和维护)的全过程。要生产出优质的产品,就必须严格控制质量"产生、形成和实现"的每一个环节。管理范围覆盖市场调研、产品开发、产品设计、原材料采购、生产、销售及售后技术服务的全过程。

(3)参加管理的人员的全面性:产品质量是员工工作质量的反映,是企业全员素质的综合反映,企业中的每一个部门的每一位员工的工作质量都必然直接或间接地影响到产品的质量。所以,全面质量管理要求企业的全体员工都要积极参与改善产品质量的活动,为提高产品质量尽职尽责。

(4)管理方法的全面性:全面质量管理要根据不同的情况和影响因素,采取多样的管理技术和方法,包括科学的组织工作、数理统计方法的应用、先进的技术手段和措施等。

(5)以人为本的质量管理:全面质量管理强调以人为本,在质量管理中要充分调动人的积极性,发挥人的创造性,给予每一个名员工均等的机会。

2)全面质量管理的工作程序

推行全面质量管理必须有一套科学的、合乎逻辑的工作程序,也即PDCA循环法,是全面质量管理的基本工作方法,它把全面质量管理的基本过程划分为以下四个阶段。

P(Plan)——计划阶段。这一阶段要制订质量目标、活动计划、管理项目和实施方案。可分四个步骤进行:一是调查研究,分析现状,找出存在的质量问题;二是分析产生质量问题的各种影响因素;三是从各种影响因素中找出主要的影响因素;四是针对影响质量的主要原因拟订措施,制订计划和确定目标。

D(Do)——执行阶段。按照所制订的计划和措施执行。

C(Check)——检查阶段。对照计划,检查计划的执行情况和效果,及时发现和总结计划实施过程中存在的问题和经验。

A(Action)——处理阶段。根据检查的结果,一是要总结成功的经验,对原有的制度、标准进行修订,以巩固质量目标;二是找出尚未解决的问题,并将其转到下一PDCA循环作为下一阶段的计划目标,继续解决。

PDCA循环是周而复始地运行的,一次循环完结,解决一部分问题,一些问题没有解决或者又出现了新的问题,需要再进入下一循环不断得以改进。PDCA循环有两个主要的特点:

一是大环套小环,小环保大环,推动大循环(图3-1)。整个企业就是一个大的PDCA循环,各个部门又有各自的PDCA循环,进一步落实到每个员工又有每个人小的PDCA循环。上一级PDCA循环是下一级PDCA循环的依据,下一级PDCA循环又是上一级PDCA循环的贯彻和落实。通过循环彼此协同,互相促进。

二是不断循环,阶梯式上升(图3-2)。每经过一次PDCA循环,都不是停留在原有水平上,而是取得了一部分成果并确立了新的目标,使质量水平前进并上升一个台阶,就像上楼梯一样。

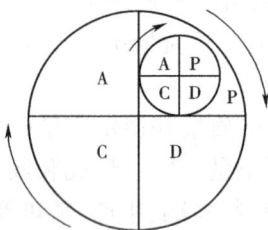

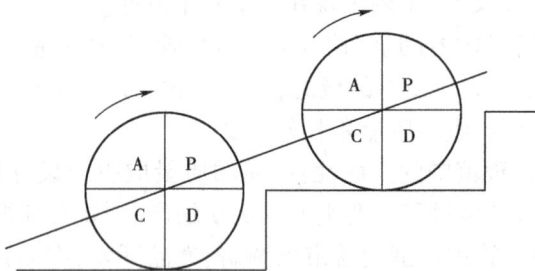

图3-1　大环套小环　　　　　　　　　　　图3-2　不断上升的循环

6.开展质量管理的范例

1)质量管理小组

质量管理小组,简称QC小组(QC是Quality Control或Quality Circle的缩写)。QC小组于20世纪60年代诞生于日本,当时日本企业为了进一步改进技术、不断提高产品质量,借鉴了目标管理和激励管理的一些做法,并结合日本的企业文化,巧妙地设计了一种挑战性游戏,QC小组也就应运而生。通过开展QC小组活动,充分发挥广大员工的聪明才智,形成人人参与质量管理活动的生动活泼的局面,是解决质量问题行之有效的途径。

QC小组是本着自愿的原则,由工作性质相同或相近的员工,以小组的形式组织起来通过定期的活动,探讨质量改进、降低消耗、提高经济效益的途径和办法的一种群众组织。QC

小组与生产班组既有联系又有区别。一般来说,劳动班组是按照专业分工划分的行政组织,而 QC 小组是以改进质量,提高管理水平和经济效益为目的,在工作性质相近的员工中自愿组织起来开展活动的小组。

2)"5S"活动

"5S"是日本企业创造的,"5S"是整理、整顿、清扫、清洁、素养日文拉丁语拼法的第一个字母的组合。"5S"是企业全体人员日常的基本工作和必备素养,是保证工作质量所必需的基本环境,是开展全面质量管理的基础工作和主要载体。

(1)整理(Seiri):将工作场地的所有物品区分为有必要和没有必要的,将有必要的留下,其他的清理掉。目的是腾出更多的空间,防止误用,并营造一个清爽的工作场所,这是"5S"的第一步。

(2)整顿(Seiton):把留下来的必要的物品按规定位置摆放整齐,并加以标示。其目的是使工作场所整齐、宽敞,物品摆放位置一目了然,这样可缩短使用物品时的找寻时间。

(3)清扫(Seiso):将工作场所内看得见与看不见的地方清扫干净,保持工作场所的清洁、亮丽。其目的是减少工业伤害,杜绝污染,保证产品质量的稳定。

(4)清洁(Seiketsu):维持前面 3S 的成果。

(5)素养(Shitsuke):通过"5S"活动的开展,使工作环境变得整洁、舒适,使每位员工养成良好的习惯;培养积极主动工作的精神和认真做好每一件事的工作态度,工作中不放过任何一个细节;并懂得按规则做事。

"5S"活动始于素养,终于素养。员工素养的提高要依靠平时经常性的培训教育,使员工认同企业,参与管理,才能收到成效。

二、ISO 9000 的基本知识与实施

1. 质量认证

质量认证也称合格认证。1991 年国际标准化组织将其定义为由"第三方依据程序对产品、过程或服务符合规定的要求给予书面保证(合格证书)"。

2003 年 8 月,我国国务院发布的《中华人民共和国认证认可条例》第二条规定:"所称认证,是指由认证机构证明产品、服务、管理体系符合相关技术规范、相关技术规范的强制性要求或者标准的合格评定活动。"。

质量认证是第三方从事的工作,第三方与第一方和第二方既无行政上的隶属关系,又无经济上的利害关系,以确保认证的公正性;质量认证合格的表示方式是颁发"认证证书"和"认证标志",并予以注册登记。

2. ISO 9000 族标准

ISO 9000 族标准是由国际标准化组织的质量管理和质量保证技术委员会(ISO/TC176)制定的一组国际标准。它对推动组织的质量管理、实现质量目标、促进市场经济与国际贸易的发展、提高产品质量和顾客的满意程度、消除贸易壁垒等起到了积极的作用。我国国家质量技术监督局已将 2000 版 ISO 9000 族标准等同采用为中国国家标准。该标准可帮助组织实施并有效运行质量管理体系,是质量管理体系通用的要求或指南。它不受具体的行业或经济部门的限制,可广泛适用于各种类型和规模的组织。

由于该标准吸收国际上先进的质量管理理念,采用了 PDCA 循环的质量哲学思想,对于产品和服务的供需双方具有很强的实践性和指导性。

ISO 组织颁布的 ISO 9000:2008 系列标准,有四个核心标准:

ISO 9000:2005　　　《质量管理体系——基础和术语》

ISO 9001:2008　　　《质量管理体系——要求》

ISO 9004:2009　　　《质量管理体系——业绩改进指南》

ISO 19011:2011　　《质量和(或)环境管理体系审核指南》

其中 ISO 9001:2008《质量管理体系——要求》是认证机构对企业质量体系进行审核的依据标准,也是想进行认证的企业必须要满足的标准。

3. ISO 9000 的实施、要求及其收益

(1)ISO 9001:2008 标准对质量管理体系提出来了如下总的要求。

组织应按本标准的要求建立质量管理体系,将其形成文件,加以实施和保持,并持续改进其有效性。

①确定质量管理体系所需的过程及其在整个组织中的应用(见1.2);

②确定这些过程的顺序和相互作用;

③确定所需的准则和方法,以确保这些过程运行和控制有效;

④确保可以获得必要的资源和信息,以支持这些过程的运行和监视;

⑤监视、测量(适用时)和分析这些过程;

⑥实施必要的措施,以实现所策划的结果和对这些过程的持续改进。

组织应按本标准的要求管理这些过程。

(2)质量管理体系文件要求。

质量管理体系文件应包括:

①形成文件的质量方针和质量目标;

②质量手册;

③本标准所要求的形成文件的程序和记录;

④组织确定的为确保其过程有效策划、运行和控制所需的文件,包括记录。

三、汽车维修企业的质量管理

1. 汽车维修企业的质量管理

汽车维修企业要想在日益加剧的行业竞争中处于不败之地,并且不断地发展,必须认真对待并做好企业的质量管理工作。

1)汽车的维修质量

每辆汽车在使用过程中都需要维护和修理,汽车维修服务满足顾客需要的程度就是汽车维修质量。反映汽车维修服务质量主要有以下两个指标。

(1)车辆返修率。是指维修竣工出厂的车辆中,在一定时间间隔内,因维修质量问题而回厂返修的车辆在维修竣工总车辆中所占的比率;

(2)客户满意度。是指车主对汽车维修服务的技术、维修时间、维修费用、方便性及服务态度等方面的满意程度。

2）影响维修质量的因素

（1）维修人员的素质。维修人员的素质较差,主要表现在质量意识较差,工作责任心不强和技术水平不高,不能胜任汽车维修工作等方面,这些都会直接影响到汽车的维修质量。

（2）维修接待服务工作。维修的接待服务工作标准不高,如维修车间环境脏乱,客户休息室缺少必要的设施,接待人员态度不够热情均会降低顾客的满意度。

（3）企业质量管理制度。企业各项质量管理制度不健全,如没有质量检验制度、没有配件和各种原料的入库检验制度等,生产的随意性大,使质量处于失控状态。

（4）企业管理质量。企业管理质量影响着员工积极性的调动和创造性的发挥。因此,企业不仅要使顾客满意,更要使员工满意,充分发挥每一名员工的工作积极性和创造性,齐心协力搞好质量。

3）汽车维修企业的质量管理措施

（1）建立质量管理制度。汽车维修企业必须依据国家有关汽车维修质量的法律法规要求建立健全有关质量管理制度,以保证维修质量的不断提高。

（2）落实质量管理制度。制度是质量的保证,制度不落实,工作质量就得不到保证。汽车维修企业应把各项制度落实到每名员工,责任到人,用制度约束员工行为,用制度规范工作程序,一切按标准作业,严把质量管理关。

（3）坚持以人为本的质量管理,提高企业整体素质。产品质量是企业实力和员工素质的综合反映。汽车维修企业应坚持以人为本,提高企业的整体素质,可以通过开展质量管理活动,充分调动每个人的积极性,发挥每个人的聪明才智,形成人人参与质量管理的局面,使维修质量得到不断提高。

2. 国家的法律法规对汽车维修质量的要求

对汽车维修企业的质量管理,除了要按照质量管理学要求建立质量管理体系、做好全面质量管理的基础工作之外,还要依据国家有关汽车维修质量的法律法规要求制订汽车维修质量管理制度。2016年4月交通运输部发布的《机动车维修管理规定》中对汽车维修企业的维修质量管理提出相应的要求。

1）汽车维修依据的标准

机动车维修经营者应当按照国家、行业或者地方的维修标准和规范进行维修。尚无标准或规范的,可参照机动车生产企业提供的维修手册、使用说明书和有关技术资料进行维修。

2）汽车配件使用要求

机动车维修经营者不得使用假冒伪劣配件维修机动车。机动车维修经营者应当记录配件采购、使用信息,查验产品合格证等相关证明,并按规定留存配件来源凭证。

机动车维修经营者对于换下的配件、总成,应当交托修方自行处理。

机动车维修经营者应当将原厂配件、同质配件和修复配件分别标识,明码标价,供用户选择。

3）维修质量检验要求

机动车维修经营者对机动车进行二级维护、总成修理、整车修理的,应当实行维修前诊断检验、维修过程检验和竣工质量检验制度。车辆从进厂、解体、维修、装配直至竣工出厂,每道工序都要通过专职人员的严格检验与维修工人的自检、互检,并做好检验记录。

承担机动车维修竣工质量检验的机动车维修企业或机动车综合性能检测机构应当使用符合有关标准并在检定有效期内的设备，按照有关标准进行检测，如实提供检测结果证明，并对检测结果承担法律责任。

机动车维修竣工质量检验合格的，维修质量检验人员应当签发《机动车维修竣工出厂合格证》；未签发机动车维修竣工出厂合格证的机动车，不得交付使用，车主可以拒绝交费或接车。

机动车维修竣工出厂合格证由省级道路运输管理机构统一印制和编号，县级道路运输管理机构按照规定发放和管理。

4）维修档案建立规范

机动车维修经营者对机动车进行二级维护、总成修理、整车修理的，应当建立机动车维修档案。机动车维修档案主要内容包括：维修合同、维修项目、具体维修人员及质量检验人员、检验单、竣工出厂合格证（副本）及结算清单等。

机动车维修档案保存期为两年。

5）质量保证期制度

机动车维修实行竣工出厂质量保证期制度。

汽车和危险货物运输车辆整车修理或总成修理质量保证期为车辆行驶20 000km或者100日；二级维护质量保证期为车辆行驶5 000km或者30日；一级维护、小修及专项修理质量保证期为车辆行驶2 000km或者10日。

摩托车整车修理或者总成修理质量保证期为摩托车行驶7 000km或者80日；维护、小修及专项修理质量保证期为摩托车行驶800km或者10日。

其他机动车整车修理或者总成修理质量保证期为机动车行驶6 000km或者60日；维护、小修及专项修理质量保证期为机动车行驶700km或者7日。

质量保证期中行驶里程和日期指标，以先达到者为准。

机动车维修质量保证期，从维修竣工出厂之日起计算。

在质量保证期和承诺的质量保证期内，因维修质量原因造成机动车无法正常使用，且承修方在3日内不能或者无法提供因非维修原因而造成机动车无法使用的相关证据的，机动车维修经营者应当及时无偿返修，不得故意拖延或者无理拒绝。

在质量保证期内，机动车因同一故障或维修项目经两次修理仍不能正常使用的，机动车维修经营者应当负责联系其他机动车维修经营者，并承担相应修理费用。

机动车维修经营者应当公示承诺的机动车维修质量保证期。所承诺的质量保证期不得低于《机动车维修管理规定》中规定的质量保证期。

6）收费要求

机动车维修经营者应当公布机动车维修工时定额和收费标准，合理收取费用。

3. 汽车维修质量纠纷的解决和处理

由于我国目前汽车维修业技术和管理水平发展的不平衡及汽车使用者对汽车性能认识的误区，汽车维修质量纠纷已经成为普遍的社会问题，如何解决和处理好汽车维修中存在的质量问题，对于汽车维修业的发展起着不可忽视的作用。

1）汽车维修质量纠纷的解决方式

国家交通运输部发布的《机动车维修管理规定》中对解决维修质量纠纷的方式、方法作了明确规定。

(1)道路运输管理机构应当受理机动车维修质量投诉,积极按照维修合同约定和相关规定调解维修质量纠纷;

(2)机动车维修质量纠纷双方当事人均有保护当事车辆原始状态的义务。必要时可拆检车辆有关部位,但双方当事人应同时在场,共同认可拆检情况;

(3)对机动车维修质量的责任认定需要进行技术分析和鉴定,且承修方和托修方共同要求道路运输管理机构出面协调的,道路运输管理机构应当组织专家组或委托具有法定检测资格的检测机构作出技术分析和鉴定。鉴定费用由责任方承担。

2)汽车维修企业处理质量纠纷的原则

汽车维修企业在面对车主投诉时,要遵循质量管理原则,尽力满足顾客的合理要求,解决和化解纠纷。汽车维修企业面对车主投诉应本着以下三个原则进行处理。

(1)实事求是的原则。汽车维修企业在接到车主投诉后,要尽快组织相关人员进行调查,了解事情真相,本着实事求是的原则及时化解矛盾。对确实由于自己工作失误而导致的维修质量问题,要勇于承担责任,而不能敷衍塞责,或想尽一切办法推脱责任。

(2)解决问题的原则。汽车维修企业要以解决问题为出发点对待车主投诉,要采取一切措施,尽量弥补自己工作中的过失或疏漏,满足车主的合理要求,避免矛盾激化。

(3)换位思考的原则。一般车主遇到爱车出现维修质量问题,在处理时往往会有一些急躁情绪或有一些过激行为,作为汽车维修企业要给予充分的理解。因为质量问题出现的概率对企业来讲可能会在质量控制范围以内,而对于车主来讲就是100%。因此,企业要本着换位思考的原则,多从车主利益出发考虑问题,协商解决质量纠纷。

课题二 汽车维修行业管理

一、汽车维修企业的开业条件

汽车维修企业开业条件是指为保证汽车维修企业的正常生产和维修质量各类汽车维修企业所必须具备的设备、设施、人员、环保等条件。它是根据各类汽车维修企业的经营范围确定的。国家标准总局、交通运输部发布的中华人民共和国国家标准 GB/T 16739.1—2014《汽车维修业开业条件》按经营范围将汽车维修企业划分为汽车整车维修企业和汽车专项维修业户(三类)。按经营规模大小,整车维修企业分为一类整车维修企业、二类整车维修企业和三类维修企业。

1.汽车整车维修企业开业条件

汽车整车维修企业指有能力对所维修车型的整车、各个总成及主要零部件进行各级维护、修理及更换,使汽车的技术状况和运行性能完全(或接近完全)恢复到原车的技术要求,并符合相应国家标准和行业标准的规定的汽车维修企业。

1)人员条件

(1)应具有维修企业负责人、维修技术负责人、维修质量检验员、维修业务员、维修价格结算员、机修人员、电器维修人员、钣金(车身修复)人员和涂漆(车身涂装)人员。从业人员资格条件应符合 GB/T 21338 的规定,并取得行业主管部门及相关部门颁发的从业资格证书,持证上岗。

(2)维修质量检验员数量应与其经营规模相适应,至少应配备 2 名维修质量检验员。

(3)机修人员、电器维修人员、钣金人员和涂漆人员,一类企业至少应各配备 2 人;二类企业应至少各配备 1 人。

(4)其他岗位从业人员,一类企业应至少各配备 1 人,不能兼职。二类企业允许一人二岗,可兼任一职。

(5)从事燃气汽车维修的企业,至少应配备 1 名熟悉燃料供给系统专业技术的专职作业、检验人员,并经培训合格,持证上岗。

2)组织管理条件

(1)基本要求:

①应建立健全组织管理机构,设置经营、技术、业务、质量、配件、检验、档案、设备、生产和安全环保等管理部门并落实责任人。

②应建立完善的质量管理体系。

③应有现行有效的与汽车维修有关的法律、法规、规章和标准等文件资料。

(2)经营管理:

①应具有规范的业务工作流程,公开业务受理程序、服务承诺和用户抱怨受理程序等,并明示经营许可证、标志牌、配件价格、工时定额和价格标准等。

②应建立并执行价格备案及公示、汽车维修合同、汽车维修费用结算清单、汽车维修记录、统计信息报送和安全生产管理等制度。

③维修过程、配件管理、费用结算和维修档案等应实现电子化管理。

(3)质量管理:

①应建立并执行汽车维修质量承诺、进出厂登记、检验、竣工出厂合格证管理、汽车维修档案管理、标准和计量管理、设备管理、配件管理、文件资料有效控制和人员培训等制度。

②汽车维修档案应包括维修合同,进厂、过程、竣工检验记录,竣工出厂合格证存根,维修结算清单,材料清单等。

③配件管理制度应规定配件采购、检查验收、库房管理、信息追溯、配件登记及台账、索赔等要求。

④应具有所维修车型的维修技术资料及工艺文件,确保完整有效并及时更新。

3)安全生产条件

(1)应建立并实施与其维修作业内容相适应的安全管理制度和安全保护措施。

(2)应制定各类机电设备的安全操作规程,并明示在相应的工位或设备处。

(3)使用与存储有毒、易燃、易爆物品和粉尘、腐蚀剂、污染物、压力容器等,均应具备相应的安全防护措施和设施。安全防护设施应有明显的警示、禁令标志。

(4)生产厂房和停车场应符合安全生产、消防等各项要求,安全、消防设施的设置地点应明示管理要求和操作规程。

(5)应具有安全生产事故的应急预案。

4）环境保护条件

（1）应具有废油、废液、废气、废水（以下简称"四废"）、废蓄电池、废轮胎、含石棉废料及有害垃圾等物质集中收集、有效处理和保持环境整洁的环境保护管理制度，并有效执行。有害物质存储区域应界定清楚，必要时应有隔离、控制措施。

（2）作业环境以及按生产工艺配置的处理"四废"及采光、通风、吸尘、净化、消声等设施，均应符合环境保护的有关规定。

（3）涂漆车间应设有专用的废水排放及处理设施，采用干打磨工艺的，应有粉尘收集装置和除尘设备，并应设有通风设备。

（4）调试车间或调试工位应设置汽车尾气收集净化装置。

5）设施条件

（1）接待室（含客户休息室）：

①应设有接待室。一类企业的接待室面积不小于 $80m^2$，二类企业的接待室面积不小于 $20m^2$。

②接待室应整洁明亮，明示各类证、照、主修车型、作业项目、工时定额及单价等，并应有供客户休息的设施。

（2）停车场：

①应有与承修车型、经营规模相适应的合法停车场地，并保证车辆行驶通畅。一类企业的停车场面积不小于 $200m^2$，二类企业的停车场面积不小于 $150m^2$。不得占用公共用地。

②租赁的停车场地应具有合法的书面合同书，租赁期限不得少于 1 年。

③停车场地面应平整坚实，区域界定标志明显。

（3）生产厂房及场地：

①生产厂房面积应能满足表 3-1 ～ 表 3-4 所列设备的工位布置、生产工艺和正常作业，并与其经营业务相适应。一类企业的生产厂房面积不小于 $800m^2$，二类企业的生产厂房面积不小于 $200m^2$。

②生产厂房内应设有总成维修间。一类企业总成维修间面积不小于 $30m^2$，二类企业总成维修间面积不小于 $20m^2$，并设置总成维修所需的工作台、拆装工具、计量器具等。

③生产厂房内应设有预检工位，预检工位应有相应的故障诊断、检测设备。

④租赁的生产厂房应具有合法的书面合同书，租赁期限不得少于 1 年。

⑤生产厂房地面应平整坚实。

⑥从事燃气汽车维修的企业，应有专用维修厂房，厂房应为永久性建筑，不得使用易燃建筑材料，面积应与生产规模相适应。厂房内通风良好，不得堆放可能危及安全的物品。厂房周围 5m 内不得有任何可能危及安全的设施。

⑦从事燃气汽车维修的企业，还应设有密封性检查、卸压操作的专用场地，可以设在室外。应远离火源，应明示防明火、防静电的标志。

6）设备条件

（1）应配备表 3-1 ～ 表 3-4 要求的仪表工具、专用设备、检测设备和通用设备，其规格和数量应与其生产规模和生产工艺相适应。

（2）从事营运车辆二级维护的企业，应配置满足 GB/T 18344—2016 规定的所有出厂检验项目的检测设备。

（3）各种设备应能满足加工、检测精度的要求和使用要求，并应符合相关国家标准和行业标准的要求。计量器具及表3-3所列检测设备应按规定检定合格。

（4）汽车举升机、喷烤漆房及设备等涉及安全的产品应通过交通产品认证。

（5）允许外协的设备，应具有合法的合同书，并能证明其技术状况符合上述（3）和（4）的要求。

仪 表 工 具　　　　　　　　　　　　　　　　　　　　表3-1

序　　号	设 备 名 称	序　　号	设 备 名 称
1	万用表	8	外径千分尺
2	气缸压力表	9	内径千分尺
3	燃油压力表	10	量缸表
4	液压油压力表	11	游标卡尺
5	真空表	12	扭力扳手
6	空调检漏设备	13	气体压力及流量检测仪（针对燃气汽车维修企业）
7	轮胎气压表	14	便携式气体检漏仪（针对燃气汽车维修企业）

专 用 设 备 表　　　　　　　　　　　　　　　　　　表3-2

序号	设 备 名 称	大中型客车	大型货车	小型车	附 加 说 明
1	废油收集设备		√		
2	齿轮油加注设备		√		
3	液压油加注设备		√		
4	制动液更换加注器		√		
5	脂类加注器		√		
6	轮胎轮辋拆装设备		√		
7	轮胎螺母拆装机	√	√	—	
8	车轮动平衡机				
9	四轮定位仪	—	—	√	二类允许外协
10	四轮定位仪或转向轮定位仪	√	√	—	二类允许外协
11	制动鼓和制动盘维修设备	√	√	—	
12	汽车空调冷媒回收净化加注设备		√		大货车允许外协
13	总成吊装设备或变速器等总成顶举设备		√		

续上表

序号	设备名称	大中型客车	大型货车	小型车	附加说明
14	汽车举升设备		√		一类应不少于 5 个,二类应不少于 2 个。汽车举升机或具有安全逃生通道的地沟
15	汽车故障电脑诊断仪		√		
16	冷媒鉴别仪		√		
17	蓄电池检查、充电设备		√		
18	无损探伤设备	√	—	—	
19	车身清洗设备		√		
20	打磨抛光设备	√	—	√	
21	除尘除垢设备	√	—	√	
22	车身整形设备		√		
23	车身校正设备	—	—	√	二类允许外协
24	车架校正设备	√	√	—	二类允许外协
25	悬架试验台	—	—	√	允许外协
26	喷烤漆房及设备	√	—	√	大中型客车允许外协
27	喷油泵试验设备(针对柴油车)		√		允许外协
28	喷油器试验设备		√		
29	调漆设备	√	—	√	允许外协
30	自动变速器维修设备（见 GB/T 16739.2—2014 中 5.5.4）		√		允许外协
31	氮气置换装置(针对燃气汽车维修企业)	√	—	√	
32	气瓶支架强度校验装置(针对燃气汽车维修企业)	√	—		允许外协

注:√——要求具备;—— 不要求具备。

检 测 设 备　　　　　　　　　　　　表 3-3

序号	设备名称	附加说明
1	尾气分析仪或不透光烟度计	
2	汽车前照灯检测设备	可用手动灯光仪或投影板检测
3	侧滑试验台	可用单板侧滑台
4	制动性能检验设备	可用制动力、制动距离、制动减速度的检验设备之一

通用设备 表3-4

序　号	设 备 名 称	序　号	设 备 名 称
1	计算机	5	气体保护焊设备
2	砂轮机	6	压床
3	台钻(含台钳)	7	空气压缩机
4	电焊设备(大中型客车、大型货车维修)	8	抢修服务车

2.汽车专项维修业户(三类)开业条件

汽车专项维修业户是指从事汽车发动机维修、车身维修、电气系统维修、自动变速器维修、轮胎动平衡及修补、四轮定位检测调整、汽车润滑与养护、喷油泵和喷油器维修、曲轴修磨、气缸镗磨、散热器维修、空调维修、汽车美容装潢、汽车玻璃安装及修复等专项维修作业的业户(三类)。

1)通用条件

(1)从事综合小修或专项维修关键岗位的从业人员数量应能满足生产的需要,从业人员资格条件应符合 GB/T 21338 的规定,并取得行业主管及相关部门颁发的从业资格证书,持证上岗。

(2)应具有相关的法规、标准、规章等文件以及相关的维修技术资料和工艺文件等,并确保完整有效、及时更新。

(3)应具有规范的业务工作流程,公开业务受理程序、服务承诺、用户抱怨受理程序等,并明示各类证、照、作业项目及计费工时定额等。

(4)停车场面积应不小于 $30m^2$。停车场地界定标志明显,不得占用道路和公共场所进行作业和停车,地面应平整坚实。

(5)生产厂房的面积、结构及设施应满足综合小修或专项维修作业设备的工位布置、生产工艺和正常作业要求。

(6)租赁的生产厂房、停车场地应具有合法的书面合同书,并应符合安全生产、消防等各项要求。租赁期限不得少于 1 年。

(7)设备配置应与其生产作业规模及生产工艺相适应,其技术状况应完好,符合相应的产品技术条件等国家标准或行业标准的要求,并能满足加工、检测精度的要求和使用要求。检测设备及计量器具应按规定检定合格。

(8)应设配备安全生产管理人员,熟知国家安全生产法律法规,并具有汽车维修安全生产作业知识和安全生产管理能力。应有所需工种和所配机电设备的安全操作规程,并将安全操作规程明示在相应的工位或设备处。

(9)使用与存储有毒、易燃、易爆物品和粉尘、腐蚀剂、污染物、压力容器等均应具备相应的安全防护措施和设施。作业环境以及按生产工艺配置的处理"四废"及采光、通风、吸尘、净化、消声等设施,均应符合环境保护的有关规定。

2)专项维修经营范围及人员、设施、设备条件

专项维修经营范围及人员、设施、设备条件见表3-5。

专项维修经营范围及人员、设施、设备条件   表 3-5

序号	经营范围	人员条件	组织管理条件	设施条件	主要设备
1	汽车综合小修	应有维修企业负责人、维修技术负责人、维修质量检验员、维修业务员、维修价格结算员、机修人员和电器维修人员。 维修质量检验员应不少于1名。 主修人员应不少于2名	应具有健全的经营管理体系,设置技术负责、业务受理、质量检验、文件资料管理、材料管理、仪器设备管理、价格结算、安全生产等岗位并落实责任人。 应具有汽车维修质量承诺、进出厂登记、检验记录及技术档案管理、标准和计量管理、设备管理、人员技术培训等制度并严格实施。 维修过程、配件管理、费用结算、维修档案等应实现电子化管理	应设有接待室,其面积应不小于10m²,整洁明亮,并有供客户休息的设施。 生产厂房面积应不小于100m²	压床、空气压缩机、汽车故障电脑诊断仪、温、湿度计、万用表、气缸压力表、真空表、燃油压力表、尾气分析仪或不透光烟度计、轮胎漏气试验设备、轮胎气压表、千斤顶、轮胎轮辋拆装、除锈设备或专用工具、车轮动平衡机、汽车空调冷媒回收净化加注设备、空调专用检测设备、空调专用检漏设备、不解体油路清洗设备、举升设备或地沟、废油收集设备、齿轮油加注设备、液压油加注设备、制动液更换加注器脂类加注器、汽车前照灯检测设备(可用手动灯光仪或投影板检测)、制动减速度检验等制动性能检验设备
2	发动机维修	设置岗位及从业人员条件应符合相关的要求。 维修质量检验员应不少于2名。 发动机主修人员应不少于2名	应具有健全的经营管理体系,设置技术负责、业务受理、质量检验、文件资料管理、材料管理、仪器设备管理、价格结算、安全生产等岗位并落实责任人。 应具有汽车维修质量承诺、进出厂登记、检验记录及技术档案管理、标准和计量管理、设备管理、人员技术培训等制度并严格实施。 维修过程、配件管理、费用结算、维修档案等应实现电子化管理	应设有接待室,其面积应不小于20m²,整洁明亮,并有供客户休息的设施。 生产厂房面积应不小于100m²	压床、空气压缩机、发动机解体清洗设备、发动机等总成吊装设备、发动机翻转设备、发动机诊断仪、废油收集设备、万用表、汽缸压力表、真空表、量缸表、正时仪、汽油喷油器清洗及流量测量仪、燃油压力表、喷油泵试验设备(允许外协)、喷油器试验设备(允许外协)、连杆校正器、无损探伤设备、立式精镗床、立式珩磨机曲轴磨床、曲轴校正设备、凸轮轴磨床、曲轴、飞轮与离合器总成动平衡机

序号	经营范围	人员条件	组织管理条件	设施条件	主要设备
3	车身维修	应有维修企业负责人、维修技术负责人、维修质量检验员、维修业务员、维修价格结算员、机修人员、钣金人员和涂漆人员。维修质量检验员应不少于1名。车身主修及维修涂漆人员均应不少于2名	应具有健全的经营管理体系，设置技术负责、业务受理、质量检验、文件资料管理、材料管理、仪器设备管理、价格结算、安全生产等岗位并落实责任人。应具有汽车维修质量承诺、进出厂登记、检验记录及技术档案管理、标准和计量管理、设备管理、人员技术培训等制度并严格实施。维修过程、配件管理、费用结算、维修档案等应实现电子化管理	应设有接待室，其面积应不小于20m²。整洁明亮，并有供客户休息的设施。生产厂房面积应不小于120m²	电焊及气体保护焊设备、切割设备、压床、空气压缩机、汽车外部清洗设备、打磨抛光设备、除尘除垢设备、型材切割机、车身整形设备、车身校正设备、车架校正设备、车身尺寸测量设备、喷烤漆房及设备、调漆设备、砂轮机和角磨机、举升设备、除锈设备、吸尘、采光、通风设备、洗枪设备或溶剂收集设备
4	电气系统维修	应有维修企业负责人、维修技术负责人、维修质量检验员、维修业务员、维修价格结算员和电器维修人员。维修质量检验员应不少于1名。电子电器主修人员应不少于2名	应具有健全的经营管理体系，设置技术负责、业务受理、质量检验、文件资料管理、材料管理、仪器设备管理、价格结算、安全生产等岗位并落实责任人。应具有汽车维修质量承诺、进出厂登记、检验记录及技术档案管理、标准和计量管理、设备管理、人员技术培训等制度并严格实施。维修过程、配件管理、费用结算、维修档案等应实现电子化管理	应设有接待室，其面积应不小于20m²，整洁明亮，并有供客户休息的设施。生产厂房面积应不小于120m²	空气压缩机、汽车故障电脑诊断仪、万用表、充电机、电解液比重计、高频放电叉、汽车前照灯检测设备、电路检测设备、蓄电池检测、充电设备

续上表

序号	经营范围	人员条件	组织管理条件	设施条件	主要设备
5	自动变速器维修	设置岗位及从业人员条件应符合相关的要求。维修质量检验员应不少于1名。自动变速器专业主修人员应不少于2名	应具有健全的经营管理体系,设置技术负责、业务受理、质量检验、文件资料管理、材料管理、仪器设备管理、价格结算、安全生产等岗位并落实责任人。应具有汽车维修质量承诺、进出厂登记、检验记录及技术档案管理、标准和计量管理、设备管理、人员技术培训等制度并严格实施。维修过程、配件管理、费用结算、维修档案等应实现电子化管理	应设有接待室,其面积应不小于20m²,整洁明亮,并有供客户休息的设施。生产厂房面积应不小于200m²	自动变速器翻转设备、自动变速器拆解设备、变矩器维修设备、变矩器切割设备、变矩器焊接设备、变矩器检测(漏)设备、零件清洗设备、电控变速器测试仪、油路总成测试机、液压油压力表、自动变速器总成测试机、自动变速器专用测量器具、空气压缩机、万用表、废油收集设备
6	轮胎动平衡及修补	至少有1名经过专业培训的轮胎维修人员	—	生产厂房面积应不小于15m²	空气压缩机、轮胎漏气试验设备、轮胎气压表、千斤顶、轮胎螺母拆装机或专用拆装工具、轮胎轮辋拆装、除锈设备或专用工具、轮胎修补设备、车轮动平衡机
7	四轮定位检测调整	至少有1名经过专业培训的汽车维修人员	—	生产厂房面积应不小于40m²	举升设备、四轮定位仪、空气压缩机、轮胎气压表
8	汽车润滑与养护	至少有1名经过专业培训的汽车维修人员	—	生产厂房面积应不小于40m²	不解体油路清洗设备、废油收集设备、齿轮油加注设备、液压油加注设备、制动液更换加注器、脂类加注器、举升设备或地沟、空气压缩机
9	喷油泵、喷油器维修	至少有1名经过专业培训的柴油机高压油泵维修人员	—	生产厂房面积应不小于30m²	喷油泵、喷油器清洗和试验设备、喷油泵、喷油器密封性试验设备、弹簧试验仪、千分尺、厚薄规从事电控喷油泵、喷油器维修还需配备:电控喷油泵、喷油器检测台、电控喷油泵、喷油器专用拆装工具、电控柴油机故障诊断仪、超声波清洗仪、专用工作台

序号	经营范围	人员条件	组织管理条件	设施条件	主要设备
10	曲轴修磨	至少有1名经过专业培训的曲轴修磨人员	—	生产厂房面积应不小于60m²	曲轴磨床、曲轴校正设备、曲轴动平衡设备、平板、V型块、百分表及磁力表座、外径千分尺、无损探伤设备、吊装设备
11	汽缸镗磨	至少有1名经过专业培训的汽缸镗磨人员	—	生产厂房面积应不小于60m²	立式精镗床、立式珩磨机、压床、吊装起重设备、汽缸体水压试验设备、量缸表、外径千分尺、厚薄规、激光淬火设备(从事激光淬火必备)、平板
12	散热器维修	至少有1名经过专业培训的维修人员	—	生产厂房面积应不小于30m²	清洗及管道疏通设备、气焊设备、钎焊设备、空气压缩机、喷漆设备、散热器密封试验设备
13	空调维修	至少有1名经过专业培训的汽车空调维修人员	—	生产厂房面积应不小于40m²	汽车空调冷媒回收净化加注设备、空调电器检测设备、空调专用检测设备、万用表、冷媒鉴别设备、空调检漏设备、数字式温度计、汽车故障电脑诊断仪
14	汽车美容装潢	至少有经过专业培训的1名维修人员和2名车身清洁人员	—	生产厂房面积应不小于40m²	汽车外部清洗设备、吸尘设备、除尘、除垢设备、打蜡设备、抛光设备、贴膜专业工具
15	汽车玻璃安装及修复	至少有1名经过专业培训的维修人员	—	生产厂房面积应不小于30m²	工作台、玻璃切割工具、注胶工具; 玻璃固定工具、直尺、弯尺、玻璃拆装工具、吸尘器

二、汽车维修企业和经营业户开业、歇业、停业审批程序

为了使开、停业管理正规化和制度化,也为了经营者在办理开业、歇业、停业手续时有所遵循,必须规定恰当的开业、歇业、停业申报和批准程序。根据《道路运政管理工作规范》的规定,结合工作实际,汽车维修企业经营业户开业、歇业、停业审批程序如下。

1. 汽车维修企业或经营业户筹建立项程序

(1)县级以上道路运政管理机构受理筹建汽车维修企业或经营业户的筹建立项申请。

(2)道路运政管理机构在受理筹建立项申请时,应审核申请人提交的以下文件:

①经营项目、营业场所、法人代表或经营业主、职工人数、经营规模等书面资料;

②合法有效的资信证明或资金担保书;

③申请具有法人资格的企业应有可行性报告及其主管部门的立项批准书;无主管部门的企业或经营业户应提交城市街道或乡镇以上人民政府的证明;

④法律、法规和规章规定应提交的其他资料。

(3)道路运政管理机构自受理之月起,在30日内按审批权限作出审批决定。筹建立项实行定期集体审批制度。批准筹建的,向申请人发出立项批准书,规定其筹建时限,不批准的书面答复申请人。

(4)审批筹建立项申请的原则是该项申请是否符合本县或本地区道路运输行业发展规划,是否符合社会需要和经济技术开业条件等。

2. 开业审批程序与权限

(1)汽车维修企业或经营业户审批程序。

①筹建汽车维修企业或经营业户的法人代表或经营业参,担规定时限内筹建就绪后,即可填写《汽车维修企业开业申请表》,提出开业申请,开业电请由批准立项的道路运政管理机构受理。

②受理开业申请的道路运政机构在接到开业申请后,应当派出人员对申请人的筹建工作按批准的立项申请的要求进行检验,并在30日内作出审批决定。审批决定应由集体研究。

③经批准开业的,审批机构核发汽车维修企业经营许可证,并告知申请人凭经营许可证到工商行政管理部门和税务部门分别办理法人营业执照或工商执照和税务登记手续。

(2)汽车维修企业或经营业户开业审批权限。

一类车辆维修企业和汽车综合性能检测站由省级道路运政管理机构审批,二类车辆维修企业由地级道路运政管理机构审批,三类车辆维修企业由县级道路运政管理机构审批。

除上述规定外的汽车维修企业的开业申请审批权限,按有关各省、自治区、直辖市道路运政管理机构的有关规定执行。

3. 中外合资、合作汽车维修企业立项的审批程序

道路运政管理机构受交通行政主管部门委托审批中外合资、合作汽车维修企业立项申请的,按以下程序办理:

(1)立项申请的手续,由中方代表办理,道路运政管理机构不直接接受外方人员的申请。

(2)受理中外合资、合作汽车维修企业立项申请时,应审核申请人提交的以下文件:

①项目建议书；

②可行性研究报告；

③合资、合作双方法人代表签定的意向书；

④外商的固定国籍和合法身份证明；

⑤外商的公司注册证书和有效商业登记证；

⑥外商所在国或地区的资信证明(包括合法手段取得的银行贷款)，其证明资产必须大于该项目的投资金额，同时与多家企业合营时，其证明资产必须大于各项目的投资总额。

(3)道路运政管理机构在受理中外合资、合作汽车维修企业申请后，应在 30 日内作出审核决定。经审核后，符合规定的，签注审核意见并逐级上报省级道路运政管理机构；不符合规定条件的，答复申请人，并退回所有申请材料。

(4)省级道路运政管理机构在收到下级道路运政管理机构上报的中外合资、合作汽车维修企业的申报材料，应代表省级交通主管部门进行审核，在 30 日内作出审核决定。经审核同意的，提出审核意见并以省级交通主管部门的名义拟文上报交通部审批，不同意的退回下级呈报机构返知申请人。

(5)中外合资、合作汽车维修企业的经营证件由省级道路运政管理机构核发，接受企业所在地道路运政管理机构的行政管理。核发经营证件时，应审核该企业提供的交通运输部批准立项的文件、外经贸部或授权机关的批准设立的文件工商行政管理部门颁发的工商法人执照和税务机关的税务登记证。

(6)道路运政管理机构按照国内的法律、法规、规章对中外合资、合作汽车维修企业实施行政管理。

4. 汽车维修企业或经营业户歇业申请、审批程序

(1)受理汽车维修企业或经营业户歇业申请的应当是原批准开业的机构，并可要求申请人提前 30 天提出歇业申请，填写《汽车维修企业或经营业户歇业申请表》。

(2)受理申请歇业时，道路运政管理机构应当审核申请人提供的债权、债务及其他遗留问题处理的有关材料，并在 10 天内作出批准或不批准的决定。

(3)经批准歇业的应当提前 10 天发布歇业通告。

(4)经营者正式歇业后，当地道路运政管理机构应立即向其收回各种经营证件和运输票据。

5. 汽车维修企业或经营业户停业申请程序

(1)受理并批准汽车维修企业或经营业户临时停业申请的，应当是原批准开业的机构。临时停业在 1 个月以上的，由经营者在停业 5 日前提出申请，经批准临时停业的，应当向经营者收回经营证件和专业票据。

(2)汽车维修企业或经营业户停业期满需要恢复营业时，由原批准机构受理其复业申请。复业申请由经营者在复业 5 天前提出。

6. 汽车维修企业或经营业户异动变更申请、审批程序

(1)道路运输企业或经营业户的异动变更。

①名称变更。

a.因合并、分立、联营或隶属关系等改变时，由经营者提交上级主管部门的批文或有关

的联营协议等。

b. 因住所或营业场所变动,由经营者说明变动原因,提交有关文件。

c. 因扩大或缩小经营范围,应要求经营者提交原经营情况和申请计划。

②经营权的变更。

a. 经营者之间转让或买卖车辆、设备的,出让方分别情况,按"车辆异动"或按歇业程序办理,受让方持转让证明,根据具体情况分别按"车辆异动变更""名称变更""经营范围变更"等程序办理。

b. 经营者向非经营者转让或出卖车辆、设备的,后者欲参与经营的,出卖方分别情况按"车辆异动"或按歇业、停业程序办理,受让方按开业程序办理。

c. 个人租赁或承包及因财产纠纷抵押等,发生产权和经营权的变更,由租赁或承包者持租赁或承包抵押协议书到车籍所在地道路运政管理机构备案。道路运政管理机构对于经营者的变更,应认真审查,重新核定其经营范围、经济性质、确定税费缴纳方式和管理办法。

(2)经营范围的变更。

汽车维修企业或经营业户因故需变更其经营范围的,由原批准开业的机构受理,根据具体经营情况分别按同类变更和异类变更办理。

①经营范围的同类变更,属扩大经营范围的按开业程序办理,属缩小经营范围的应由经营者填报《汽车维修企业经营范围作业区域变更表》。经审核同意的,换发有关经营证件,必要时向社会通告。

②经营范围的异类变更。由经营者填报《汽车维修企业经营范围作业区域变更表》,分别按开、歇业程序办理。

7.开、歇、停业管理的后续工作

(1)开、歇、停业管理是道路运政管理工作的源头,必须做好后续工作,为加强源泉管理打好基础。

(2)负责开、歇、停业登记、发证工作的岗位人员,要认真做好原始记录,建立台账和卡片,以便检索。

(3)对已开业的企业或经营业户,应建立分户档案。档案资料应包括申请开业时提交的各项书面资料,《汽车维修企业开业申请表》、经营许可证、法人营业执照或工商执照、税务登记证和业主或法人代表身份证的复印件,设备异动记录,经营范围变更记录,规费缴纳记录和年度审验记录等。

(4)经办人员应根据原始记录,对企业或经营业户、从业人数、车辆数、规费缴纳等,按月进行分类统计,提供领导和相关科室参阅。

8.年度审验

(1)县级以上道路运政管理机构,应对辖区内的汽车维修企业和经营业户进行年度审验。

①汽车维修企业或经营业户的年度审验的时间,由省级或地级道路运政管理机构确定;机构组织实施。

②道路运政管理机构应当提前向汽车维修企业和经营业户公布年度审验的具体安排和分发年度审验表。

（2）年度审验时应向汽车维修企业和经营业户收回年度审验表、经营许可证。

（3）年度审验的主要内容。

①经营资质的评审。

②经营行为的评审。

③税费缴纳的情况。

（4）年度审验结果应记录在"年度审验表"，并存入分户档案中。

（5）除国家税收和省级人民政府规定的费目外，道路运政管理机构不得接受其他部门的委托，利用年度审验搭车收费。

三、汽车维修行业管理

1. 汽车维修行业管理的定义

汽车维修行业管理是政府的各级交通行政主管部门对汽车维修行业的发展和管理机制的完善所进行的各项工作的总称。

2. 汽车维修行业管理的范围

汽车维修行业管理的范围包括：中华人民共和国境内所有从事各级汽车维护、汽车修理生产和经营活动的国有、集体、个体经营业户以及"三资"企业等。

3. 汽车维修行业管理的目的

汽车维修行业管理的目的就是通过政府对汽车维修行业的宏观调控，规范汽车维修业户的经营行为，以保证汽车维修市场的正常秩序，保护汽车维修经营业户和车辆用户的合法权益，促进汽车维修行业的健康发展和技术进步，提高汽车维修质量，保持车辆的完好技术状况，保证运行安全，使车辆更好地发挥运输效能，最大限度地满足经济、社会发展和人民生活日益增长的需要，充分发挥行业在国民经济发展中应有的作用，不断提高行业的经济效益和社会效益。

4. 汽车维修行业管理的职能

汽车维修行业管理机关的基本职能是对汽车维修行业的发展、经济关系、经营活动进行调控、调整、规范和监督。行业管理的主要职能有：

（1）宣传、贯彻国家有关方针政策和法律、法规。根据国民经济发展和管理的总方针、总任务，研究制定汽车维修行业的方针、政策，以及各级、各类技术经济标准和作业工艺规范，实现政令、管理内容和标准的统一。这项任务主要由中央和省级汽车维修行业管理机关承担；同时，还要正确地贯彻执行汽车维修行业的方针、政策、法律、法规和规范。这项任务主要由地（市）、县、乡级汽车维修管理机关承担。

（2）制定汽车维修行业发展规划。根据行业发展目标，对行业发展的规模、速度、重点、布局和结构进行统筹安排，以适应国民经济发展需要。规划的主要内容包括发展战略，长期、中期、短期发展目标，行业内部结构和区域分布结构及规划措施等；同时各级交通行政主管部门要根据本行政区域的国民经济和社会发展需求，拟定本地区汽车维修行业的发展规划，并组织实施。

（3）贯彻汽车维修技术标准提高汽车维修质量。组织宣传贯彻国家汽车维修技术标准，并督促企业认真执行，以此促进汽车维修质量不断提高。

（4）做好协调服务工作。对汽车维修业户进行协调、指导,协调各维修业户之间的关系,促进业内的合理分工,使维修行业向社会化、专业化分工协作的发展,指导企业根据行业发展规划的要求来制定企业的发展规划,并在业务上个给予具体指导;协调维修企业与客户之间的关系,调解纠纷,维护双方的合法权益;组织开展技术培训服务,搭建汽车维修技术、经济信息交流平台,加强行业的技术、经济信息交流,以促进行业不断发展。

（5）做好监督检查工作。负责监督检查汽车维修行业的经营秩序,纠正和处理违法经营行为,保护合法经营,维护市场秩序。

总之,各级交通行政主管部门在汽车维修行业管理工作中,应当坚持"规划、协调、服务、监督"的方针,建立统一、开放、竞争、有序的汽车维修市场,按照各自的职责,依法实施管理,促进汽车维修市场的健康发展。

单元四
汽车美容与装饰服务

课题一　汽车美容与装饰服务概述

一、汽车美容服务的概念、目的及类型

1. 汽车美容的概念

"汽车美容"从字面上解释就是使汽车的容貌更美丽的行为。它起源于西方发达国家，英文名称为"Car Beauty"或"Car Care"。由于西方发达国家汽车工业的发展，社会消费时尚的流行，以及人们对事物猎奇、追求新异的心理，促使汽车的款式不断更新换代，"追新族们"在满足心理需求的同时，又不愿使自己的旧车贬值，这样就需要对旧车进行一番特殊处理，处理后能够使旧车焕然一新，并长久保持艳丽的光彩。随着旧车翻新技术的不断提高，以及人们对车辆保养意识的增强，以汽车保养护理和翻新为主要内容的汽车美容行业也就应运而生。

汽车美容的功能界定分为三层。最基本的一层是自理性养护；第二层是浅性服务，诸如太阳膜、犀牛皮等的张贴，大包围、防盗装置等的安装，内饰品（包括真皮座椅、桃木内饰等）的改装、使用和漆面划痕处理、抛光翻新养护等，它不涉及发动机等车辆中心结构的护理工作；第三层是专业服务，这是技术含量较高的服务种类，属于美容施工深度处理，也是整个汽车美容业最深入的层次。

专业汽车美容实质是汽车的护理,它不仅停留在表面,而且深入到内部。其优越之处在于它自身的系统性、规范性和专业性。即根据汽车自身特点,由表及里地进行全面细致的养护,每一道工序都有标准而规范的技术要求,并采用专业工具、专业产品和专业手段进行操作。

专业汽车美容使用的是专门的养护产品,针对汽车各部位材质进行有针对性的养护、美容和翻新,使经过专业美容后的汽车不仅外部焕然一新,而且内部机械运转更加顺畅,使汽车的使用寿命得到有效延长。

综上所述,现代汽车美容,是指针对汽车各部位不同材质所需的养护条件,采用不同性质的汽车护理产品及施工工艺,以达到"旧车变新,新车保值,延寿增益"功效的汽车养护过程。

2.汽车美容的目的

1)保持车体表面的清洁、靓丽

汽车美容是集清洗、打蜡、除尘、翻新、漆面处理于一身的养护过程,它不仅可以清除车身表面的尘土、酸雨、鸟粪、沥青等污染物,防止漆面受到腐蚀损害,而且还可以通过漆面研磨去除表面氧化层,抛光后使车体表面清洁、靓丽。同时,通过打蜡更能使车身光彩亮丽的视觉效果保持长久。和外表肮脏、漆色暗淡的车辆相比,其价值优势不言而喻。

2)使车表病害得以及时修复

汽车因焦油、飞漆、刮擦、碰撞等原因,致使车体表面出现斑点、划痕,特别是局部出现破损或严重老化时,如不进行修复处理,不仅影响车体表面的美观,也必将造成车表病害的扩大与深化。通过漆面斑点、划痕处理及汽车涂层的局部修补、整体翻新,会有效防止车表病害的扩大与深化,并可使车辆整旧如新。

3)给汽车以全面的养护

汽车美容除了可使车体表面的清洁、靓丽,车表病害得以及时修复以外,还可以通过对汽车室内各部位及主要配置、行李舱、汽车空调等的清洁护理,消除异味、大大延长内饰件在使用周期内的使用舒适性。特别是对底盘及发动机的内、外部护理,可极大地改善其散热效果,减少各运动副之间的磨损,使汽车内部机械运转更加顺畅,有效延长汽车的使用寿命。

3.汽车美容的分类

1)根据汽车的服务部位分类

可分为车身美容、内饰美容和漆面美容。

(1)车身美容:即对汽车外表进行去污翻新处理。主要的服务项目有高压洗车;去除沥青、焦油等污物;上蜡增艳与镜面处理;新车开蜡;钢圈、轮胎、保险杠翻新与底盘防腐涂胶处理等。

(2)内饰美容:内饰美容服务是针对从车室、发动机及行李舱等进行的清洁及美化。比如,车室美容中的仪表台、顶棚、地毯、脚垫、座椅、座套、车门内饰的吸尘清洁保护;以及蒸气杀菌;冷暖风口除臭;室内空气净化等项目。

(3)漆面美容:漆面美容服务即对车身外表的漆面进行的养护及美化处理。目前主要开发的服务项目有氧化膜、飞漆、酸雨处理;漆面深浅划痕处理;漆面部分板面破损处理及整车喷漆等。

2)根据汽车美容的性质分类

可分为护理性美容和修复性美容。

（1）护理性美容:护理性美容是对汽车内外部的老化、损坏进行预防性清洁美化及养护。其主要服务项目有汽车清洗、漆面研磨、抛光与还原、开蜡与打蜡;内饰护理(包括仪表台、顶棚、地毯、脚垫、座椅、座套、车门内饰的吸尘清洁保护,以及蒸气杀菌、冷暖风口除臭、室内空气净化等项目);发动机及底盘清洁与护理等。

（2）修复性美容:汽车修复美容是对车身漆膜有损伤的部位,先进行漆膜修复,然后再进行美容。这种美容主要是对车身及漆膜部分进行的处理和护理。其主要服务项目有漆面斑点及划痕处理;漆膜病态处理;车身变形的修复;汽车涂层的局部修补及整体翻新等。

3）根据汽车的实际美容程度分类

可分为一般美容和专业美容。

（1）一般美容:它主要是通过洗车、打蜡的方法,去掉汽车表面的尘土、污物,并使其表面光亮艳丽。一般美容可对汽车表面起到粗浅美容的作用,它作为自理性美容,不需要专门的工作场地,一般车主可自行做到。

（2）专业美容:它包括对汽车护理用品的正确选择与使用;汽车漆膜的护理;各部位的美化处理及养护等内容。专业汽车美容是通过专业的设备和用品,经过几十道工序,从车身、内室、发动机、钢圈、轮胎、底盘、保险杠、油路、电路、空调系统、冷却系统、进排气系统等各部位进行彻底的清洗和维护,使旧车变新并保持长久,使整车焕然一新。这样的汽车美容才是真正的专业汽车美容。

专业汽车美容应有专门的美容操作工作室,工作室应与外界隔离,设有漆膜维修处理工作室、干燥室、清洗室、美容护理室,且最好相互不干扰,但又有一定的联系;各工作室应有相应的设备、工具及能源,可供施工所用;所有的施工人员,必须是经过专业技术培训,取得上岗证书者,才可进行施工操作;汽车美容用品及有关材料必须是正规厂家生产的合格品。

二、汽车装饰服务的概念、目的及类型

1. 汽车装饰的概念

随着人们对个性化和时尚感的追求,汽车装饰业便应运而生。汽车装饰正像房屋装修那样,已成为汽车使用的一个必然过程。车主对批量生产的同一款车在美学、舒适性、方便性等方面提出了更高的不同要求,通过对车身内外的装饰,可使消费者得到最大限度的满足。可以说汽车装饰美容业已经成为汽车售后服务中非常重要的环节,并逐步向普及化和专业化方向发展。

汽车装饰就是通过增加一些附属的物品,使原车变得更加豪华、靓丽、温馨、舒适、方便、安全,这种行为叫作汽车装饰,所增加的附属物品叫作汽车装饰品。

2. 汽车装饰的目的

1）改进车辆外观

根据车主的个性化追求比如车主选择加装全车大包围和升级轮圈轮胎。加装大包围从性能上来说,可以减少汽车行驶中的空气阻力,提高高速平衡性,车的外观也更加整体协调、与众不同。而把轮圈升级,可以更好地保持行驶中的平稳性和安全性,更主要的是车辆外观看上去更有跑车风范。

2）使室内更加舒适、方便

现代人在享受汽车高效、快捷的同时,也注重对车辆舒适性和方便性的追求。车辆加装

太阳膜,可有效抵御紫外线的直接侵害;而室内真皮座椅的装饰,更能够让汽车在视觉上、触觉上,甚至在嗅觉上都有一个好的心理感受,且能最大限度提升轿车的档次。特别是汽车音响及车载电话、电视的选装,更能使人尽享驾乘的快乐。

3)对车辆的性能进行合理的提升

通过对车辆性能的合理提升,以提高车辆的使用价值,如:车身刚性不佳及底盘结构不良的车辆,车主有时会加装平衡杆(亦称为拉杆),以补强车身刚性的不足。并且有时会改装防倾杆与更换减振器,用以加强底盘结构。而给汽车加装尾翼,不仅可改变视觉效果,而且可使空气对汽车产生第四种作用力,即对地面的附着力。它能抵消一部分升力,控制汽车上浮,减小风阻影响,使汽车能紧贴着道路行驶,从而提高行驶的稳定性。另外,加装电子整流器可以省油、提升扭力和操控反应,使车的电器负荷减少,延长电池寿命。特别是女性驾车新手,在车后加装可以显示车距的倒车雷达,对日常的倒车入库能起到很重要的帮助作用。除此以外,加装大视野后视镜,能让驾驶者在驾驶时减小盲区,增加安全性。这些汽车装饰内容都会对车辆的性能有一定的提升作用。

3. 汽车装饰的分类

1)按汽车装饰的部位分类

可分为汽车外部装饰、汽车内室装饰及电子设施装饰。

(1)汽车的外部装饰。汽车的外部装饰简称汽车外饰,指对汽车外表面进行的加工处理,如对汽车顶盖、车窗、车身周围及车轮等部位进行的装饰。

(2)汽车的内部装饰。汽车的内部装饰简称汽车内饰,指对汽车驾驶室和乘客室进行的加工处理,如对汽车顶棚内衬、侧围内护板和门内护板、仪表板、座椅、地板等部位进行的装饰。

(3)汽车的电子设施装饰。指为使汽车更加安全、便利而加装的各种附属产品,如安全带语音提示器、各种车载电子电器设备、防盗防护设备等。

2)按汽车装饰的作用分类

可分为美观类、舒适类、防护类、便利类、安全类等。

(1)美观类装饰。指通过装饰使外表更加豪华、靓丽,如加装车身大包围、各种贴饰、扰流板等。

(2)舒适类装饰。指通过装饰使内部更加温馨、舒适,如加装多碟 CD 和低音炮、天窗、真皮座椅等。

(3)防护类装饰。指通过装饰可给汽车以防护作用,如加装防盗装置、保险杠、防撞胶等。

(4)便利类装饰。指通过装饰使车辆更加方便、实用,如电动门窗、车载电话、电子导航装置、车载冰箱等。

(5)安全类装饰。指通过装饰使车辆更加安全可靠,如加装大视野后视镜、安全气囊、安全带等。

三、汽车美容与装饰行业的现状与发展前景

1. 行业队伍不断壮大

随着我国机动车保有量的直线上升,汽车美容装饰市场也随之兴旺,同时,大多数私家

车主对爱车的日常维护已经从"以修为主"逐渐转变成"以养为主"，这也极大地激活了汽车美容装饰服务市场，汽车美容店、汽车装饰店如雨后春笋般涌现。不仅专业的汽车美容装饰企业，汽车养护产品的生产企业以及汽车销售商也把他们的触角延伸到了这一领域，汽车美容与装饰行业的队伍在不断壮大。

2.行业服务亟待规范

由于缺乏统一的服务标准，不同的商家之间汽车美容装饰服务报价相差悬殊。市场上汽车装饰的利润率一般会在40%～50%，个别商家的利润率可以达到120%～200%。美容装饰行业缺乏统一的服务标准，才导致服务报价悬殊，由于消费者很难衡量服务的质量，长此下去，容易对美容装饰市场失去信心。

出台相应的管理办法和行业标准来规范市场已成为必要，这样既能在一定程度上杜绝假冒伪劣产品混入市场，规范生产商和经销商的行为，又可以让市场向专业化、规范化方向发展，从而保证广大汽车消费者的合法权益。

3.专业技术人才短缺

汽车美容与装饰行业需要专门的技术人才，一般刚入行的技工只能做洗车、打蜡等技术要求不高的初级汽车美容。而汽车封釉、贴防爆膜等技术要求比较高的专业活，则需要经验丰富的技术工人来做。

以汽车装饰为例，现实的情况是缺少专业的汽车装饰技师，并且这一行业在考核标准上现在还是空白。比如普遍认为技术、服务相对标准高的各汽车品牌的4S店，虽然它们都有自己的装饰部门，相关的工作人员都经过生产厂家严格的培训，但基本上也只做抛光、打蜡、清理内饰、安装倒车雷达等装饰活。对于技术含量相对高的贴防爆膜、封釉等精细活，需要找专业技师来处理。由于这种专业技术人才短缺，一些技术过硬的汽车装饰技师甚至是在不同的装饰店来回赶场。而严格意义上的汽车装饰师或汽车美容师的工作范畴，应该包括分析客户的要求，做出相应的汽车美容装饰方案，然后做车表美容、车饰美容、漆面美容、汽车防护等方面的不同处理，但目前国内大多数的汽车美容装饰服务远远达不到这种水准。

4.市场前景不可限量

据市场调查表明：目前我国60%以上的私人高档汽车车主有给汽车做外部美容养护的习惯；30%以上的私人低档车车主开始形成给汽车做美容养护的观念；30%以上的公用高档汽车也定时进行外部美容养护。据不完全统计，每辆车用在装饰品的投资少则几十元，多则几千元甚至上万元。汽车美容业巨大的市场潜力可见一斑，其市场前景不可限量。

课题二　汽车美容服务

一、现代汽车美容的常见服务项目

1.整车细部全面清洗

即采用专用设备和清洗剂，对车身及其附属部件进行全面彻底的清洗。按部位不同，清洗作业可分为车身表面清洗、内室清洗和行走部分清洗。车身表面清洗主要针对车身漆面、汽车门窗、外部灯具、外部装饰、附件等的清洗。常采用无水洗车、泡沫精致洗车、全自动电脑洗车、底盘清洗、漆面污渍处理等方法;内室清洗主要针对篷壁、地板地毯、座椅、仪表台、空调风口、操纵件、内部装饰、附件等的清洗;行走部分则主要针对汽车底盘有关总成、壳体表面等的彻底清洗。这是汽车美容服务中最常规的项目。

2. 漆面美容处理

汽车日常运行中饱受风吹、日晒及酸雨等具有氧化性物质的侵蚀,使漆面逐渐粗糙失光,形成各种病害。同时,人为因素也常使汽车漆面遭受各种伤害。漆面美容处理就是通过一些特殊工艺,如油污、飞漆、污物的清洗处理;漆膜缺陷的砂平处理;漆膜的研磨抛光处理;漆膜的抗氧化保护处理;漆膜的增艳与镜面细膜还原处理等,使汽车漆面再现昔日亮丽风采,并能得到持久的保护。

3. 轮胎翻新处理

轮胎黏附各种污物后将失去原有纯正黑色,而呈现灰黑色,不但影响视觉效果,而且受侵蚀的橡胶极易老化、变硬,失去原有的弹性及耐磨性。轮胎翻新就是在轮胎彻底清洁的基础上,使用特殊用品(如轮胎清洁增黑剂),将其迅速渗透于橡胶内,分解浸入的有害物质,使轮胎橡胶延缓衰老,增黑增亮,还原如新。

4. 镀铬件的翻新处理

镀铬件能提高汽车的装饰效果,空气中的盐分及硫化气体长期附着在镀铬件的表面时,会使其失去光泽,影响美观。当镀铬件表面出现深度划痕时,腐蚀会迅速扩展到镀铬层下面,从而影响到汽车的外在价值。通过除锈翻新、上光保护处理,可使镀铬件表面重现光泽。

5. 发动机系统的维护护理

使用专业用品及工艺,通过对发动机外部的清洁美容,可除斑、防锈、预防老化,且对汽车有一定的保值作用;而对其内部清洁则可消除胶质、积炭、油泥、水垢等沉积物,使发动机供油正常,运转顺畅,从而延长其使用寿命。

6. 底盘部分的清洁护理

底盘部分因位置特殊而容易被忽视,然而,由于它离地最近,工作环境比较恶劣,经常会粘有泥土、焦油、沥青等污物,如不及时清洁,就会形成油渍、锈渍,进而影响到汽车的行驶性能。底盘部分的清洁护理就是通过对车身底板、转向系统、传动系统、制动系统及轮毂的清洁护理,使其达到清洁美观、防止锈蚀及渗漏,减少机件磨损,延长使用寿命的功效。

二、汽车美容作业常用的工具、设备及用品

1. 汽车美容作业常用工具

1)清洁工具

包括海绵、抹布、洗车手套、喷水壶、空气清洁枪、砂纸、车巾、附件(水桶、工作围裙、防滑防水鞋、软胶水管、涂料过滤漏斗)等。

2)除锈工具

包括手工除锈工具(刮刀、扁铲、钢丝刷、锉刀、砂轮片、纱布等)、机械除锈工具(电动刷、电动锤、电动砂轮、电动针束除锈机及利用压缩空气作动力的带动机器作业进行除锈的

气动工具）、喷射除锈工具（喷丸、干喷砂、湿喷砂）等。

3）刮涂工具

包括刮灰刀（主要用于调配腻子、小面积腻子补刮及清除旧漆等）、牛角板（主要用于修饰腻子的补刮等）、钢片刮板（可用于局部刮涂，也可用于全面刮涂）、橡胶刮板（适用于刮涂车门、叶子板等弧形部位）等。

4）打磨工具

包括手工打磨工具（砂布包、垫板）、气动打磨工具（风磨机、风动砂轮、钢丝轮等）、电动打磨工具（电动软轴磨盘式、带吸尘袋磨盘式打磨机）。

5）刷涂工具

包括漆刷、毛笔和画笔（用于涂刷不易涂到的部位和局部补漆）等。

6）喷涂工具

主要指喷枪，有虹吸式喷枪，其特点的喷涂时稳定性好，便于调换涂料，但涂料黏度变化时，对涂料的喷出量影响较大；重力式喷枪，其特点是黏度变化对喷出量影响不大，作业容易，但喷涂的稳定性较差；压送式喷枪，其特点是容量大，适用于连续作业，操作简易，不适用于小面积喷涂，更换涂料和清洗喷枪费时等。

7）喷涂遮蔽工具和用品

包括皱纹胶纸带、防涂遮蔽纸等。

8）安全与防护用品

包括眼镜、安全口罩、橡皮手套、防静电工作服、耳罩、安全靴及附件（废料收集桶、抽排气扇、漏电保护开关）等。

9）其他工具及用品

如红外线烘烤机、手电钻、废油收集器等。

2. 汽车美容作业常用设备

1）空气压缩机

用于提供压缩空气，以确保美容作业车间所有气动设备都能有效工作。它能将大气压力升高到某一更高的压力值，正常大气压力约为 0.1MPa，而典型的压缩机能够将空气压力提高到 1.4MPa。通常涂装用压力并不高，使用一级压缩式 2V－0.6/7 型空气压缩机。

2）冷热水高压清洗机（见图 4-1）

冷热水高压清洗机是一种小型轻便的清洗设备，其操作灵活，使用效果好。它由水泵、加热装置和传动机构等组成。此外，冷热水高压清洗机还需要有与之配套的部件（如进出水软管、各种规格的喷枪、刷洗用的毛刷等）才可进行工作。

水源一般采用自来水，通过柱塞式水泵获取高压水流。采用其他水（如水池或水塘中的水）

图 4-1　冷热水高压清洗机

时，需要经过清洁过滤处理，以免影响清洗质量。高压水流的压力、流量及温度均可根据清洗要求进行调节。

3）自动洗车机（见图4-2）

自动洗车机可以根据不同的清洗部位和顺序选择不同的清洗程序，一般清洗流程为：泡沫喷洒—高压水冲洗—蜡水洗车—强力风干。这种洗车设备采用电子控制技术，使其操作简单，清洗速度快（GS702隧道式电脑洗车机，每小时可清洗汽车120辆），清洗质量高，有的增加了污水处理和回收循环使用等措施，使水资源利用率大大提高，但设备成本高，适用于大型专业汽车美容机构。

图4-2 自动洗车机

4）吸尘器

吸尘器能将尘埃、脏物及碎屑吸集起来，它是进行汽车内室清洁的主要设备。它可方便地将内壁、地毯、座椅及各种缝隙中的浮尘和脏物吸除干净，且不会尘土飞扬。

5）研磨/抛光机（见图4-3）

研磨/抛光机是一种集研磨和抛光于一体的设备。安装研磨盘时可进行研磨作业，安装抛光盘时可进行抛光作业。研磨/抛光机是通过旋转研磨盘或抛光盘来平滑或抛光漆面，以除去微小的漆面缺陷，并提高光亮度。

6）打蜡机（见图4-4）

图4-3 研磨/抛光机

图4-4 打蜡机

打蜡机是把车蜡涂抹在漆面上，并将其抛出光泽的设备。专业汽车美容场所通常用离心式轨道打蜡机，它的旋转方式模拟人的手工操作，但比手工操作要省时省力。打蜡机使用固定打蜡盘，但根据需要可更换打蜡盘套或抛蜡盘套，全棉盘套抛光效果最好，但不宜反复使用，一般每辆车要更换一个新的盘套。

7）喷漆烤漆房（见图4-5）

喷漆烤漆房是将喷漆与烤漆合二为一的设备。由于这种设备具有占地少，设备利用

图4-5 喷漆烤漆房

率高,投资少,经济实用,防尘好等特点,它适用于整车喷漆。

3. 常用汽车美容用品

1)汽车清洗剂

(1)常用清洗剂。

①水溶性清洗剂:适用于清洗水溶性污垢,一般由多种表面活性剂配制而成,具有很强的浸润和分散能力,且配方中不含碱性盐类,不仅能有效地清除一般性污垢,而且对漆面原有光泽具有保护作用。它是车身日常清洁的首选,它不易燃,属生物降解型,对环境无污染。

②有机清洗剂:适用于清洗水不溶性油污,其主要成分是有机溶剂,目前使用较多的有汽油、煤油、甲苯、二甲苯、三氯乙烯、四氯乙烯等。在使用中清洗剂如果与塑料、橡胶接触,会造成部件老化,所以这类清洗剂主要用于去除车身表面的油脂类污垢。

③油脂清洗剂:又称去油剂,它具有极强的去油能力,主要用于清洗发动机、轮毂等油污较重的部件。油脂清洗剂大致有三类,其中水质去油剂安全、无害、成本适中,但去油能力有限;石化溶剂型去油剂成本低、去油能力强,但易燃、有害;天然溶剂型去油剂安全、无害、去油能力强,但成本较高。

④溶解清洗剂:具有很强的溶解能力,不仅能清除车身上的焦油、沥青、树胶、漆斑等水不溶性污垢,还可用于新车开蜡。

⑤多功能清洗剂:不仅能去除一般性污垢,而且具有增亮、上光、柔顺、杀菌及防静电、抗老化等功能。

(2)清洗剂的除垢机理。

清洗剂的除垢包括润湿、吸附、溶解、悬浮、去污5个过程。

①润湿:当清洗剂与汽车表面上的污垢质点接触后,由于清洗剂溶液,对污垢质点有很强的润湿力,使被清洗物的表面很容易被清洗溶液所润湿,并促进它们之间的充分接触。清洗溶液不仅能润湿污垢质点表面,而且能深入到污垢聚集体的细小空隙中,使污垢与被清洗表面结合力减弱、松动。

②吸附:清洗剂中的电解质形成的无机离子吸附在污垢质点上,能改变对污垢质点的静电吸引力,并可防止污垢再沉积。清洗汽车外表面时,既有物理吸附(分子间相互吸引),又有化学吸附(类似化学键的力相互吸引)。

③溶解:使污垢溶解在清洗剂溶液中。

④悬浮:清洗剂中的表面活性物质,能在污垢质点表面形成定向排列的分子层,进一步增加了去污作用。从清洗剂的基本结构上看,在其分子内有两个部分:一部分是由长的碳氢链组成,它在油中溶解而在水中不溶解;另一部分是水溶性基因,它使整个分子在水中能够溶解而发生表面活性作用。这种分子又称极性分子,分子中油溶性部分称为亲油基或憎水基,水溶性部分称为亲水基或憎油基。表面活性物质分子与污垢质点接触后,其憎水的一端会吸附在污垢质点上,而亲水的一端与水结合在一起。这样,吸附在污垢质点周围的很多定向排列的分子就起了桥梁作用,使污垢质点和周围的水溶液牢固地联结在一起,使憎水性污垢具有亲水性质,表面上的污垢脱落后,悬浮于清洗剂中。

⑤去污:最后用高压水枪将污垢冲掉。

通过这种润湿—吸附—溶解—悬浮—去污的过程,不断循环的综合作用,可以将汽车表面上的污垢清除掉。

2）汽车研磨、抛光、还原用品

汽车漆面研磨、抛光、还原三道工序，是对车漆进行的深层护理。研磨是去除车漆原有的缺陷；抛光是去除研磨遗留的痕迹；还原是恢复车漆原有的面目。

（1）研磨剂。

研磨是通过研磨介质对涂层表面预处理，清除漆面上的污物，消除严重氧化，减轻表面缺陷。研磨介质就是研磨剂。研磨剂主要有两类，一类是普通型研磨剂。它含有坚固的浮岩作为摩擦材料。其特点是坚硬，具有切割功能，削磨的速度快，主要用于治理普通漆不同程度的氧化、划痕、褪色等漆膜缺陷；另一类是通用型研磨剂，其中的摩擦材料以微晶物体、合成磨料或陶土代替了浮岩，其切割功能依旧存在，但不像浮岩那样坚硬。研磨微粒在一定热量下可通过化学反应变小或变无。它不但适用于透明漆，同样适用于普通漆。

（2）抛光剂。

抛光主要是为了清除漆层表面的轻微氧化物和杂质，填平漆膜表面细微的缺陷，其中包括脱蜡、消除漆面瑕疵及化学转变等功能。

抛光剂采用无硅配方，适用于所有种类的车漆，可配合各种类型的研磨材料清除漆面瑕疵，并可去除漆面研磨后所产生的深凹痕，还可用于一般打蜡的前期处理。抛光剂按摩擦材料颗粒或功效的大小不同分为微抛、中抛和深抛三种。微抛用于去除极细微的车漆损伤，一般指刚刚发生的环境污染及酸性侵蚀（鸟粪、落叶等），微抛也可使用含抛光剂的车蜡来取代；中抛主要适用于透明漆的抛光；深抛主要适用于对普通漆的抛光。

（3）还原剂。

"还原"是恢复车漆的"镜面"效果，它可使研磨、抛光等工作成果再上一个台阶。目前的还原剂主要有三种。

①通用还原剂：主要用来去除抛光后车漆仍旧残存的一些发丝划痕、抛光盘旋转的印子花纹等，从而把打蜡前的车色还原到漆色固有光泽的最高境界。

②普通漆镜面还原剂：它是专为还原普通漆面光泽和色彩而设计的用品，可有效去除氧化层、很深的交通膜及沥青污迹，使其在几秒钟还原车漆本色。它适用于普通烤漆的车身翻新和漆面修补抛光作业。

③金属漆镜面还原剂：它是专为还原金属漆面光泽和色彩的超级用品，是独特的色彩还原剂。它不仅可清除氧化层及较深的交通膜，还可使多年的旧车整旧如新。它适用于金属漆面的还原翻新。

3）汽车蜡

（1）汽车蜡种类。

车蜡的主要成分是聚乙烯乳液或硅硐类高分子化合物，并含有油脂和添加剂成分。车蜡按其物理状态的不同可分为固体蜡和液体蜡两种。在日常作业中，液体蜡应用相对较广泛；按其作用不同可分防水蜡、防高温蜡、防静电蜡、防紫外线蜡等多种；按其功能不同可分为上光保护蜡和研磨抛光蜡两种。上光蜡主要用于汽车漆面的上光保护，抛光蜡主要用于汽车漆面浅划痕处理及漆膜的磨平作业，以清除划痕、橘纹及填平细小针孔等。

（2）汽车蜡的作用。

①防水：车蜡能使车身漆面上的水滴附着减少60%～90%，高档车蜡还可使残留在漆面上的水滴进一步平展，呈扁平状，最大限度地减少水滴对阳光的聚焦，使车身免受侵蚀和破坏。

②抗高温：车蜡抗高温作用是对来自不同方向的入射光产生有效反射，防止入射光线穿透清罩漆，导致底色漆老化变色，从而延长漆面的使用寿命。

③防静电：通过打蜡隔断空气及尘埃与车身漆面的摩擦，不但可有效防止车表静电的产生，还可大大降低带电尘埃对车表的附着。

④防紫外线：日光中的紫外光较易折射进入漆面，防紫外线车蜡充分地考虑了紫外线的特性，使其对车表的侵害最大限度地降低。

⑤上光：上光是车蜡的最基本作用之一，经过打蜡的车辆，都能不同程度地改善其漆面的光洁程度，使车身恢复亮丽本色。

车蜡除了具有上述功用外，还具有防酸雨、防雾等功能，选用时可根据需要灵活把握，使打蜡事半功倍。如果车身褪色及出现细小划痕，经打蜡后可恢复新车一样的色彩和光泽。

当漆面出现浅划痕时，可使用研磨抛光车蜡。如划痕不很严重，抛光和打蜡作业可一次完成。

（3）汽车蜡的选用。

由于各种车蜡的性能不同，其作用与效果也不一样。一般情况下，应根据车蜡的作用特点、车辆的新旧程度、车漆颜色及行驶环境等因素综合考虑。

①根据车蜡的作用来选择：由于车辆的运行环境千差万别，在车蜡的选择上对汽车漆面的保护应该有所侧重。例如，沿海地区宜选用防盐雾功能较强的车蜡；而化学工业区宜选用防酸雨功能较强的车蜡；多雨地区宜选用防水性能优良的车蜡；光照好的地区宜选用防紫外线、抗高温性能优良的车蜡。

②根据漆面的质量来选择：对于中高档轿车，其漆面的质量较好，宜选用高档车蜡；对普通轿车或其他车辆，可选一般车蜡。

③根据漆面的新旧来选择：新车或新喷漆的车辆，应选用上光蜡，以保持车身的光泽和颜色；对旧车或漆面有漫射光痕的车辆，可选用研磨蜡对其进行抛光处理后，再用上光蜡上光。

④根据季节不同来选择：夏季一般光照较强，宜选用防高温、防紫外线能力强的车蜡。

⑤根据车辆行驶环境来选择：如果汽车经常行驶在泥泞、尘土、砾石等恶劣道路环境中，应选用保护功能较强的硅酮树脂蜡。

选用车蜡时还必须考虑与车漆颜色相适应，一般深色车漆选用黑色、红色、绿色系列的车蜡，浅色车漆选用银色、白色、珍珠色系列车蜡。

4）汽车保护剂

保护剂采用硅聚合物乳化剂，它集清洁、上光、保护于一体，内含高分子氟化粒，用后在表面形成无黏附性的高透明保护层，无毒无害，可生物降解。汽车保护剂一般为多功能产品，内外饰均可使用，一般用于真皮、人造革、塑料、橡胶等制品。

（1）皮革保护剂。用于皮革和塑料制品表面，起上光、软化、抗磨、抗老化等作用，适用于皮革座椅、仪表台、转向盘、车门内侧以及塑料保险杠等。经保护剂处理过的皮革制品可达到翻新的效果。

（2）化纤保护剂。用于化纤制品表面,起清洁、抗紫外线、抗老化和抗腐蚀等作用。一般汽车内室的化纤制品如顶篷、车门内侧、座椅外套等,表面容易接触灰尘、油泥等污垢,影响内室的美观。护理中使用单纯的化纤清洗剂,只能起到去污清洁作用,而化纤保护剂含有硅酮树脂,在清洗去污的同时,将这种聚合物附着在纤维上,能起到防紫外线、防老化和防腐蚀等保护作用。

（3）橡胶保护剂。用于保护橡胶和塑料制品,能起到清洁、抗氧化、抗老化等作用。对于汽车轮胎、橡胶密封件、保险杠等橡胶塑料制品,通过它的抗紫外线照射作用来防止橡胶和塑料制品的氧化,从而实现其保护作用。

（4）轮胎上光保护剂。用于轮胎表面,起清洁、增黑、上光和抗老化等作用。它含有专门的聚合油脂,能保持持久的光亮,恢复表面自然光泽。其对漆面或合金没有不利影响。

（5）多功能防锈剂。主要用于金属表面,起除锈和防锈作用。它具有很强的防腐功能,而且有很强的避水性,对塑胶无任何腐蚀,是发动机和底盘表面理想的保护用品。

三、汽车一般美容作业的工艺方法

1. 汽车的外部清洗

1）人工水压冲洗

这是应用最广泛的外部清洗方法,多采用冷热水高压清洗机。若车身表面污物不多,以浮尘、泥土为主,可选用冷水冲洗的工艺;若污物较多,还有油垢等,可采用高压热水冲洗工艺。它是靠具有压力的水通过喷水头来冲刷汽车表面的尘土和污垢。目前国内对于洗车流程还没有一个统一的标准,但参照欧洲洗车标准,有的地区汽车服务行业还制定了相应的洗车行业标准,归纳起来有 9 大步骤。

（1）将车内脚垫取出清洗后放入甩干机中甩干。

（2）用高压水枪清洗车身,清洗按照从高到低进行,水压一般不高于 7MPa,且先使用分散雾状水流清洗全车,浸润后再利用集中水流冲洗。一般清洗顺序是从车顶部开始,使污物由上往下流走,然后冲洗前后风窗、侧窗玻璃及车身四周的污物,再用清水喷洗车轮挡泥板内侧及凹缘处、门板下部积泥、前后保险杠上的污泥、轮辋护盖上的污泥。

（3）用高压水枪喷洗底盘、门槛间缝隙及车轮顶部等不易打扫处的污泥,对于轮胎及车身下半部的车裙带淤泥和沙砾的部分,要用专业的分解设备分解,避免伤害车漆。

（4）给车辆上洗车液,一般是用中性洗车液,用一块砖头大小的新海绵蘸洗车液抹一圈车身下裙边,用海绵另一面抹四个轮毂;换一块海绵,蘸另一种洗涤剂,抹一遍全车玻璃;再换一块海绵,蘸新的洗涤剂抹一遍车身漆面。

（5）用高压水枪从上往下将肥皂清洁掉,特别是一些"卫生死角",如倒车镜缝隙等。

（6）用毛巾、麂皮等擦亮车身,擦拭不同部位,要用不同的毛巾。

（7）车内吸尘及脚垫清洗。

（8）清理后备厢。

（9）轮胎护理,擦干轮毂后给轮胎镀保护膜。

按照这 9 大标准程序,使车身无任何残留的污物和痕迹,达到整洁、干净,即完成了全部清洗工作。清洗完一辆整车应该不低于25min。

2）自动化清洗

自动化清洗设备是用专门的滚刷与高压水(含清洗剂)的综合作用清洗汽车。目前使用最多的是四刷式清洗机，由于是自动化控制，因而快速、安全、清洗质量好，同时有水资源利用率高、节省人力等优点，正逐渐被大、中型汽车美容机构所采纳。其清洗操作工艺方法如下。

(1)驾驶员将待洗车辆低速驶入洗车道，将车平稳停放在洗车道中所设计的位置，并将发动机熄火，车门、车窗紧闭。

(2)按车主要求，可选择在清洗液中添加水蜡。水蜡虽有保护和美化漆面的效果的作用，但由于是自动清洗，也就不可避免地清洗了各处玻璃，一旦下雨，水蜡会附着在玻璃上，造成视线模糊，所以在汽车清洗中是否选用水蜡要慎重。

(3)按下机器启动或功能按钮，操作人员根据车型、污垢分布及用户对清洗的要求，通过控制系统的清洗方式、水流速度、压力、方向等，对车进行清洗。

(4)将清洗后的车辆低速驶出洗车道自然干燥或热风烘干。

2. 汽车内室美容

内室美容是一项系统的清洁护理施工作业。其操作工艺方法如下。

(1)拆除地毯、脚垫，用吸尘器将驾驶室从顶部向下吸一遍。

(2)用万用清洁剂对仪表板以外的部位喷涂一遍，使泡沫停留1min后，用干净柔软的棉布从上到下逐一进行擦拭，对污垢严重处，要重点反复擦拭，直到擦干净为止。

(3)把车内仪表专业清洁剂均匀的喷涂在仪表板、驾驶室门内板上，用干净柔软的擦布，轻轻擦拭仪表板及驾驶室门内板，使其光亮干净。

(4)用半干半湿毛巾对皮革座椅从上到下进行擦拭，如局部有油污、印痕未擦掉时，可用毛巾蘸一点仪表板清洁剂进行擦拭；对于化纤的座椅，首先用毛刷子清洗较脏处，比如较大污渍、垃圾、污点、污垢等。然后用干净的抹布沾少量的中性洗涤液，在半干半湿的情况下，全面擦拭座椅表面，注意将抹布拧干，以防止多余的水分渗入海绵中。最后，用吸尘器再对座椅清洁一下，并消除多余的水分。

(5)用中性的肥皂水或温水对安全带进行清洗，但不可选用染色剂或漂白剂作为清洗剂清洗，否则将降低安全带的强度。

(6)将脚垫拿到车外拍打，然后对地毯深处的小石头进行刷吸。对于更加脏一些的地毯，可喷洒适量的洗涤剂，用刷子刷洗干净，最后用干净的抹布将多余的洗涤剂吸掉，这样可以使洗后的地毯既干净又像以前般的柔软。但需注意不要将地毯完全放入水中浸泡刷洗，那样一方面会破坏地毯内部几乎不同材质的黏结，另一方面会使地毯在很长时间内不能干透而影响使用效果，引起车内潮湿。

(7)对于汽车内的转向盘、变速器、制动踏板等部件，可以用小牙刷或沾有洗涤液的抹布进行刷洗。离合器踏板、制动踏板、加速踏板部分要认真清扫，特别要清除上面的油脂类污垢以防滑。堆积在开关或排挡部分狭窄空隙的灰尘，要用软刷子，一边刷，一边用吸尘器吸出。

(8)使用专门的塑料、皮革上光保护剂对其进行上光保护。根据产品不同，可采用擦涂或喷施方法，注意涂抹均匀性。

最后对车室进行高温蒸气杀菌或施空气清新剂。

3. 打蜡

打蜡是在对车辆进行彻底清洗后进行的,具体操作步骤如下:

1)上蜡

上蜡可分手工上蜡和机械上蜡两种,手工上蜡简单易行,机械上蜡效率高。无论是手工上蜡还是机械上蜡,都要做好防尘工作,并保证漆面均匀布涂。不要涂太多的蜡,太多的蜡只能增加抛光工作量。手工上蜡时,首先将适量的车蜡涂在专用打蜡海绵上(最好不用附赠海绵),然后按一定顺序往复直线涂布,涂布也要分段、分块进行,但不必使劲擦。每道涂布应与上道涂布区域有 1/5~1/4 的重叠,防止漏涂及保证均匀涂布。机械上蜡时将车蜡涂在打蜡机海绵上,具体涂布过程与手工相似,值得注意的是在边、角、棱处的涂布应避免超出漆面。

通常新车需要上蜡 1~2 层,旧车可上 3~4 层。

2)抛光

打蜡应在蜡还未完全干之前就擦去。根据不同车蜡的说明,一般上蜡后 5~10min 即可进行抛光。抛光时遵循先上蜡先抛光的原则,确认抛光后的车表不受污染,抛光作业通常使用无纺布作往复直线运动,适当用力挤压,以清除剩余车蜡。

3)完饰

如果蜡上得不均匀,将产生反光现象。可用干净的绒布或棉布轻轻地擦,也可以在车身表面的蜡上喷水将其溶解后,再用布均匀推开。如果想使车蜡保留的时间长些,可以在打完蜡的车身上喷抹一层护车素,既可保护车蜡,又可提高车身表面的光泽度,还可以起到防晒、防雨及防酸的作用。

4)汽车打蜡时应注意的事项

汽车打蜡的质量好坏,不但同车蜡的品质有关,而且同打蜡作业方法关系密切,在汽车打蜡时应注意以下几点:

(1)在上蜡作业中,应注意纽扣、手表、戒指等坚硬物划伤漆面。

(2)打蜡作业环境应阴凉、清洁、无尘沙。如车表温度高,车蜡附着能力下降,影响打蜡效果。

(3)打蜡时,手工海绵及打蜡机海绵运行路线应该直线往复,不宜环形涂抹,防止由于涂层不均造成强烈的环状漫射;一次作业要连续完成,不可涂涂停停。

(4)打蜡时应遵循先上后下的原则,即先涂抹车顶、前后盖板、车身侧面等。

(5)打蜡时应避免用力过大,若海绵上出现与车漆相同的颜色,可能是漆面已经破损,应立即停止,进行修补处理。

(6)涂蜡时尽量采用柔细的海绵或软质的不起毛的绒布或棉布进行均匀涂抹。

(7)抛光作业要待上蜡完成后规定时间内进行,且抛光运动也是直线往复。未抛光的车辆不能上路行驶,以免因受污染而影响抛光质量。

(8)不要往车窗和风窗玻璃上涂蜡,否则玻璃上形成的油膜很难擦干净。

(9)抛光结束后,要仔细检查,清除厂牌、标识内空隙及钥匙孔周围、纤细的边缘或转角部分、橡胶制品的边条缝、车牌、车灯、门边等处残存车蜡,防止产生腐蚀。

(10)要掌握好打蜡的频率。应考虑汽车行驶及停放环境的具体情况,决定打蜡频率,也可以用手拭车身漆面,若无光滑感,就应该进行再次打蜡。

（11）在冬天应避免静电吸引灰尘,造成刮伤。可用静电防止喷剂均匀涂抹在漆面上,防止静电产生。

4. 漆面美容处理

1) 漆面失光处理

汽车在使用过程中,由于日常养护不当,会使漆面失去原有光泽。同时,汽车运行中漆面形成的交通膜,即年长日久形成的一层顽固"隐形车衣",也会造成漆面失光的现象。对于漆面失光较严重的,可进行重新涂装翻新施工,一般情况的漆面失光,可采取研磨抛光的方法进行处理。

（1）研磨。

研磨是用来清除氧化膜、划痕等不同程度车漆损伤的,其方法是:

①用小块毛巾将研磨剂均匀涂抹在待磨漆面上,将海绵抛光盘安装在研磨机上,沾满水,保持抛光盘平面与待抛漆面基本平行（局部抛光除外）。

②起动研磨机,使其转速设置在 1500～1800r/min。抛光时为保持海绵研磨盘湿润,应不断向研磨盘上洒洁净清水,以降低摩擦表面温度,避免因摩擦升温过高使抛光盘焦化和损坏面漆。研磨抛光作业在清除 95% 左右划痕时即可停止。

③用洁净清水冲洗研磨表面,擦去残余物,检查效果。

（2）抛光。

抛光的目的是清除研磨留下的细微划痕。抛光的三种途径是依靠研磨、车蜡及化学反应,通过抛光机转速的调整而使抛光剂产生化学反应。通过前两种途径得到的漆面光泽称为"虚光"。虚光的特点是无法最终达到镜面效果,且光泽缺乏深度,保持时间短（光泽来自车蜡,而不是来自漆面本身）。

抛光是利用抛光机旋转产生的热能,使车漆与抛光剂之间产生能量转化,发生化学反应,进而消除细微划痕,让漆面显示出自身的光泽,然后实施上蜡,让汽车锦上添花。

①将抛光机调整好转速,海绵轮用水充分润湿后,甩去多余水分。

②取少量抛光剂涂于漆面（每一小块作一次处理,不可大范围涂抹）,从车顶篷开始抛光。抛光机的海绵轮保持与漆面相切,力度适中,速度保持一定,抛光时按一定的顺序,不可随意进行。

③用过抛光剂后再换用增艳剂按以上步骤再操作一次,最后上蜡。

抛光时注意,不可将抛光剂涂在抛光盘上,应用小块毛巾均匀涂抹于漆面待处理部位。抛光剂涂抹面积要适当,既可便于抛光操作,又要避免未及时抛光出现干燥现象;抛光时要掌握好轻重缓急,棱角边处、漆面瑕疵多的地方用力要重而缓慢,来回抛光速度要快。抛光时及时洒水,最好雾状喷洒,防止因水流过大,冲去抛光剂。

欧美汽车的面漆涂层一般较厚,而日本、韩国及国产车辆面漆涂层一般较薄。在抛光时要注意把握好分寸,千万不要抛露面漆。

（3）镜面釉处理。

对于漆面失光较严重的,可进行重新涂装翻新施工,当整车漆面处理完毕后,漆面会很平滑、光亮,但有时也还会有一些极其细小的划痕和花印,为了保持漆面的光滑和光亮,则需要上镜面釉。这种镜面釉以高分子釉剂等聚合物为主要原材料,可使用专用工具使釉经过加热,挤压进车漆的孔隙内,形成牢固的网状保护层,附着在车漆表面。同时在汽车漆面上形成具有光滑、明亮、密封的釉质镜面保护膜,令车身时刻保持光亮如镜,同时具有防酸雨、抗氧化、防紫外线、防褪色等多项功能,还可抵御硬物轻度划伤,起到抗油污作用等,它一般具有一年以上的保持功效。在镜面釉处理前,先用干净软布将抛光残留物清除干净;摇匀镜面釉,用软布或海绵将其涂在漆面上,停留60s后用手工或机器抛光。机器抛光保持转速1000r/min以下,手工处理时,应直线抛光,达到抛亮即可。操作时注意:

①控制抛光机的转速,不可超过选定速度的范围;

②保持抛光方向的一致性,应有一定的次序;

③更换抛光剂的同时换掉海绵轮,不可混用海绵;

④严禁使用羊毛轮进行镜面釉处理。

2)漆面划痕处理

汽车在使用过程中,由于摩擦、碰撞等因素,造成漆面出现各种划痕,如不及时处理,不但影响汽车美观,而且会导致车身防腐性和耐候性下降,进而影响汽车的使用寿命。浅划痕可通过研磨、抛光处理得到修复还原。深划痕(即深至底漆层的划痕)则需要清洗、除锈、清除旧漆及砂光砂薄的处理,具体方法是:

(1)用深切研磨剂,将划痕处整块面积研磨,并用80~150号水砂纸,将划痕及周围的金属表面进行打磨,然后用脱蜡水或溶剂,将划痕处进行清洗并吹干。

(2)用速干原子灰,刮涂在划痕打磨部位,烘干后用100号干砂纸打磨平整,再次用脱蜡水,将打磨处进行清洗并吹干。

(3)用遮盖纸和胶带,将不应喷涂处遮盖后,先喷涂两层底漆,再喷涂两层厚底漆;待干燥后用600号砂纸磨平底漆,若有沙眼,上腻子。

(4)干燥后用1500号砂纸,将周围部分打磨平整,并用溶剂擦干净。

(5)将调好的中涂层漆先薄薄地喷涂在打磨好的底漆上,稍干后再喷涂2~3层,每层间隔时间为5~15min,每喷涂一次,范围适当向外延伸25mm左右。干燥后对中涂层漆进行打磨平整,并清洗干燥。

(6)喷涂面漆层,要求喷涂色泽均匀,无流痕,无粗粒和橘皮。然后进行干燥、打磨、清洗、干燥及抛光,然后清洗、干燥。

(7)喷涂清漆,并进行干燥、打磨。

(8)涂护理美容车蜡并抛光,使划痕得到彻底修复,并使漆膜亮丽如新。

5. 发动机护理

发动机室最大的污染源为灰尘、污泥等。如长期未予清除,易使水分、灰尘进入发动机、油路(如制动油路)、电器部件中而造成故障或损坏。清洗发动机,一般可由专业人员或由车主从事皆可。其方法可分为清洗剂清洗、高压水枪清洗、高压空气清洗及一般简单的清洗。在清洗发动机或发动机室时,应先将发动机熄火,使所有电器不工作,待发动机室温度自然降低后进行清洗,千万不可在高温下清洗。

1)高压水枪清洗法

利用冷热水高压清洗机清洗发动机室。

(1)打开发动机盖板,用遮盖布或遮盖纸,或者用遮盖工具,将分电器、制动油壶、蓄电池和加水盖等怕水物品遮盖好。

（2）起动清洗机，开动高压喷枪，对发动机室各部位逐一进行冲洗。冲洗顺序如下：

①用高压水枪冲洗前风窗下部的通风口；

②喷洗清除前风窗玻璃与发动机室隔热空间内的树叶、污泥和尘土等异物；

③冲洗水箱、散热片及冷凝器散热片上的泥污、尘土等，注意先由内向外冲洗；

④冲洗左右车轮挡泥板、发动机内侧排水孔，若有异物阻塞，应取出，保持排水孔畅通；

⑤冲洗清除发动机室内侧支撑条内的污物或尘土等异物；

⑥用空气喷枪或车用打气机，清除火花塞内的沙粒；

⑦取下遮盖物，用干净的拭布，将发动机室内各处擦拭干净；

⑧用压缩空气或吹风机将发动机室内的不易擦拭处吹洗干净。

2）高压空气清洗

其操作程序如下：

①将车用空气机接上喷气嘴；

②将空气机电源接头插入点烟器中，或用直流变换器也可，但不要起动发动机；

③打开发动机盖板，使用空气机清洁发动机室内侧凸条及凹孔内的浮尘；

④吹除空气滤清器盖上及凹孔、发动机室内隔热槽中的污物；

⑤吹除火花塞凹孔内的灰尘及沙粒；

⑥吹除排水孔、水箱及冷凝器散热片上的污物；

⑦旋松空气滤清器固定螺钉，取下空气滤芯，由内向外吹除空气滤清器中的污物，外壳内若有灰尘，可用湿布擦掉；

⑧使用吸尘器吸除空气滤芯外侧，去除附着其上的污物；

⑨清除完毕后，再把滤芯安装上，并盖上滤清器盖，使其恢复正常状态。

课题三 汽车的装饰服务

一、现代汽车装饰服务的常见项目

1.汽车的外部装饰

汽车外部装饰主要是对汽车顶盖、车窗、车身周围及车轮等部位进行装饰，主要包括：汽车漆面的特种喷涂装饰、彩条贴饰及保护膜装饰、前阻风板和后翼板装饰、车顶开天窗装饰、汽车风窗装饰、车身大包围装饰、车身局部装饰、车轮装饰、底盘喷塑保护装饰等。

2.汽车内装饰

汽车内装饰简称汽车内饰，主要是对汽车驾驶室和乘客室进行装饰，包括：汽车顶棚内衬装饰、侧围内护板和门内护板的装饰、仪表板的装饰、座椅的装饰、地板的装饰、内室精品装饰等。

二、汽车常见装饰作业的工艺方法

1.彩条贴饰装饰

为了更加突出个性，体现新一代的车身文化，车主们已不满足于单一色调的车身油漆颜色。多彩的车身彩条贴饰,已渐渐在都市街头流行。彩条贴饰是一种彰显个性的饰品,其种类繁多。贴饰按照粘贴的位置不同可分为汽车腰线、车窗贴饰、发动机罩贴饰、车尾贴饰等;按照内容分类可以分为警示文字、卡通人物、汽车广告、集合图形等;按图案的不同可分为贴花和彩条两大类;按产地的不同可分为进口贴和国产贴两大类。

1)彩条贴饰的设计

(1)设计主题直接决定整车贴饰效果。一旦基调定下来,就必须注意整车贴饰风格一致,否则会给人混乱、不协调的感觉。

(2)色彩是车饰的灵魂,车辆在路上飞驰,最能给人留下直接印象的不是某个贴纸的内容,而恰恰是色彩搭配的效果。色彩搭配既要有适当的反差,又不可以过分炫目。

(3)贴饰在车身的位置有轻有重,应该区别对待。不要认为车上哪里都是贴饰的大舞台,千万注意不要占用车窗太多面积,以免造成安全隐患。

(4)小图形使用要恰当,不能盲目。不能在主题车饰的附近装饰太多彩色接近的小图形,否则会使主题车贴失去鲜明的效果。

2)彩条贴饰的粘贴条件

(1)粘贴彩条贴膜只能在 16 ~ 27℃ 的温度之间进行。温度过高会导致贴膜变大,湿溶液迅速蒸发;温度过低会影响贴膜柔性,从而影响其附着效果。

(2)使用水和中性清洗剂将车身表面彻底清洗干净。为了使彩条能牢固地附着在车身上,车身表面必须没有灰尘、蜡质、油类和其他脏物。必要时,还应事先对粘贴部位进行抛光处理。

3)彩条贴饰粘贴的工艺方法

(1)直线形粘贴的步骤及方法:

①测量所需贴膜的长度。

②将贴膜拉直,按实际需要长度预留几厘米剪下。

③在车身表面清洗干净的基础上,将贴膜的背纸撕去,并将前面部分粘贴到要贴的位置。

④抓住贴膜松弛的一端,避免手指弄脏贴膜的胶质面,因为皮肤上的油脂会影响其附着性能。然后小心的拉紧贴膜,但注意不要拉长。如果在粘贴时,贴膜被拉长,以后就会起皱。

⑤利用车身的轮廓线作对齐的参考线,仔细检查贴膜是否对齐。彩条对齐后,小心地将贴膜贴到车身表面上。一个长条要一次完成粘贴,不能分段粘贴,以保证直线度。

⑥再次检查彩条对齐情况,如果彩条不够直,小心地把贴膜撕开,重做一次。

⑦用橡皮滚子或软擦布压擦贴膜。

⑧贴膜末端可使用小刀或单刃剃刀切割,注意动作要轻,切勿划破车身表面涂层。

⑨要想获得额外的保护层,可在贴膜的末端涂一些透明的清漆。

(2)曲线形粘贴的步骤及方法:

①剪下足够用的贴膜。

②用右手画出曲线的弧。

③在曲线成形后,用左手的食指把贴膜按压在车身上。

④不要撕去过多的背纸,为避免弄脏附着表面的胶质,手持贴膜处的背纸暂时不要

撕去。

⑤保持两手沿固定的曲线运动。曲线运动过程中可能需要对彩条膜作一些轻度的拉长，但应尽量避免出现这一贴膜被拉长的现象。

⑥如果第一次操作失败，应立即小心地撕开贴膜重做一次。在不好操作的某些情况下，可两手交替进行粘贴。

⑦曲线贴膜粘贴完成后，再用橡皮滚子或柔软的棉布压擦贴膜将其压紧，以获得持久的附着性能。

⑧其他操作工艺与直线粘贴相同。

（3）宽幅彩条贴膜的粘贴

宽幅彩条贴膜一般为有可撕表层的贴膜，当彩条宽度达到或超过76mm时，最好采用湿贴的方法，其粘贴步骤如下：

①将100mL中性清洗剂与4L清水成分混合，将溶液倒入料桶或喷雾罐中。该溶液使得贴膜更容易控制，并使其在粘贴之前可以正确的定位。

②测量并留有余量，剪下所需长度的贴膜，测量时应多加几厘米，以防出错。

③将背纸慢慢地撕去，注意不要弄脏附着表面。

④用清洗剂溶液将贴膜附着表面彻底弄湿，这将使附着力暂时发挥不了作用。

⑤按标签指示的数量，再将清洗剂溶液喷涂到车身粘贴位置上。

⑥将贴膜定位在车身上。当贴膜附着表面和车身表面都是湿润的时候，整条贴膜都可以轻松地移动。

⑦贴膜定好位之后，将其下的清洗剂溶液挤出来，使其牢牢地贴在车身表面上。为避免贴膜起皱，挤压时不要太快，不要过于用力，所用的压力只要能将水和空气挤出去即可。

⑧将表层从贴膜的末端开始慢慢地撕开，一直撕到贴膜的另一头。

⑨修整车门和翼子板边缘的贴膜即完成整个过程。

2. 车窗保护膜装饰

1）车窗保护膜的作用

（1）提高空调效能。防爆膜隔热率一般在50%～80%之间，有的可达90%以上，能降低空调负荷，提高空调效能。

（2）阻隔紫外线的辐射。高质量的膜，紫外线阻隔率应不低于98%，高紫外线阻隔率能有效防止车内受过量的紫外线照射，避免灼伤人体皮肤，同时防止车辆内饰老化、褪色或开裂，从而提高轿车的舒适性。

（3）防止玻璃爆裂。优质保护膜本身有很强的韧性，并且其抗冲击性能很强。尤其是前挡膜，其防爆功能是在隔热纸内加上2～4层防爆基材实现的。保护膜可以紧紧地粘住玻璃，当玻璃意外破裂时不致飞散，从而避免伤害人体或财物。

（4）提供单向透视等作用。贴膜后在车内可以看到车外的景观，而在车外却看不见车内的情况，因此，保护膜还可以营造一个私密的个人空间。

2）保护膜的种类

保护膜按颜色不同，有自然色、茶色、黑色、天蓝色、金墨色、浅绿色和变色等品种；按产地不同分为进口和国产车膜；按等级不同可分为普通膜、防晒太阳膜和防爆隔热膜等。

普通膜是一种染色膜,不含金属成分,只能减低透光度,保持车内空间的隐蔽性,时间一久就会慢慢地褪色,这种膜隔热效果差,对视线影响也大;防晒太阳膜是一种"半反光纸",其隔热率为40%～50%,使用一两年后,表面便会起氧化反应而产生变质;防爆隔热膜具有耐磨、半反光和防爆的功能,隔热率可以达到85%以上。选择时,膜的透光度和清晰性、隔热性能、防爆性能、紫外线阻隔率及保质期等都应是考虑的重要因素。

3)保护膜的粘贴

(1)贴膜前的准备。在贴膜施工前必须做好如下准备工作。

①环境:贴膜最怕灰尘,一旦在贴膜过程中,膜和玻璃中间粘上沙粒或细微尘土,就会影响整个贴膜的质量和效果。为确保车膜粘贴质量和效果,整个粘膜操作的车间要做到封闭无尘。

②工具:贴膜前应准备好喷雾器、不起毛的擦洗布、棉毛巾、擦洗垫、刮刀和可替换刀片、清洁剂板和超级板(有的称为橡胶刮板)、专用切刀、白塑料硬卡片、可放工具的围裙等工具。

③下料:保护膜的大小要与玻璃相匹配,粘贴前应先按玻璃的实际尺寸,将膜裁剪好。裁剪时要先准备各车型玻璃样板,样板的制作方法是将清洁的玻璃表面洒一层水,然后,将适当厚度的塑料薄膜吸附在玻璃上,根据边缘线的形状画出玻璃样板,样板要比画线超出3～5mm。需要提请注意的是,在一般情况下,保护膜的裁剪有纵向裁剪和横向裁剪两种。如遇需要对膜进行烘烤的作业,应采用纵向裁剪的方法,因为车膜的收缩率纵向要比横向大得多。

④定型:带有一定弧度的前风窗膜装贴前必须先进行定型处理,将裁剪好的车膜覆盖在玻璃的外侧,用热风枪对在要求定型的弧度部位,边加热边用刮片将保护膜紧贴在玻璃上。定型的手法要求"高温高速",即在不使玻璃受损(如爆裂等)的情况下将热风枪的温控调至高挡,风速也控制在高速挡,这样,才不至于使前风窗玻璃受损。

(2)保护膜的粘贴:

①撕掉车膜衬垫的塑料,同时,用纯净的清水喷湿胶面和玻璃,这样可以减少胶的黏性,并容易去掉因静电而吸附的附着物。将定型后的车膜粘贴在彻底清洗的玻璃内侧。左右滑动,将保护膜放准位置。

②往膜的背面稍微喷一点清水,按从中心刮向边缘,从上到下再到底边的顺序用刮板刮膜,这样,能使水分从车边框排出。全部刮完后,再用超级刮板重复刮一遍,就可清除多余水分并使保护膜贴得更加牢固,最后,再用毛巾擦干玻璃边缘的水分和碎片。在粘贴时不能用尖锐物体碰撞膜面,同时不能将玻璃上下摇动。

③为保证车膜的粘贴质量,车内贴膜操作时,应遵循由下往上装贴的原则。

④如发现有气泡或指纹,可用辅助工具再由内至外,将气泡刮掉,并将指纹擦除。

保护膜粘贴完毕后应按如下方法仔细检查粘贴的质量:首先应检查粘贴是否牢固,特别对于边角部位更要仔细检查;其次是检查保护膜与玻璃之间有无气泡;第三是检查整张保护膜有无褶皱;第四是检查保护膜表面有无刮痕,如发现问题应立即返工。

保护膜粘贴用的是压敏胶,刚贴上去时的黏度不大,随着时间的推移,保护膜与玻璃的黏合度会逐渐增大。汽车贴上保护膜后最好两周之内不要升降车窗或用力擦拭,待玻璃与保护膜之间的水分全部蒸发完毕后,保护膜就会牢固地粘贴在车窗上了,膜干得越快,粘贴效果越好。

3. 车身大包围

1)大包围的作用

汽车车身大包围是车身下部宽大的裙边装饰。汽车加装大包围可使车身加长、重心降低,给人以雍容气派、热情奔放之感。另外,大包围还可改善车身周围气流的运动特性,提高汽车行驶的稳定性,降低汽车行驶时的阻力,节省燃油。

2)汽车车身大包围的结构与功能

汽车车身大包围由前包围、后包围和侧包围组成。前、后包围有全包围式也有半包围式两种形式。全包围式是将原来的保险杠拆除,然后装上大包围,或是将大包围套在原保险杠表面,覆盖原保险杠;半包围是在原保险杠的下部附加一套装饰件,这样可不拆除原保险杠。侧包围又称侧杠包围或侧杠裙边。全套的大包围包括加装前头唇、裙脚、后尾唇、高位扰流板、改装前脸等。前头唇和后尾唇是分别加装在前后保险杠上的,扰流板加装在行李厢盖口,能起到压流、稳定车身的作用;裙脚是在车身左右两侧的底部加装导流板,具有降低风阻系数的作用。

3)汽车车身大包围的安装

根据车形不同,大包围的安装也有许多不同之处,现将典型的大包围安装操作工艺介绍如下。

(1)测试前后唇的强度。由两人各持后唇一端向相反方向用力使其扭转变形,然后再松开,看其是否能恢复原来状态。如果前后唇产生了明显的塑性变形,则说明其强度不够不能安装使用。

(2)安装灯眉。把灯眉粘贴在前大灯的上部,见图4-6。

(3)为了保护原车涂面,在原前后保险杠的边缘粘贴皱纹纸,见图4-7。

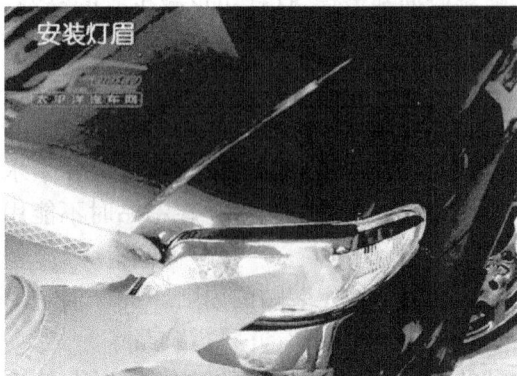

图4-6 安装灯眉

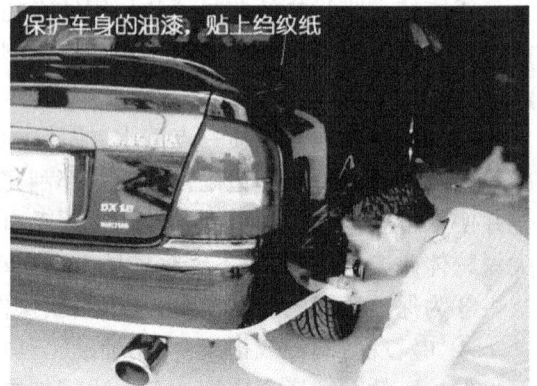

图4-7 粘贴皱纹纸

(4)将后唇放到车上对位,见图4-8。

(5)用角向磨光机和砂纸反复打磨修复后唇,使其和原车的后保险杠紧密配合,见图4-9。

(6)在后唇内部涂抹胶水,见图4-10。

图 4-8　后唇对位

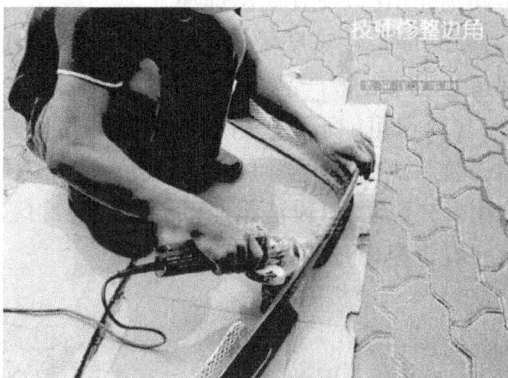

图 4-9　修磨后唇

（7）把后唇粘在后保险杠外面，并用皱纹纸粘贴固定，见图 4-11。

（8）在后唇内侧钻孔，并用螺钉固定。

（9）在螺钉上涂抹调好的同颜色涂料。

（10）如果后唇上有灯具，则连接灯具导线。

（11）按照相同方法安装前唇。

（12）安装裙边（黏结）。

（13）安装扰流板。其安装方法是：

①在行李舱盖上找到合适位置，再与扰流板上的螺栓孔配合，做好标记，在行李舱盖上打贯穿孔。

②在钻孔位置与扰流板接合处注上硅胶以防漏水。

③将固定螺栓由行李舱内侧往外穿出，还可在上紧螺栓以后再往固定架周围注入透明硅胶。

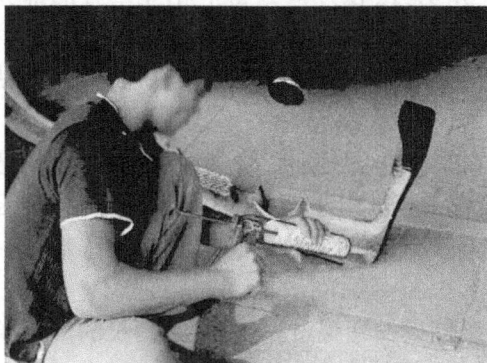

图 4-10　在后唇内涂抹胶水

图 4-11　固定后唇

4）加装汽车车身大包围的注意事项

（1）汽车是否加装大包围要根据使用实际情况来决定，只有在较为平坦良好的道路上行驶的车辆才适合加装大包围。

（2）加装大包围根据产品档次不同其价位也有较大差异。因此在加装之前，一定要向顾客详细介绍,以便其做出选择。

(3)应选用高质量的产品,因为高质量的玻璃钢包围,无论是坚固程度还是表面光洁度都远远强于一般产品。

(4)尽可能不要选用那种需要拆掉原车保险杠才能安装的大包围,因为玻璃钢的抗撞击能力比较差,所以选用将原保险杠包裹在其中的大包围就不会影响车辆的牢固性。如果一定要选用拆杠包围,可设法将原保险杠的缓冲区移植到玻璃钢包围中,以起到适当的保护作用。

4. 汽车内部装饰

1)汽车地板的铺设

一般轿车出厂时都铺有一层地板,但多数材料较薄,只是简单地将底板与表面遮盖,不耐磨,不美观。因此,很多车主买车后,都会在原来的基础上再加铺一层厚一点的地板料,这样会使车身地板更严实,更耐磨一点。因为有了地板的铺设,会使汽车地板更容易清洗,不容易生锈,从而更长时间地保护底板质量。汽车地板按照使用材料不同可分为塑胶地板和纯毛地板,塑胶地板便于清理,耐磨性及隔音效果好;纯毛地板可提高驾驶室内部档次,显得温馨豪华,缺点是耐磨性及隔音效果差,其铺设步骤如下。

(1)拆除全部座椅和用于包裹原有地板的门襟条,把原地板内清洁干净,包括有死角的地方,必要时用水清洗。

(2)剪裁汽车地板。虽然目前市场上出现了很多成型地板,但是成型地板的新品种开发的速度远远跟不上汽车新品的开发,所以许多从业人员还常常使用手裁地板。首先根据所要铺设地板的车辆内部长度和宽度,裁减下一大块地板,裁减时要考虑前排向上翘起部分,如果是后轮驱动的轿车,还要考虑车厢内的凸起部分。

(3)测量一下前排之间排挡台的尺寸并从地板之间剪开,车内离合器踏板、加速踏板和制动踏板的位置一定要测量准确,遇到有弧形、有角的地方,都要多测量出 3~5cm。同时在相应部位各自剪一个直径 25mm 左右的圆孔,并把圆孔朝前的方向剪开一条豁口。

(4)在地板向上折起的部位做好标记,并沿 45°角剪开,在开口处留下相互重叠的部分(约 30mm),再将其他多余部分剪掉。

(5)把剪好的汽车地板铺平、压实,然后在剪开的部位均匀地涂抹环保胶粘剂,将地板粘贴牢固。

(6)为了达到美观和更结实,用塑料焊枪进行焊接加固。焊接时,将其温度调好后,先把两边烤软,然后将其加热压合,稍微加力压即可连接在一起。由于塑料焊枪长时间工作会温度加高,如温度高时,用小点力气压合两边接缝处,温度低时,稍微用大一点力即可,最好一次性焊接。一定要掌握好温度以及力度。

(7)铺设好汽车地板后,安装座椅和门襟条,如果铺设的地板过厚,可更换稍长的门襟条固定螺钉。

特殊部位的处理:前排座椅下边要事先在螺钉孔的位置进行开孔;铺设行李厢地板时,要注意今后是否能方便地取出备用轮胎;铺设地板时要尽量使用整张的地板,若需拼接,则应尽可能把拼接的部位放在前排的座椅下边。

2)汽车内饰板的更换

汽车内饰板更换方法是:

（1）选择合适的新顶衬；

（2）拆卸所有车内的顶灯；

（3）移去顶衬周围的边饰品，因顶衬是由其周围的边饰品定位的，所以，拆除了边饰件后，顶衬就自动脱落了；

（4）安装新顶衬，连接好顶灯；

（5）安装边饰件。

5. 底盘喷塑保护装饰

汽车底盘是最容易被磨损和腐蚀的部位，地面油污泥泞的喷溅，飞沙走石的冲击等，都会使底盘腐蚀、生锈和伤痕累累。底盘喷塑保护装饰是底盘防腐防锈的重要措施。

1）喷塑产品的选用

这类产品实际是一类特殊保护涂料，例如 SKS 防撞漆、3M 底盘装甲等，均是为保护底盘而研制的产品。以底盘装甲为例其产品特性有：

（1）具有较强的贴合性和附着性，防锈、防潮、耐湿。

（2）耐酸碱、耐磨、防撞、防振、隔音，弹性佳。

因此，选用这种材料对底盘进行喷涂保护装饰，能起到防腐蚀、减振动、降噪声的效果。

2）底盘喷塑保护的施工工艺

（1）将车放置举升机上，采用中性清洗剂对底盘进行彻底清洁；

（2）用热风机对底盘进行吹干，清除水渍和湿气，使底盘达到彻底干燥；

（3）将底盘上的传动部分、排气系统、散热等不应喷涂的部位用遮盖纸遮盖好；

（4）将底盘装甲按施工条件要求均匀地喷涂到底盘表面上，使之形成一层牢固的保护膜，实现封闭保护的目的；

（5）喷涂完工后，用热风吹干或晾干，然后拆掉遮盖纸。

三、汽车装饰的个性化设计

汽车是一种机械科学与创意设计相结合的产品，对于这种产品，消费者往往把自己的生活观念和个人情感带入其中，力求营造出一个突出自我、彰显个性、与众不同的流动之"家"。而汽车的形象设计正是满足现代车主追求个性需求的一种手段和途径。

汽车装饰的个性化设计分为内外装饰设计、普通安装设计和改装设计三类。

1. 内外装饰设计

即对整个车身外观及内室依据个性需求进行的整体的美化设计。为了外形设计的需要，必要时还会更换车轮及对车内的一些附加设备的位置进行重新调整。其相关部件也都是根据原有车体进行"量体裁衣"式的订做。

车内装饰设计，应遵循安全、实用、整洁、舒适、协调的原则，色彩和质感要符合车主的审美情趣，不可盲目追求高品位、高价位的东西，以免弄巧成拙。

普通外部装饰设计主要是通过个性化的图案和绚丽的色彩，使车重新上色。图案或具体或抽象；色彩或沉着或艳丽。有的设计还将车主想表达的思想直接文字化喷涂于车身上，张扬个性。有些装饰的设计甚至追求特殊的肌理感，使汽车展现出不同于金属的新质感、新面貌，成为流动的雕塑。

外部装饰虽然最能表现个性化装饰的品位,但是也不能随心所欲地肆意改变,要在法律允许的范围内,适当地选择车辆的外观装饰件。特别是车身颜色和车身车架的变更,需要向交管局车辆管理部门提出申请,并经车辆管理部门审批同意后,方可变更。

内外装饰设计很受青年人的喜欢,更受到许多超级玩车族的青睐。

2. 普通安装设计

普通安装设计又称"大包围",是比较常见的汽车装饰方法,它的各个车身组件是由专门从事汽车改装的厂家根据车型设计,并批量生产的,安装时只需要进行相应的安置即可。

"大包围"除了能改善车身的外观,还具有增强汽车行驶(特别是高速行驶时)稳定性等实用价值,因此特别受到有车族的欢迎。

3. 汽车改装设计

汽车改装是对汽车个性化的再设计,汽车的改装将视觉艺术完美地融入改装中,所以整台车看起来更别致,更具个性特色。

前卫的造型,个性化图案的喷漆,为改装车带来视觉上新的冲击力和美感。汽车的外观改装设计效果千差万别,理想的汽车改装应既减小风阻提高车速,又能创造新的流动视觉,使其更具现代感和时尚感。

汽车改装在设计上当前主要流行两种风格。第一种改装设计强调整体视觉的速度感,让车行驶时产生"风驰电掣"的视觉效果。这类设计侧重于体现时代特征,张扬青春活力;第二种改装风格是将汽车外观进行或古典或另类的异形改造,使汽车看起来如同设计师的艺术作品。这类设计集中体现了个人的审美倾向,通过设计展现品位,表达个人风格。

优秀的改装是人们不断追求自我和品位的体现。当动力与视觉设计相遇,这是一种不可小视的潮流趋势,为城市带来新的活力、新的产业、新的视觉和新的生活方式。

单元五
汽车备品供应服务

📚 **知识目标**

1. 了解汽车备品分类、编号和供应常识;
2. 熟悉汽车常用备品的质量管理要求;
3. 熟悉汽车配件仓库管理的作用、任务及仓库的规划;
4. 掌握汽车备品的保管常识及方法;
5. 熟悉汽车备品的保修索赔管理办法;
6. 熟悉汽车备品销售网点的选址原则、商品计划的制订。

📚 **技能目标**

1. 会合理选购汽车常用备品;
2. 掌握汽车备品的位置编码方法。

课题一　汽车常用备品

一、汽车备品分类

常见汽车零部件的分类如下。

1. 按最终用途分类

有发动机零件、电气及电子装置零件、车身零件、底盘零件等,主要用于商业或统计工作上。

2. 按备品的使用性质分类

消耗件:是指随时间推移而自然老化失效的零件,必须定期更换,如各种皮带、胶管、密封垫、电器件、滤芯、轮胎、蓄电池等。

易损件:是指因磨损而失效的零件,需要更换,如轴承、活塞、缸套、气门、制动鼓、离合器摩擦片等。

维修件:是指汽车在一定的运行周期后,必须定期更换的零件,如各种轴、齿类零件等。

基础件:是指构成汽车的一些基础总成零件。它们是全寿命零件,但可能因为使用环境的特殊而提前损坏而需要进行必要的更换或维修,如曲轴、缸体、桥壳、变速器壳等。

肇事件:它是指因交通事故而损坏的零件。

3. 按备品特性分类

零件:汽车的基本制造单元,是一不可再拆卸的整体。其因车型而异,通用性很小,如活塞、气门、半轴等。

标准件:按照国家标准设计制造的,并具有互换性和通用性的零件,如螺栓、垫圈、键、销等。

合件:两个以上的零件装成一体,起着单一零件的作用(如带盖的连杆、成对的轴瓦、带气门导管的缸盖等),以其中主要零件而定名。

组合件:由几个零件或合件装成一体,但不能单独完成某种作用(如离合器压板及盖、变速器盖等)。

总成:总成由若干零件、合件、组合件装成一体,并单独起着某一机构的作用(如发动机总成、离合器总成等)。

易碎商品:是指在运输、搬运过程中,容易破碎的商品,如灯具、玻璃、仪表、摩擦片等。

防潮商品:是指受潮后容易变形、变质的商品,如纸质滤芯、软木、纸垫、电器零件等。防潮商品在包装上一般印有防潮标识。

纯正部品:指汽车厂原厂生产的配件,而不是配套厂家生产的协作件。凡是国外原厂生产的纯正部品,包装盒上均印刷有英文"GENUINEPARTS"或中文"纯正部品"字样,极易识别。

横向产品:是指非汽车行业生产的汽车用商品,如汽车轮胎、蓄电池等。

车身覆盖件:由板材冲压、焊接成型,并覆盖汽车车身的零件称为车身覆盖件,如散热器罩、发动机罩、叶子板等。

二、汽车备品的编号

汽车备品,实际上是一切总成、组合件、合件和零件的统称,它包括了数量庞大的各种品种和规格。为便于组织生产和供应,须加以编号。

在工业发达的国家中,各汽车制造厂的零件编号并无统一规定,由各厂自行编制。在我国,汽车零件编号则应按中国汽车工业联合会于2004年颁布实施的《汽车零部件编号规则》(QC/T 265—2004)统一编制,其方法如下。

1. 汽车零部件编号

完整的汽车零部件编号表达式由企业名称代号、组号、分组号、源码、零部件顺序号和变更代号构成。零部件编号表达式根据其隶属关系可按下列三种方式进行选择,如图 5-1所示。

2. 标准的适用范围

(1)本标准规定了各类汽车、半挂车的总成和装置及零件号编制的基本规则和方法。

(2)本标准适用于各类汽车和半挂车的零件、总成和装置的编号。

(3)本标准不适用于专用汽车和专用半挂车的专用装置部分的零件、总成和装置的编号及汽车标准件和轴承的编号。

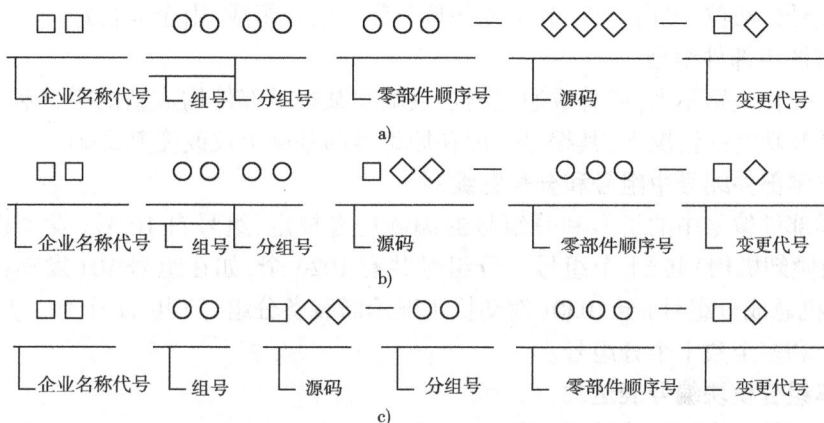

图 5-1　汽车零部件编号的构成形式
a) 零部件编号表达式一；b) 零部件编号表达式二；c) 零部件编号表达式三
□-字母；○-数字；◇-字母或数字

3. 标准用术语

1）企业名称代号

当汽车零部件图样使用涉及知识产权或产品研发过程中需要标注企业名称代号时，可在最前面标注经有关部门批准的企业名称代号。一般企业内部使用时，允许省略。企业名称代号由两位或三位汉语拼音字母表示。

2）源码

源码用三位字母、数字或字母与数字混合表示，企业自定。

描述设计来源：指设计管理部门或设计系列代码，由三位数字组成。

描述车型中的构成：指车型代号或车型系列代号，由三位字母与数字混合组成。

描述产品系列：指大总成系列代号，由三位字母组成。

3）组号

用两位数字表示汽车各功能系统分类代号，按顺序排列。

4）分组号

用四位数字表示各功能系统内分系统的分类顺序代号，按顺序排列。

5）零部件顺序号

用三位数字表示功能系统内总成、分总成、子总成、单元体、零件等顺序代号，零部件顺序号表述应符合下列规则：

（1）总成的第三位应为零；

（2）零件第三位不得为零；

（3）3 位数字为 001 ～ 009，表示功能图、供应商图、装置图、原理图、布置图、系统图等为了技术、制造和管理的需要而编制的产品号和管理号；

（4）对称零件其上、前、左件应先编号为奇数，下、后、右件后编号且为偶数；

（5）共用图（包括表格图）的零部件顺序号一般应连续。

6）变更代号

变更代号为两位，可由字母、数字或字母与数字混合组成，由企业自定。

7）代替图零部件编号

对零件变化差别不大，或总成通过增加或减少某些零部件构成新的零件和总成后，在不影响其分类和功能的情况下，其编号一般在原编号的基础上仅改变其源码。

4. 汽车零部件编号中组号和分号的编制

汽车零部件编号中的组号和分组号的编制均有规定，组号自 10 号（发动机的组号）至 86 号（货箱倾卸机构）共 64 个组号。分组号共有 1026 个，如在组号 10（发动机）中共有自 1000（发动机总成分组号）至 1030（发动机工况诊断装备分组号）共 31 个号。其他各组号中分别有数个和多至数十个分组号。

5. 汽车组合模块编号表达式

汽车零部件组合模块编号，如图 5-2 所示。

图 5-2　汽车组合模块编号表达式

汽车组合模块组合功能码由组号合成，前两位组号描述模块的主要功能特征，后两位组号描述模块的辅助功能特征。例如：10×16 表示发动机带离合器组合模块；10×17 表示发动机带变速器组合模块；17×35 表示变速器带手制动器组合模块。

三、汽车备品供应常识

为了保证汽车备品供应安全，不使配件在储运过程中发生霉坏变质、失准、破碎等损失，汽车备品供应应采取相应措施。

1. 储存条件

（1）所有汽车配件应储存在仓库或有遮盖的干燥场地内，应无有害气体侵蚀和影响，且应通风良好，不得与化学药品、酸碱物资一同存放。

（2）对于电器配件、橡胶制品配件、玻璃制品配件，因易受到碰撞和重压而使这些配件的工作性能失准、变形或破碎，须设立专仓储存，在堆垛时应注意配件的安全。

（3）对于蓄电池的储存，应防止重叠过多和碰撞，以防止电极及盖因重压而受损，密封电解液塞防止潮湿空气侵入。

（4）对于软木纸、毛毡制油封及丝绒或呢制门窗嵌条一类超过储存期半年以上的配件，除应保持储存场地干燥外，在毛毡油封或呢槽的包装箱内，应放置樟脑丸，以防止霉变及虫蛀。

（5）对于橡胶制品，特别是火补胶，应在环境温度不超过 25℃的专用仓内储存，以防老化，保证安全。

2. 包装

包装是企业营销管理的有机组成部分，它具有保护商品、便于存放、促进销售及传递信息的作用。产品的包装应满足以下要求：

（1）产品的内外包装要符合"科学、美观、牢固与适用"的要求。

（2）销售包装应用袋或其他容器对物体的一部分或全部包裹起来，在外表印商品标记或说明等信息资料。

（3）运输包装要以运输储运为主要目的。运输包装往往需要内包装和外包装的共同作用，而且其外部结构与尺寸要与储存、装卸、运输等作业所用设备、工具有很好的配合性；具有较强的抵御外界因素常见的侵蚀、侵害、碰撞、损坏等的能力；运输包装须有按规定标准印刷相应的标识说明，指导包装物件的装卸搬运，并注明商品名称、货号、规格、质量、数量、颜色、生产厂家、生产日期，以及发货单位与收货单位等标志。

（4）汽车备品的包装材料要求材料本身应对备品无腐蚀作用，透水透气性小，具有一定的隔离作用。

①纸类：1 号、2 号羊皮纸分别供精密零件及一般零件的内包装用；仿羊皮纸纸质稍坚韧，用于要求较高的电器配件、零件的内包装；中性石蜡纸为含有 2% 硬脂酸铝的石蜡浸涂中性纸，防潮性能好，适用于一般配件的内包装；横纹牛皮石蜡纸为中性纸双面涂石蜡，用于一般钢铁制配件的包装；牛皮纸，强度高，适用于经涂防锈油脂后的一般金属配件的内包装。

②塑料薄膜及复合塑料薄膜：塑料薄膜，透明、韧性好、可热焊、耐油耐酸，可用于金属配件内包装；塑料复合纸，由塑料薄膜与防锈纸复合压制的包装材料，既能防锈又能防湿，广泛用于备件内包装；铝型薄膜，防水、防潮、不透气性较塑料薄膜更好，且能防紫外光，故包装性能优良，适用于精密零件、电讯器材、仪表等的包装。

（5）在较精密的汽车电器电子仪表配件中，包装内也常放置干燥剂来吸收潮气，增强防潮、防锈效果。

四、汽车常用备用件的质量管理

1. 汽车备用件的质量验收

严格汽车备用件质量验收是确保备用件管理质量的关键。由于各厂的具体情况不同，产品质量和信誉的差异很大，因此在验收方法上，要区别不同情况妥善对待，大致有以下几种可供选择：

（1）对于技术装备完备、技术力量强、管理水平高、产品声誉一贯好的企业产品，可以实行免验。

（2）对于质量信誉度低、产品质量较不稳定的企业产品，则应加强验收，逐批验收，不合格的坚决不收购。

（3）介于上述一、二类之间的工厂或产品，可采取抽批验收的方法，随时了解掌握制造质量动态，工厂的技术措施情况，决定验收的批量和次数，并随时将用户的使用质量情况向工厂反馈，帮助他们重视改进和提高产品质量。

2. 销售配件的质量索赔

保证销售配件的质量信誉，是经营单位的一项责任，是服务质量和经营信誉的主要标志之一。当用户发现其发生质量问题时，一般要向销售单位提出三包（包修、包换、包退）。当调入方发现质量问题时，也需向调出方提出索赔要求。特别是门市销售配件的质量三包，要经常和不同的客户、不同的使用者打交道,更需认真接待、仔细复查、分析原因,实事求是地判明责任,进行合理的处置,使工厂和用户满意。

在处理方法上,凡是制造上诸如材质、工艺等造成的质量缺陷,应由工厂负责调换;因使用不当造成的,应向用户解释并由他们自己负责;属于运输损坏的只能由销售方和用户协商解决;属于保管超过供方规定储存保持期的,应由销售单位自行负责处理。

除使用不当应由用户负责的以外,通常可由销售单位先从库存中给予调换,然后再送供方复验调换后归还给库存。这项工作应由专人负责并立案办理,并规定一般处理结案的时限和结案率的考核指标,还应把用户的使用质量意见进行登记统计,定期向有关供方及其主管单位汇报和反映,并作为企业考核和督促改进产品质量的参考,发挥信息反馈的作用。

课题二　汽车备品的仓库管理

一、备品仓库管理的作用

备品仓库管理是汽车配件销售企业管理的重要组成部分,是为汽车配件销售服务的物资基地,主要作用如下。

1. 备品仓库管理是保证汽车配件使用价值的重要手段

备品仓库管理的好坏,是汽车配件能否保持使用价值的关键之一。如果严格地按照规定加强对配件的科学管理,就能保持其原有的使用价值,否则,就会造成配件的锈蚀、霉变或残损,使其部分、甚至是全部失去使用价值。所以加强仓库科学管理,提高保管质量,是保证所储存的汽车配件价值的重要手段之一。

2. 备品仓库管理是汽车配件销售企业为用户服务的一个重要内容

将备品及时提供给用户,既是满足用户的需求,获得用户满意的要求,更是实现为用户服务的一项重要内容。

二、备品仓库管理的任务

仓库管理的基本任务,就是搞好汽车配件的进库、保管和出库工作,在具体工作中,要求做到保质、保量、及时、低耗、安全地完成仓库保管工作的各项任务,并节省保管费用。

保质就是要保持库存配件的原有使用价值。通过严把备件入库和出库质量控制关,对库存配件进行定期、不定期检查和抽查,或必要保养,以保证库存配件质量随时都处于良好状态。

保量就是仓库保管按照科学的储存原则,实现最大的库存量。在汽车配件保管活动中,变动的因素较多,比如配件的型号、规格、品种繁多,批次不同,数量不一、长短不齐,包装有好有坏,进出频繁且不均衡,性能不同的配件保管要求不一致等。要按不同的方法分类存放,并保证便于进出库,又保证储量,充分利用有限的空间,提高仓容利用率。同时要加强对配件的动态管理。

及时就是配件在入库和出库的各个环节中,在保证工作质量的前提下,都要体现一个"快"字。简化手续,压缩配件和单据在库停留时间,加快资金周转,提高经济效益。

低耗就是配件在库保管期间的损耗降到最低限度。配件在入库前,应严格入库验收关,减少损耗。配件入库后,要采取有效措施,保证备件使用价值。对于散失产品能回收应尽量回收,以减少损失,降低库存损耗。同时要制订各种产品保管损耗定额,限制超定额损耗,把保管期间的损耗降到最低限度。

费用省就是节省配件进库费、保管费、出库费等成本。应充分挖掘现有仓库和设备的能力,提高劳动生产率,把仓库的一切费用成本降到最低水平。

保安全就是做好防火灾、防盗窃、防破坏、防工伤事故、防自然灾害、防霉变残损等工作,确保配件、设备和人身安全。

三、汽车备品的保管

汽车配件的保管,是储存工作的一个中心环节。做好保管工作,不仅要求保管中配件的品名、规格、数量和动态账、卡与实物保持完全相符,而且更应保证其使用质量不受损害。当发现有异状时,必须及时提出报告,以便采取保养措施,尽可能地挽回物资在保管期中的损失。因此,保管工作也是一门专门的知识。故必须熟悉和掌握汽车配件有关品名、规格、维修尺寸和制造材质、工艺要求、技术性能、防锈措施、包装条件等各方面的知识,熟悉和掌握仓位安排、堆垛方式、温湿度控制、收发和账卡等动态记录和单据流转等一系列的手续制度。

1. 汽车配件保管工作的要求

对汽车配件保管工作的要求,归纳起来大致有如下所述几项。

(1)保护配件不受损害。

①做好仓间内外温湿度日常变化记录,保持和调节好仓储间的温度、湿度。注意防止储存的配件遭受雨水浸淋和阳光暴晒,对容易吸潮配件应注意更换吸潮剂和防霉剂(樟脑丸等)。

②针对不同配件的性能、数量、包装、体积形态和耐压情况,合理安排存放仓位,提高堆垛技术和选用合理的堆垛数量。对无特殊性能要求而体型方整的配件,一般可采用重叠式或咬缝式堆垛;易变形和怕压或包装物强度较差的配件,应考虑堆垛高度、数量,严禁重压。同时也应注意做到堆垛排脚紧密,货垛稳固,垛形整齐,尽量提高仓容利用率。

③对堆垛要正确地留出五距,即墙距、柱距、货距、顶距、照明灯距,力求贯彻安全、方便、节约仓容的原则。

④每天在上下班时,应对仓间安全进行检查。下雨刮风潮汛前后要检查门窗、渗漏、冒水、苫盖等防范措施,防止配件受潮,保持仓间清洁。

⑤随时做好收发货装卸机械、起重设备等安全检查和报修,保持设备机械的完好。对配件的装卸搬运,必须轻搬轻放,做到商品不坏,包装不损。

⑥注意配件进出仓动态,对呆滞配件尤应注意储存质量的检查,如发现异状(霉变生锈)应及时填报异状报告,通知有关部门进行处理。

(2)防止差错,定期盘存,保证账物相符。

①商品入库,必须严格核对,合理安排仓位,堆垛要分层标量,分桩要立分卡,移仓要做记录,零星桩脚要勤翻勤并,配件货位编号要在账卡上详细标注。

②货账必须随出随销,并定期进行仓库动态配件的盘点,做到卡货经常相符。

③熟悉配件的名称、规格、结构特点，减少配件管理差错率。

④熟悉单据流转程序，严格遵守操作制度，保证内部单证、货卡、报表的正确和完整。发现差错和失误，应及时报告或纠正，做到账实相符。

2. 汽车备品仓库的分区分类规划

仓库的分区分类规划，要贯彻"安全、方便、节约"的原则，在汽车配件性质、养护措施、消防措施基本一致的前提下进行统一规划。

规划分区分类之前，要调查研究购销业务部门需要入库储存的汽车配件的情况。主要包括：经营的品种、数量与进出库的批量；汽车配件性能、包装状况及其所需要的保管条件；汽车配件收发、装卸搬运等所需要的机具设备和工作量的大小；仓库汽车配件收发方式、大致流向和周转期；有无特殊的保管、验收和理货要求等。

通过对购销业务活动的调查和分析，分清在性能、养护和消防方法上一致的各类汽车配件所需仓容，考虑对存储、吞吐条件的要求，结合仓库具体设备、条件，即可进行分区分类。

汽车配件分区，大体可分为以下两种情况：

（1）按品种系列分类集中存放。如存储发动机配件的叫发动机库；存储通用汽车配件的叫通用库等。

（2）按车型系列分库存放。例如东风牌汽车配件库、解放牌汽车配件库等。

汽车配件入库时，保管员根据汽车配件堆码位置，把货位号注明在入库凭证上，以便在记账时附注货位号；汽车配件出库时，要把货位号注明在出库凭证上，以便按号找货。

四、汽车备品中心仓库的建设规划

汽车备品中心是以备件储运为主要任务，通常划分成区，每区完成和具备以下功能。

1. 接收、检验区

按合理物流布局，备件中心的第一区域为接收区。接收区将完成检查工作，即进行数量的清查和质量的检验。

2. 防锈包装区

防锈处理通常指加工表面的涂敷处理。按习惯可采取集中处理（国际型企业通常采取在仓储中心设防锈工段集中处理的方式）和分散处理（中国各汽车生产企业采取由专业生产厂或车间按技术标准分别防锈处理，再交出）的方式进行。包装按性质可分为收货包装和发货包装。对本企业自己生产的零件的收货包装是进行最少合理数量的包装（如塑料、小纸盒、防锈纸包裹等），对外协、配套产品的收货包装是更换标记、更换包装材料。发货包装是指仓库接发货指令并收集完全部货物后，用较大的包装箱集中包裹处理。国际汽车公司目前都有成熟的包装箱（盒）的尺寸系列标准，这个尺寸系列是以最有效利用集装箱空间为依据的（包括木箱、纸箱等）。

3. 仓储区

储存区内往往按不同车型、不同总成、不同用途或按周转速度来分区存放，以解决和合理安排"物流"及资金的周转。高位货架仓库能缓和占地位置的不足，而高位货架通常用高位铲车取货、放货，管理也采取现代化的电脑进行，用计算机程序控制"物流"，采取高位、自动化仓库的方式。

4. 取货区

仓库的通道称为取货区,按需在这一区域布置自走小车(轨道或电脑导行)或铲车,或人力小车取货,但取货指令都是由电脑发出。

5. 发货区

备品发货有铁路运送、公路运送及水路运送等方式。仓储中心设立有铁路或汽车运输站台。

由于备件运输的困难,为保证售后服务网络、备件营销网络、用户的备件需求,中国汽车生产企业已开始在全国交通、通信发达地区和自己企业产品集中销售地区建立备件分库,各分库的仓储、进、出受总库指挥,各在辖区内向所属大用户、备件经销网和服务站按合同供货。

课题三　汽车备品的售后服务

汽车备品的售后服务即企业与备品用户的沟通并提供相关服务。汽车备品经营企业,要及时征询备品用户的意见,提供优质的质量保修服务,了解用户的反馈信息,改进服务方式,建立持久的合作关系,树立良好的服务形象。因此,汽车备品售后服务的内容是保持客户关系与质量保修。

一、保持客户关系

1. 建立客户档案

客户档案管理是售后服务的基本工作,直接关系到售后服务的正确组织和实施。客户的档案管理是对客户的有关资料以及其他技术资料,加以收集整理、鉴别、统计、保管和变动情况进行记载的一项专门工作。客户档案管理应做到:档案内容完整、准确,档案内容的增减须及时,档案的查阅、改动应遵循有关规章制度,确保档案及资料的保密性。

1)客户档案记录的内容

主要包括客户名称、地址、邮政编码、联系电话、E-mail 地址、法人代表姓名、注册资金、生产经营范围、信用状况、与本公司建立关系年月、往来银行、历年交易记录、配件质量保修记录、联系记录等。

2)客户档案的分类

(1)基本往来客户:指资信状况好,经营作风好,经济实力强,日常交易频繁,关系比较牢固的客户;

(2)一般往来客户:指质资信用状况良好,经济实力欠强,但有交易成功记录的客户;

(3)普通联系客户:指一般性函电口头联系交往,尚无成交业务记录,资信状况正在了解的客户。

这种分类需要根据情况变化及时调整,普通联系客户可能上升为基本往来客户,也有一般往来客户降为普通联系客户的。对于不同类别的客户要采取不同的策略,优先与基本往来客户成交,在资源分配和定价上适当优惠;对于一般往来客户要保持和培养;对普通连续客户则应积极争取,加强联系,迅速了解。

3）客户联系注意事项

建立客户档案的目的是及时与客户联系,培养并保持与客户长久的业务合作情感。与客户保持联系应注意以下事项:

(1)听取客户对配件的需求或其他诉求并及时作出答复,准确了解客户的需求,并向客户准确表达提供服务的意愿和能力;

(2)总结客户需求。在准确掌握客户需求的前提下,归纳客户的需求,以有利于调整营销策略,有利于对客户做到有的放矢,甚至提供个性化的服务。

2.跟踪客户并及时调整和实施营销与服务计划

只有对客户进行跟踪服务,才能掌握客户的动态信息,满足客户的需求,及时积极调整营销与服务计划。跟踪客户应遵循以下原则:客户咨询的时间安排应合理充分;充分利用好客户跟踪情况记录;记录登记本清晰;重视客户消极反馈信息的反应;对客户信息进行反馈应准确,并能传达诚信服务诚意。

3.利用计算机信息系统管理企业汽车配件及客户信息

运用计算机管理信息系统有利于管理复杂的产品与客户信息,有利于节约管理成本和人力资源。由于汽车配件产品种类繁多,客户数量庞大,管理范围覆盖广,以及客户的多样性和复杂性,采用计算机信息系统管理客户档案,可以做到及时、快速和准确。

4.做好客户培训工作

提高客户对产品性能了解掌握程度及合理使用,是汽车配件营销后服务工作的一项重要内容,也是关键内容。培训内容以产品特性及使用维护常识为教学重心。有条件的企业可以组织进行生产现场参观,开展典型总成产品拆装实习培训和基础件维修工艺学习,并结合培训向客户提供各种产品的技术资料、培训教材和宣传资料。主要的代理商和直接客户是邀请参加培训的重点对象。

二、配件的质量索赔和保修

在汽车备品售后服务过程中,零配件质量或维修、安装质量往往是客户关注的焦点,也最容易引起纠纷。售后服务部门要对这类纠纷及时进行鉴定、调解和处理。

1.受理客户质量投诉和索赔请求

热情接待每一客户的质量投诉和索赔请求。根据质量保修管理制度,做好以下工作:填写故障报告并在规定时限内上报,重大事故、重大故障必须及时上报(如涉及大总成,安全系统);及时准确填写索赔申请单,在规定时限内与总部联系,结算索赔费用,优惠索赔须事先征求总部同意;处理好索赔件。

2.索赔保修故障件的管理

维修过程中换下的索赔件应在零部件的裂纹或缺陷处用油性笔或红漆标示出故障部位,并制作索赔标签。标签的填写严格对照车辆进行,逐项填写清楚、完整,所有数据实事求是,不得随意想象、混淆,并简述清楚主要的相关件。故障的原件(连同标签)必须做到一件一包装,且包装必须牢固可靠,相关件进行分类包装;因技术(质量)问题更换下来的整改件(连同标签)须单独分类包装牢固,避免磕碰损坏;专卖配件的三包赔件(连同标签)必须单独包装牢固,并在包装外注明"专卖"二字。服务站必须安排专门的仓库或者仓位存放、保管索赔件,与索赔单对应,及时填写索赔件清单,并发运保修索赔故障件(连同填写好的旧件验收表、汇总表)到总部;总部对保修索赔故障件经严格核对验收后,在旧件验收表、汇总表、收条上注明收件实际情况,及时传回对方签认。总部将保修索赔故障件的有关数据录入计算机管理,并对各保修索赔故障件及标签故障情况进行鉴定处理,根据配件质量责任索赔管理办法进行经济索赔。

3. 办理向供货厂商(总部)的质量索赔

需要申请的质量保修项目有:

(1)安全件,制动系统、转向系统的所有零件;

(2)单件价值超过 2500 元人民币的部件(以供货价格为准,不同供货厂商规定的价格不同),包括发动机总成、变速器总成、发动机缸体、汽缸盖总成、压缩机总成、后桥总成、仪表板电线束、仪表板总成等;

(3)维修工时超过 8h 的维修,包括更换发动机、缸体、缸套活塞、活塞环、汽缸盖、蒸发器壳(包括加注制冷剂);

(4)新车缺件或原装件不符情况下进行的所有维修工作;

(5)易损件及公司规定的其他特殊情况。

填写索赔申请单:按照各配件生产厂商的要求,根据申请单格式逐栏逐项填写完整。

4. 质量故障责任鉴定与赔偿办法

车辆使用运行条件复杂,正确鉴定配件质量责任,是决定赔偿与否和维护客户、厂商正当权益的前提。

1)配件保修条件

配件必须在指定的服务站购买,并由该服务站装车;在服务站根据《养护手册》和《维修手册》要求进行定期检查;配件在质量保修期间的更换或维修不能延长该配件的质量保修期;客户提出配件保修前,必须保护好配件的原始状态;客户需要出具购买发票;服务站核实派工单后进行维修。

2)配件保修原则

保修范围:符合配件保修条件,经服务站检查确认需要修理或更换的不合格件;因保修配件引起损坏的相关件,包括辅料;配件保修费用包括零件费、维修工时费和服务站的外出服务费。

不属于保修范围:不满足配件保修条件中的任何一条;经服务站检查,发现需装车的零件会受到相关件的影响而损坏,并经及时向客户提出更换相关件要求,因客户拒绝要求而遭损的配件;因客户使用不当或意外事故造成的质量问题;影响相关件使用保修的改装;其他保修中没有专门规定的费用,如停车费、差旅费和食宿费用等。

5. 配件质量保修意见分歧的处理

客户对质量保修存在意见分歧是正常的,但在处理分歧时应体现一切为客户服务的宗旨,以有利于加强与客户的感情联系,密切客户关系、巩固客户资源。

正确处理客户投诉的方法:一般咨询,要直接回电、回函或发电子邮件给客户,进行详细解释;一般投诉,要记录客户的反映内容,与维修企业联系调查相关情况,并商定处理办法予以处理;重大投诉,要记录客户反映内容,立即与维修企业联系,查明情况并通报给配件制造商的售后部门,共同商定处理办法,并进行跟踪直至问题解决。

三、汽车备品的市场预测

一辆汽车在整个运行周期中,约有三千种零部件存在损坏和更换的可能,而经营某一车型的零配件要涉及许多品种规格的配件。对于配件供应部门,储存过多势必造成资金的大量占用,不利于周转;储备过少,又容易造成备件断档,影响售后服务工作。因此,备品供应的需求量要进行科学的市场预测。

每一类零件的消耗量(供应量)的测算,可以从两个方面进行:一方面是依据每一地区在用车数、汽车行驶平均里程、本地区使用特点(本地区零件的特殊消耗)、对比较多地区的资料综合取平均数,可以得出某种车型的某种零件百车年消耗量。按此量和全社会该车型的在用车数安排年生产量计划。另一方面,还要依据备件部门某种零件的实际供应量。

1. 汽车备品的市场预测基本程序

备品市场预测的基本程序如图 5-3 所示。

确定预测目标 → 收集与整理有关资料数据 → 选择预测方法 → 确定预测值写出预测报告

图 5-3　市场预测基本程序

2. 市场预测的方法

预测方法基本上可以分为定性预测法和定量预测法两大类。但在实际应用中,定性预测与定量预测是结合进行的。

1) 定性预测法

定性预测法(也称调查分析法),就是依靠人的观察与分析,借助于经验和判断力进行的预测。不过定性预测的结果,侧重于定性结果。定性预测法形式有专家咨询法、经验估计法、用户调查法、会议法等。专家咨询法主要采用表格式或问卷形式,以匿名方式通过几轮函询,征求专家们的意见;当专家们的意见一致时,预测人员就对最后一轮的咨询表格或问卷进行统计整理,得出预测结果。经验估计法是熟悉业务人员依据业务经验所进行的预测。用户调查法就是通过电话、信函和面谈方式,了解用户需求情况和意见,并在此基础上分析未来的需求趋势,从而做出预测的方法。会议法就是企业领导人召集各职能部门的主管人员、销售人员以及有关专家进行会议讨论,让他们就未来市场发展趋势或某一重大经营问题提供情报,根据已收集的信息资料和每个人的工作经验,共同对产品及其销售形势做出预测。

2) 定量预测法

定量预测方法,主要是根据过去的实际销售统计资料,运用数理统计方法,建立数学模型,对预测对象进行预测。定量预测方法有时间序列预测法(如移动平均法、指数平滑法)、因果分析预测法(如一元线性回归预测模型法)、类比预测模型法、弹性系数法等。下面简要介绍较适合汽车配件需求量预测的一种数理统计方法,即三次移动平均法。

取每三年某一备品年市场需求量相加除以3,得出年当量平均值,取所有当量平均值的总平均值,即为比较准确的年预测需求量。并对预测的结果由技术服务中心结合各地的实际消耗情况予以补充,经过综合处理,即为正式的备品消耗值。

例如表5-1所示,2015年预测需求量为:

$$(68+72+78+83+87+89)/6=80$$

这种预测需要积累多年的资料,预测值比较准确。

某种备件的社会需求量测算　　　　　　　　表5-1

年份	2007	2008	2009	2010	2011	2012	2013	2014	2015
供应量	64	71	68	78	88	82	90	95	
当量计算			64+71+68=203	71+68+78=217	68+78+88=234	78+88+82=248	88+82+90=260	82+90+95=267	
当量值			203/3=68	217/3=72	234/3=78	248/3=83	260/3=87	267/3=89	80

课题四　汽车备品销售网点的经营管理

一、汽车备品销售网点的选址原则

汽车备品零售网点所处的地理位置是经营者与消费者实现直接交流的场所,很大程度上影响着其服务的顾客群体,对于汽车配件经销商是否营利起着十分重要的作用。因此,汽车备品销售网点的选址应遵循以下原则。

1. 方便顾客购买

"接近顾客就是赢家",要实现该目的,汽车备品零售企业在选址过程中必须满足方便顾客消费的原则。这主要体现在两个方面:一方面是所开分店能最大限度节省顾客的购物时间,因此分店应设在交通主干道旁边或者汽车维修服务企业相对集中的路段;另一方面,分店开设还应充分把握顾客的购物心理。许多顾客买配件喜欢货比三家,而且常希望在一个地点全部购齐。因此汽车备品零售店在保证自身经营效率和特点的条件下,将分店设在汽配经营商店比较集中的区域,甚至汽配超市或大型汽配交易市场中,这样一方面可以接触更多的顾客,创造商业机会;另一方面,与其他经销商在经营品种、库存数量上相互补充、优势互补,扩大经营范围提高综合竞争力。

2. 有利于物流配送

汽车备品零售企业在经营时,经常要从供应商处(往往不在同一城市)购进大批量的零配件,还要将它们销往各个维修服务企业中,因此在选址时必须考虑是否有利于物流配送,尽量选择距离铁路、公路货场近,交通便利,停车方便的位置,最好能临街便于识别。还应考虑企业与配送中心之间的相互联系、周围有无银行以及能为企业提供方便快捷的第三方物流的辅助机构,以节约配件的运输成本,保证供应及时,能给相邻分店的商品调剂带来方便。

3. 适应长期规划

汽车备品零售企业的选址须具有长期规划性和战略性。不仅应着眼于当前环境上的便利,还应充分考虑周围汽车保有量、维修服务企业的未来发展变化情况和要求,为企业的发展保留适当的空间。同时,也应与当地政府的城市与产业规划相适应,预防由于交通、土地使用上的变动损失,以降低经营风险,提高经营效率。

二、汽车备品销售网点的商品计划的制订

采购计划订得是否合适,对资金周转和经济效益起着决定性的作用。采购计划做得好,不仅可加快资金周转,提高经济效益,而且可以减少库存积压。

采购计划的制订,可从三方面考虑:一是前段时间销售的情况,根据其统计数字拟出该进货的品种、名称、型号规格和数量;二是参照库存量,库存多的可少进;三是根据目前市场行情,作适当调整。

三、汽车备品的采购

1. 汽车配件采购业务中的进货方式

汽车配件采购业务中的进货方式主要有四种:集中进货、分散进货、集中进货与分散进货相结合、联购合销。

1)集中进货

设置专门的机构和专职人员统一进货,分配给分销商、门店、营销部营销。集中进货可以避免人力、物力的分散,并加大进货量,具有进货批量差价优势,降低进货价格,节省进货费用的优点。

2)分散进货

门店、营销部等自行设置进货人员,在核定的资金范围内采购。

3)集中进货与分散进货相结合

一般应用于外埠以及非固定进货关系的一次性进货活动,由门店、营销部提出采购计划,由专设的机构和人员汇总审核后集中采购。

4)联购合销

多个汽车配件经销企业联合派出人员,统一向生产企业或批发企业进货,然后按各自计划采购量分销。这种类似于团购的形式,整进分销,可以获得供货方的价格优惠,便于组织运输,节省采购成本。

以上几种进货方式各有优劣,在运用过程中应根据企业实际,扬长避短合理选用。

2. 汽车备品的采购原则

1)进货原则

(1)勤进快销原则。

勤进快销是加速资金周转,避免商品积压,提高经济效益的重要条件。勤进快销,就是采购次数要适当多一些,批量要少一些,进货间隔期要适当缩短。要在采购适销对路的前提下,选择能使采购费用、保管费用最省的采购批量和采购时间,以降低成本,降低商品价格,使顾客能买到价廉物美的商品。勤进快销还要随时掌握市场行情,密切注意销售去向,勤进、少进、进全、进对,以勤进促快销,以快销促勤进,不断适应消费需要,调整更新商品结构,力求加速商品周转。

（2）以销定进原则。

以销定进的原则，是按照营销状况确定订货的原则，需要考虑日平均营销量、最小安全库存量等因素。订货量是一个动态的数据，根据营销状况的变化，确定进货量，使供货及时、库存合理。通常，计算订货量主要有以下参数：

$$日平均销售量（DMS）＝昨日的 DMS×0.9＋当日销售量×0.1$$
$$建议订货量＝日平均销售×（距下次订货量天数＋下次交货天数＋$$
$$厂商交货前置期＋商品安全天数＋内部交货天数）－$$
$$已订货未交量－库存量$$
$$最小安全库存量＝陈列量＋日平均销售量×商品运送天数$$

订货量是一个动态的数据，根据销售状态的变化（季节性变化，促销活动变化，供货厂商生产状况变化，客观环境变化），决定订货量的多少，才能使商品适销对路，供应及时，库存合理。

2）商品购进原则

进货的原则除了要求购进的商品适销对路外，就是要保质、保量。生产企业实行质量三包——包修、包退、包换，经营企业要设专职检验部门或人员，负责购进商品的检验工作，把住商品质量关。除此之外，购进还应遵循以下原则：

（1）积极合理地组织货源，保证商品适合用户的需要，坚持数量、质量、规格、型号、价格全面考虑的购进原则。

（2）购进商品必须贯彻按质论价的政策，优质优价，不抬价、不压价，合理确定商品的采购价格；坚持按需进货、以销定进；坚持"钱出去、货进来，钱货两清"的原则。

（3）购进的商品必须加强质量的监督和检查，防止假冒伪劣商品进入企业，流入市场。在商品收购工作中，不能只强调工厂"三包"而忽视产品质量的检查，对不符合质量标准的商品应拒绝收购。

（4）购进的商品必须有产品合格证及商标。实行生产认证制的产品，购进时必须附有生产许可证、产品技术标准和使用说明。

（5）购进的商品必须有完整的内、外包装，外包装必须有厂名、厂址、产品名称、规格型号、数量、出厂日期等标志。

（6）要求供货单位按合同规定按时发货，以防应季不到或过季到货，造成商品缺货或积压。

四、汽车备品的连锁经营

1. 连锁经营的特点

连锁直销是一种同时设立若干家同一模式的专卖店，以求占领某一整体或区域市场的直销形式。连锁经营模式以美国最具代表性，日本次之。目前，在美国有超过 500 家以上连锁店的零配件公司近 20 家，如 NAPA、AUTOZONE、PEPBOYS 等就是汽车配件连锁业的代表，他们的配件销量占美国汽配市场总销量的 70%。

从所有权和经营管理权集中程度来划分，连锁店可分为三种类型：直营连锁、自由连锁、特许连锁。从国际连锁业的发展来看，当直营连锁店发展到一定规模，形成自身的品牌及成型的管理软件后,一般都转向以特许经营为主来拓展市场空间。

连锁经营有以下优势:宣传投入少,可以借助主店的品牌扩张;更贴近消费层;可以争取到更低的产品价格;可以取得产品的代理权;可以得到厂商更多的保护性支持。采用代理的方式进行连锁化经营,还可以借助产品资源编织紧密的销售网络。代理商集销售、售后服务、信息反馈于一身,其取代批发商是必然趋势。

2. 特许经营店的组织管理

汽配特许经营店一般采取以下组织原则:

1)统一指挥的原则

特许经营店从最底层的职员到最高层的员工,在指挥链清晰、明确、统一,每个职务、环节都安排有人负责的情形下,才能够形成一个有机整体。

2)以工作为中心的原则

在店内首先要明确工作,而后根据工作需要,招聘员工,分配工作任务,以保证特许经营店的营运效率。只有以工作为中心进行组织设计,才能保证特许经营店组织机构精简,确保较高的工作效率。

3)组织层次与管理幅度适当原则

特许经营店应尽量限制组织层次,因为组织层次越多,各个层次间的沟通就越困难,需要协调的问题就越多。另外,管理人员的管理幅度要适当,以利于实现责、权、利的统一,实现有效的分级管理。

4)对称的原则

店的组织要符合对称的原则,要求权力、责任、能力与职位相对称。权力是在一定职位上具有的指挥和行事的权力;责任是在职位、职务上的对应尽义务。所有人的职务、权力、责任都应详细记载在特许经营店的组织章程和营运手册中。

5)专业化的原则

特许经营店的组织设置要按专业化进行。按功能的不同,可将特许经营店分为决策功能、执行功能和销售功能,分别由各职能部门具体承担。

3. 特许经营店的组织设置

汽配特许经营包括总部、分店两个层次,它们是构成连锁店的最基本要件。从总部的职能部门与分店的关系来看,两者是平等的,不存在上下级关系。前者承担加盟店的采购与配送等职能,分店则承担销售职能,而对于人事、财务等职能,连锁店只要有一个就够了。因此,汽配特许连锁店总部与分店是一种互补的、平等的、专业化分工的关系,而非上下级关系。总部所具备的功能,店铺不具备,店铺具有的功能,总部也不具备。董事会是总部的领导者,也是分店的领导者。汽配特许店的总部与分店实质上是同一层次内的关系。这样,组织层次便可精确表述为:最高管理层及其领导指挥下的职能部门与分店。最高管理层的职责是决策,而总部的各职能部门则承担确定采购标准、销售价格、促销计划等任务,分店则按各职能部门的设计进行销售。

单元六
二手车交易服务

📚 **知识目标**

1. 熟悉二手车交易的内涵及行业管理规定;
2. 了解我国二手车交易市场现状及交易类型;
3. 了解二手车评估的基本知识;
4. 掌握二手车技术状况的判定方法;
5. 熟悉提供二手车法律服务、技术服务、投资价值及价格评估等服务的方法及内容;
6. 掌握二手车手续检查与过户转籍服务方法。

🎓 **技能目标**

1. 掌握二手车交易的内涵及行业管理规定;
2. 掌握目前我国二手车交易类型;
3. 会对二手车技术状况进行判定;
4. 会二手车手续检查与过户转籍服务的操作。

课题一 二手车交易市场概述

随着我国国民经济的发展和市场经济的不断完善,全国汽车保有量迅速增加,汽车流通渠道和方式由过去的单一分配转向多元化。同时个体和私营经济的发展推动了价格相对便宜并保有一定生产能力的二手车的需求,一部分车辆在其使用寿命内有机会进入二次流通市场,我国的二手车交易市场逐步形成、发展并壮大起来。二手车贸易是汽车流通链中的一个必不可少的重要环节,我国的二手车交易市场在交易车型、交易规模和交易体制上已经获得了巨大的发展,已经成为汽车市场的重要组成部分。

一、二手车交易的内涵

1. 二手车交易的内涵

二手车是指从办理完注册登记手续到达到国家强制报废标准之前进行交易并转移所有权的汽车。二手车交易是指以二手车为交易对象,在国家规定的二手车交易市场中进行的二手车的商品交易和产权变更,同时还包含了客户的寻找、客户的接近、客户的了解、二手车的展示、异议处理、与客户达成交易、售后服务等活动的全过程。

2. 二手车交易市场的功能

随着二手车交易的不断成熟,二手车交易市场的功能由原来比较单一的产权交易、变更形式,过渡到相当完备的状态,具备的功能有:

(1)二手车的营销功能。包括二手车的收购、销售、鉴定估价、寄售、代购代销、租赁、拍卖、检测维修、配件供应等。

(2)二手车办理相关手续功能。如车辆过户、转籍、上牌、车辆保险等。

(3)政府审查执法功能。审查二手车的合法性,杜绝报废车、盗窃车、走私车、非法拼装车和证照不全的车辆上市交易,监督交易合法进行。

二、二手车交易的现状

1. 我国二手车交易市场的发展

改革开放初期,公有制为主的运输车辆、社会零散车辆向私有运输业流动,但二手车交易有市无场。随着经济体制改革的不断深化,国民经济持续稳定发展,全国汽车保有量、私车保有量迅猛增加,为了正确引导和满足社会对二手汽车交易的客观要求,国家把二手车的交易纳入了汽车流通市场进行管理。

1)起步发展阶段

1985 年国家经济体制改革由计划经济向社会主义市场经济过渡,汽车资源不足,汽车市场是卖方市场,价格高,私人购买能力很弱,二手车交易观念淡薄,二手车交易市场少,大部分建立在经济发达的省会城市。

2)快速发展阶段

1993 年以后,国家加大了改革开放的力度,国民经济持续稳定健康发展,汽车产量逐年上升,汽车市场呈买方市场,价格逐年下降,私人汽车保有量每年以 27% 以上的速度迅速增长,二手汽车的交易量大幅度增加,形成了一个庞大的二手车交易市场。

3)稳步发展阶段

2002 年,汽车整车企业开始进入二手车交易市场,为二手车交易市场进一步发展注入活力,奠定了坚实的基础。2005 年 8 月,国家商务部 16 号令发布了《汽车贸易政策》,为二手车交易市场的进一步发展提供了国家支持和宽松的经济环境,我国的二手车交易市场进入了稳步发展阶段并逐步与国际接轨。

2. 我国二手车交易的现状

虽然我国二手车交易市场日趋成熟,但对二手车的鉴定估价尚缺乏科学、统一、严谨的评估理论和方法。在实际工作中,还存在着从业人员混杂、知识技能偏低、人为因素多、随意成分大的现象。很多单位没有评估定价能力和设施,个别地方对市场疏于管理,在交易过程中出现"私卖公高估价"和"公卖私低估价"现象,不仅扰乱了市场秩序,造成国有资产和税收的大量流失,而且也使广大消费者合法权益得不到保障,有效需求受到抑制,同时也使走私车、拼装车、报废车重新流入社会成为可能,为暗箱操作、滋生腐败创造了条件。

二手车鉴定估价环节存在的问题引起国家有关部门的高度重视。国家国内贸易局、劳动和社会保障部已经做出对二手车鉴定估价从业人员先培训、后上岗,实行职业资格证书制度的决定,并从 2005 年起开始实施。先后颁布了《旧机动车鉴定估价师国家职业标准》《招用技术工种从业人员规定》等,为二手车鉴定估价行为走向规范化、科学化、法制化奠定了坚实的基础。

3. 我国二手车交易市场的发展趋势

(1)随着我国经济的发展和人民生活水平的提高,汽车保有量的迅猛增加,为二手车交易的发展提供了发展的空间。

(2)近年来汽车消费的结构发生了很大的变化,私人购车量骤增,购车需求出现多品种、多档次、多价位的趋势,为二手车交易注入了活力。

(3)随着二手车交易市场的成熟,各种制约市场发展的矛盾陆续解决,二手车交易的消费者的合法权益将得到有效的保障,能进一步促进二手车交易规模的不断扩大。

虽然我国的二手车交易与国外发达国家相比还有很大的差距,但这也正是市场的潜力所在,我国二手车交易的大环境已经逐步形成,二手车交易的发展前景广阔。

三、二手车交易的行业管理要求

二手车交易中,每辆车在技术状况、使用情况和交易条件上千差万别,交易过程复杂,交易风险大。为了保护交易双方的合法权益,防止欺诈行为的发生,国家相关部门制定了一系列的法律法规,规范二手车交易市场及交易双方的行为。

1. 二手车交易市场的管理规定

(1)为加强二手车流通管理,规范经营行为,保障交易双方的合法权益,促进二手车流通健康发展,依据国家有关法律、行政法规,1998 年,国内贸易部发布了《旧机动车交易管理办法》,规定所有旧机动车的交易必须在旧机动车交易市场进行。同时商务部、公安部、工商总局、税务总局在 2005 年颁布了《二手车流通管理办法》,规定二手车经营主体是指经工商行政管理部门依法登记,从事二手车经销、拍卖、经纪、鉴定评估的企业;国务院商务主管部门、工商行政管理部门、税务部门在各自的职责范围内负责二手车流通有关监督管理工作;省、自治区、直辖市商务主管部门、工商行政管理部门、税务部门在各自的职责范围内负责辖区内二手车流通有关监督管理工作;二手车交易市场经营者、经销企业和经纪机构应当具备企业法人条件,并依法到工商行政管理部门办理登记。

(2)二手车鉴定评估机构应当具备下列条件:是独立的中介机构;有固定的经营场所和从事经营活动的必要设施;有 3 名以上从事二手车鉴定评估业务的专业人员(包括管理办法实施之前取得国家职业资格证书的旧机动车鉴定估价师);有规范的规章制度等。

2. 二手车交易行为的管理规定

(1)二手车交易市场经营者和经营主体应当依法经营和纳税,遵守商业道德,接受依法实施的监督检查。

(2)卖方应当拥有车辆的所有权或者处置权。二手车交易市场经营者和经营主体应当确认卖方的身份证明、车辆的号牌、《机动车登记证书》、《机动车行驶证》、有效的机动车安全技术检验合格标志、车辆保险单、缴纳税费凭证等。国家机关、国有企事业单位在出售、委托拍卖车辆时,应持有本单位或者上级单位出具的资产处理证明。出售、拍卖无所有权或者处置权车辆的,应承担相应的法律责任。

（3）卖方应当向买方提供车辆的使用、修理、事故、检验以及是否办理抵押登记、交纳税费、报废期等真实情况和信息。买方购买的车辆如因卖方隐瞒和欺诈不能办理转移登记的,卖方应当无条件接受退车,并退还购车款等费用。

（4）二手车经销企业销售二手车时应当向买方提供质量保证及售后服务承诺,并在经营场所予以明示。

（5）进行二手车交易应当签订合同。合同示范文本由国务院工商行政管理部门制定。

（6）二手车所有人委托他人办理车辆出售的,应当与受托人签订委托书。

（7）二手车交易完成后,卖方应当及时向买方交付车辆、号牌及车辆法定证明、凭证。如:《机动车登记证书》、《机动车行驶证》、机动车安全技术检验合格标志、车辆购置税完税证明、养路费缴付凭证、车船使用税缴付凭证、车辆保险单等。

（8）对交易违法车辆的,二手车交易市场经营者和二手车经营主体应当承担连带赔偿责任和其他相应的法律责任。

（9）二手车鉴定评估机构应当遵循客观、真实、公正和公开原则,依据国家法律法规开展二手车鉴定评估业务,出具车辆鉴定评估报告,并对鉴定评估报告中车辆技术状况,包括是否属事故车辆等评估内容负法律责任。

（10）建立二手车交易市场经营者和经营主体备案制度。凡经工商行政管理部门依法登记,取得营业执照的二手车交易市场经营者和经营主体,应当自取得营业执照之日起2个月内向省级商务主管部门备案。省级商务主管部门应当将二手车交易市场经营者和经营主体有关备案情况定期报送国务院商务主管部门。

（11）建立和完善二手车流通信息报送、公布制度。二手车交易市场经营者和经营主体应当定期将交易量、交易额等信息通过所在地商务主管部门报送省级商务主管部门;省级商务主管部门将上述信息汇总后报送国务院商务主管部门;国务院商务主管部门定期向社会公布全国二手车流通信息。

（12）商务主管部门、工商行政管理部门应当在各自的职责范围内采取有效措施,加强对二手车交易市场经营者和经营主体的监督管理,依法查处违法违规行为,维护市场秩序,保护消费者的合法权益。

四、二手车交易的类型

（1）二手车的收购、销售:指二手车交易市场为方便客户进场直接销售或购买的前提下,根据客户的要求,代为销售或购置二手车的一种经营活动。

（2）二手车的鉴定估价:是指由专门的鉴定估价人员,按照特定的目的,遵循法定或公允的标准和程序,运用科学的方法,对二手车进行价格估算。

（3）二手车的寄售:指卖车方与二手车交易市场签订协议,将所售车辆委托市场保管及寻找买方,收取一定保管费、服务费等的一种交易行为。

（4）二手车的代购代销:指在无须客户进场的前提下,二手车交易市场为客户代为销售或购置的一种经营活动。

（5）二手车的租赁:指将二手车向客户提供使用租赁的一种经营活动。

（6）二手车的拍卖:指以公开竞价的方式销售二手车的一种经营活动。

（7）二手车的检测维修:指从事为二手车进行检测维修的一种经营活动。

（8）二手车的置换:指车车产权交易的一种经营活动,可以是二手车与新车之间的产权交易,也可以是二手车之间的产权交易。

课题二　二手车交易的运作

一、二手车评估的基本知识

1. 二手车评估的基本概念和特点

1）二手车评估的基本概念

二手车的评估是指由专门从事鉴定估价人员,按照特定的目的,遵循法定的标准和程序,运用科学的方法,对二手车进行手续检查、技术鉴定和价格估算的过程。实际上是为适应生产资料市场流转的需要,由鉴定评估人员所掌握的市场资料,依据对市场的预测,对二手车的现时价格进行估算。

2）二手车评估的特点

机动车作为一类资产,有别于其他类型的资产而有其自身的特点。单位价值较大;使用时间较长;工程技术性强,使用范围广;使用强度、使用条件、维护水平差异大等。由于机动车本身的特点决定了二手车评估的特点。

（1）以技术鉴定为基础。由于机动车本身的技术含量较高,经使用后车辆将发生有形和无形磨损。评定车辆的价值状况,往往需要依据当前的汽车技术发展状况,并通过技术检测等手段来鉴定其损耗的程度。

（2）以单台为评估对象。由于二手车的单台价值相差大、型号规格多、车辆结构差异大。为了保证评估质量,对于单位价值大的车辆,往往都是分整车、分部件逐台进行评估。为了简化评估工作程序,节省时间,对于以产权转让为目的的、单位价值较小的、批量大的车辆,也不排除整体核算的评估方法。

（3）鉴定估价要考虑其手续构成的价值:由于国家对车辆实行"户籍"管理,使用税费附加值高。因此,对二手车进行鉴定估价时,除了估算实体的价值以外,还要考虑"户籍"管理手续和各种税费构成的价值。

2. 二手车评估的用途

二手车的评估是为了正确反映机动车的价值,为将要发生的经济行为提供公平的价值尺度。在二手车交易市场,二手车评估的主要用途如下。

1）协助确定二手车交易的成交额

二手车在二手车市场交易时,买卖双方对交易价格的期望值是不同的,甚至相差悬殊。因此,需要鉴定评估人员对交易车辆进行鉴定估价,评估的价格作为买卖双方成交的参考价。

2)协助借贷双方实现抵押贷款

银行为了确保放贷的安全,要求贷款人以机动车作为抵押物。贷款发放者要对二手车进行鉴定评估。

3)拍卖

对于公物车辆、执法机关罚没车辆、抵押车辆等,都需要对车辆进行鉴定评估,作为拍卖的底价。

4)法律诉讼咨询服务

在法律诉讼中遇到有关车辆资产事项,需要对车辆资产做出判断时,委托鉴定估价师对车辆进行评估;法院判决时,可以根据鉴定估价师的结论为司法裁定提供现时价值依据。

另外企业或个人的产权变动也需要对车辆进行鉴定评估,识别走私车、盗抢车、非法拼装车、报废车、手续不全的车等也需要由鉴定评估人员来进行鉴定,以杜绝这类车上市交易,损害消费者的利益。

二、二手车技术状况的鉴定

汽车在使用过程中,随着行驶里程的增加会对车辆的性能和使用寿命带来影响,因此,公正客观地对准备交易的二手车进行技术状况鉴定是二手车交易的基础。

二手车技术状况的鉴定方法有静态检查、动态检查和利用辅助仪器进行检查三种。

1. 二手车技术状况的静态检查

静态检查是指在车辆静止(发动机根据需要可以怠速运转)的状态下,鉴定评估人员运用所掌握的知识和经验,通过对车辆外观、部件、总成等进行观察,进而对车辆技术状况做出初步判断的鉴定方法。一般包括识伪检查、事故判断和技术状况判断三方面的内容。

1)二手车的识伪检查

通过对交易车辆的有关手续文件和实际车况进行检查,来判断其是否具有合法的交易资格,以杜绝各种被盗、走私、拼装等车混入交易市场,损害国家及消费者的利益。

2)二手车的事故判断

车辆事故状况判断一般可以从以下几方面进行。首先检查车体的周正情况;其次检查油漆脱落状况,查看排气管、镶条、窗户四周和轮胎等处是否有多余油漆,如果有,说明该车已做过油漆或翻新,再者检查底盘线束及其他连接部件状况。

3)二手车技术状况判定

通过静态检查判断车辆技术状况主要检查橡胶件的老化程度、车身金属锈蚀程度及渗漏情况,还可以检查玻璃升降是否灵活、发动机机油量、附属装置及车辆底部状况,以便对车辆整体技术性能有一个全面的把握。

2. 二手车技术状况动态检查

动态检查是指在车辆运行过程中,鉴定评估人员通过对车辆在各种工况下(如发动机起动、怠速、起步、加速、匀速、滑行、制动、换挡)的运行状况进行观察,检查汽车的操纵性能、制动性能、滑行性能、动力性能、噪声和排放状况,进而对车辆技术状况作出判断的鉴定方法。

1）车辆路试的准备工作

在车辆进行路试前应检查机油、冷却水,制动踏板、离合器踏板、转向盘及其自由行程、轮胎气压等,以保证车辆处于正常状态,适于上路行驶。

2）发动机起动和无负荷工况检查

检查起动性。观察发动机起动是否容易,工作是否良好。

无负荷的工况检查。发动机起动后,使其怠速运转,然后打开发动机舱盖观察发动机运行是否平稳,有无运转杂音等。

3）路试检查

发动机起动和无负荷工况检查完毕后,即可进行路试。路试应尽可能选择在车辆较少、道路条件较好,利于路试者不断改变车辆行驶状况的路段上进行。路试一般进行 15～30min。主要观察车辆离合器、变速器的工作情况以及车辆的加速、操纵、动力、制动等方面的性能。

（1）检查动力性能:由原地起步后加速行驶,猛踩加速踏板,看提速是否快;高速行驶时,观察是否能够达到原设计最高车速,如不能达到,估计与设计最高车速之间的差距;车辆行驶是否平稳是否发生异响;爬坡试验,看车辆行驶是否有力。如果提速慢,最高车速与原设计差距大,上坡无力,则说明车辆动力性能差。

（2）检查机械传动效率作滑行试验:在平坦的路面上,将汽车运行到 50km/h 时,踏下离合器,将变速器挂入空挡滑行,依据滑行距离估计汽车传动系统的传动效率。

4）车辆动态试验后的检查

（1）检查温度:检查油温、水温和制动鼓、轮毂、变速器壳、传动轴、中间轴轴承、驱动桥壳(特别是减速器壳)等运动机件的温度。如果运动机件过热则说明车辆运动机件间的磨损、配合状况有问题。

（2）检查渗漏情况:在发动机运转及停转时,散热器、水泵、缸体、缸盖、暖风装置及所有连接部位不得有明显渗、漏水现象。行驶 10km,停车 5s 后再观察,各种油、液、各管路和密封部位是否有渗漏现象。

（3）观察车辆电器:看发电机、蓄电池的工作状况,充放电是否正常、有无漏电情况。

3. 利用仪器、仪表对二手车技术状况进行检查

指利用仪器设备对车辆的技术性能和故障进行定量、客观的检测和诊断,并依此对车辆技术状况做出判断的鉴定方法。常用的主要有发动机功率检测和发动机汽缸密封性检测。虽然发动机功率检测精度高,反映车辆技术状况全面,但设备投资大,技术复杂,操作不很方便,因此在实际工作中,更多的是采用汽缸密封性检测等简易方法来反映车辆发动机及整车技术状况的好坏。

三、二手车交易价格的评估方法

1. 二手车鉴定估价的程序

在二手车实际鉴定工作中,人们既要遵守资产评估的法定程序,又要简化程序中申报、审批、验收、确认等繁杂的操作手续,根据二手车鉴定估价特点,实行简便易行的操作程序。二手车鉴定估价操作程序是指对具体的评估车辆,从接受立项,受理委托到完成评估任务,出具评估报告的全过程的具体步骤和工作环节。

通常，二手车交易市场发生的评估业务有单个的业务和多辆或批量的评估业务。单个的业务一般都是零散地进入市场交易；多辆或批量的评估业务是数量比较集中，车辆少则几辆、多则几十辆，这些客户大多是生产企业或运输企业。单个的评估操作程序相对简单，批量评估操作相对复杂。

下面介绍多辆或批量交易评估业务的一般操作规程。

1）前期准备工作阶段

二手车鉴定估价的前期准备工作包括业务接待、实地考察、签订评估委托协议书。根据鉴定估价的要求，向委托方收集有关资料、了解情况。

2）现场工作阶段

现场工作阶段的主要任务是检查手续、核查实物、验证委托人提供的资料、鉴定车辆技术状况。

3）评估估算阶段

这一阶段，需要继续收集所欠缺的资料，对所收集的数据资料进行筛选、整理；根据评估目的选择适用的估价标准和评估方法，本着客观、公正的原则对车辆进行评定估算，确定评估结果。

4）自查及撰写评估报告阶段

该阶段主要对整个评估过程进行自查，对鉴定估价的依据和参数再进行一次全面核对。在重新核对无误的基础上，撰写评估说明和报告，最后登记造册归档。

2. 二手车估价的计价标准和方法

二手车估价的计价标准是关于估价所适用的价格标准的准则，它要求计价标准与二手车估价的业务相匹配。

二手车估价的计价标准是二手车评估价值形式的具体化，二手车评估计价标准的选择，必须与汽车经济行为的发生密切结合。实际工作中，二手车评估的经济行为是多种多样的，要求鉴定估价师充分理解汽车评估计价标准的含义和适用前提，分析选择科学合理的计价标准，确定二手车评估业务所适用的价格类别。根据我国资产评估管理要求，二手车估价应用重置成本标准、现行市价标准、收益现值标准和清算价格标准这四种类型的标准进行评估。

1）重置成本法

（1）概念：重置成本法是指以评估基准日的当前条件下重新购置一辆全新状态的被评估车辆所需的全部成本，减去该被评估车辆的各种陈旧性贬值后的差额作为被评估车辆评估价格的一种评估方法。

（2）重置成本法应用前提：车辆处于在用状态，反映了车辆已经投入使用，也反映了车辆能够继续使用的使用价值。

重置成本法计算方法：

$$被评估车辆的评估值 = 重置成本 \times 成新率$$

或

$$被评估车辆的评估值 = 重置成本 - 实体性贬值 - 功能性贬值 -$$
$$经济性贬值$$

二手车成新率是表示二手车的当前功能或使用价值与全新车的功能或使用价值相比所占的比率。

$$成新率 = 1 - 有形损耗率$$

或

$$成新率 = (1 - 已使用年限/规定使用年限) \times 100\%$$

2）现行市价法

（1）概念：现行市价法又称市场法、销售对比法，是指通过比较被评估车辆与最近售出类似车辆性能的异同，并针对这些异同经过必要的价格调整，从而确定被评估车辆的价值的一种方法。这种方法是一种最直接、最简单的方法。

（2）现行市价法应用前提：需要有一个充分发育、活跃的二手车交易市场；评估中参照的二手车与被评估的二手车有可比较指标，且这些可比资料是可以收集到的，价值影响因素明确，可以量化。

（3）现行市价法评估步骤：

①收集资料（车辆型号、装备性能、生产厂家、购买日期、行驶里程、了解车辆技术状况及可使用的年限）；

②选定类比的参照对象；

③分析可比性因素；

④调整差异做出评估结论。

（4）现行市价法的计算方法。

直接法：在市场上能找到与被评估车辆完全相同的车辆的现行市价，并依其价格直接作为被评估车辆评估价格的一种方法。

类比法：是指评估车辆时，在公开市场上找不到与之完全相同，但能找到与之相类似的车辆时，以此为参照物，并根据车辆技术状况和交易条件的差异对价格做出相应调整，进而确定被评估车辆价格的评估方法。

基本计算公式为：

$$评估价格 = 参照物价格 \times (1 + 调整系数)$$

3）收益现值法

（1）概念：是将被评估车辆在剩余寿命期内预期收益用适当的折现率折现，作为评估基准的现值，并以此确定评估价格的一种方法。旧机动车评估一般很少采用收益现值法，但对于一些特定目的的有特许经营权的二手车，人们购买车辆的目的不在车辆的本身，而是车辆的获利能力。如营运车辆的评估常采用这种方法。

（2）收益现值法应用前提：被评估的二手车是经营性车辆，且具有继续经营和获利的能力，继续经营的收益能够用货币金额来表示；经营过程中的风险因素能够转化为数据加以计算，能体现在折现率和资本化率中。

（3）收益现值法的计算：收益现值法评估价值的计算，实际上是对评估车辆未来预期收益进行折现的过程。被评估车辆的评估值等于剩余寿命期内各期的收益现值之和。

4)清算价格法

(1)概念:清算价格法是以清算价格为标准,对二手车进行的价格评估。清算价格是指企业由于破产或其他原因,要求在一定的期限内将车辆变现,在企业清算之日预期通过出卖车辆可收回的变现价格。

(2)清算价格法的适用范围:适用于企业破产、抵押、停业清理时要售出的车辆。但要注意评估车辆必须具有法律效率的破产处理文件或抵押合同及其他有效文件为依据。车辆在市场上可以快速出售变现,所卖收入足以补偿因出售车辆的附加支出总额。

(3)清算价格的计算:运用现行市价法估算其正常价值,再根据处置情况和变现要求,乘以折扣率,确定评估价格。清算价格则是一种拍卖价格,由于受到期限限制和买主限制,其价格一般低于现行市价。在二手车交易的实践中,二手车的拍卖,均是以这种性质的价格出售。

课题三 二手车交易的咨询服务

一、二手车交易的法律服务

随着市场经济的确立和发展,汽车已被越来越多的家庭和个人所拥有,二手车买卖引起的纠纷案件亦逐年呈上升趋势,而且案件越来越复杂,案件审理的难度越来越大。

为规范二手车交易市场秩序,维护二手车交易双方合法权益,商务部根据《二手车流通管理办法》,出台了与《二手车流通管理办法》配套的实施细则《二手车交易规范》,于2006年4月正式实施。《二手车交易规范》明确规定:部分二手车交易也须有质量保证;二手车经销企业将二手车销售给买方之前,应对车辆进行检测,并对进入销售展示区的车辆填写有关信息,且在显要位置予以明示;同时,二手车经销企业向最终用户销售使用年限在3年以内或行驶里程在6万km以内的车辆,应向用户提供不少于3个月或5000km的质量保证。质量保证范围为发动机系统、转向系统、传动系统、制动系统、悬架系统等。二手车经销企业向最终用户提供售后服务时,应向其提供售后服务清单,且在提供售后服务的过程中,不得擅自增加未经客户同意的服务项目。二手车经销企业还应建立包括车辆基本资料、维护修理记录等售后服务技术档案。

根据《二手车流通管理办法》第二十三条规定,下列车辆禁止经销、买卖、拍卖和经纪:已报废或者达到国家强制报废标准的车辆;在抵押期间或者未经海关批准交易的海关监管车辆;在人民法院、人民检察院、行政执法部门依法查封、扣押期间的车辆;通过盗窃、抢劫、诈骗等违法犯罪手段获得的车辆;发动机号码、车辆识别代号或者车架号码与登记号码不相符,或者有凿改迹象的车辆;走私、非法拼(组)装的车辆;在本行政辖区以外的公安机关交通管理部门注册登记的车辆;国家法律、行政法规禁止经营的车辆。

对交易违法车辆的,二手车交易市场经营者和二手车经营主体应当承担连带赔偿责任和其他相应的法律责任。

二手车交易手续存在一定的复杂性,在购买二手车时消费者还需要注意以下事项:

(1)一定要查清楚机动车的行驶证、车辆登记证的真伪等;同时还要搞清楚卖车人是否为车主本人以及车辆身份。

（2）车辆购置税一定要检查一下原车的税单，有些车原来没有交过购置税，在过户后这些未交税、免交税的车辆会被要求补齐购置税，这可是一笔为数不少的支出，所以谁来补交的问题一定要确定。

（3）保险过户应及时办清手续，以免索赔时保险公司找借口不予理赔。

（4）被抵押车辆、被监管车辆是被禁止交易的。车辆信息可通过车管所查询。

（5）车辆交易后，必须签订买卖合同，同时办理过户手续。

二、二手车挑选要领

汽车性能包括动力性、经济性、制动性、平顺性、操纵稳定性、安全性、通过性、转向性能等。一辆质量好的车，应该是故障少、可靠性高、耐久性长，在正常情况下没有大的毛病，小毛病也少。挑选二手车时首先要选根据自己的经济实力，然后再确定所买的车型。要避免买一些冷门车、大排量车等。接下来就是进行二手车的挑选。

1. 外观检查

（1）从车前部向后看，整车是否端正，不正则说明出过事故。

（2）检查漆膜有无脱落、有无色差，可以通过太阳光的照射，看反射光是否均匀、平滑，可以判断出是否"做过漆"及车身是否有明显的磕碰痕迹。

（3）检查车身缝隙大小是否均匀或弯曲，装饰条是否平整或脱落。

（4）把车开到地沟上检查底盘是否有撞伤；转向器、传动系是否松动变形；汽油管、制动管是否漏油。

2. 机械性能检查

（1）打开发动机舱盖。首先看新、旧程度，识别漏油、漏水痕迹；拔出机油尺检查机油量和油质情况。

（2）起动发动机。检查在急速工作时运转是否平稳，有无杂音，然后连续踩几脚加速踏板，听有无"打缸"和其他异响。然后缓慢加速，观察发动机是否敏感，动力是否强劲。另外，最好在凉车时检查发动机，因为发动机的异常，在凉车时较容易发现。

3. 内饰检查

检查内装饰的新旧程度，内车顶、仪表盘是否更换过；检查内饰是否齐全和有效，空调、音响、喇叭、刮水器、各种灯光等的工作是否正常，因为这些都关系到最终成交价。最后您千万别忘记检查出厂日期、发动机号、底盘号与行驶证是否吻合。

4. 行驶检查

主要检查转向系统和制动系统。行驶中如发现跑偏则可能是以下原因造成：四轮定位需调整、胎压不均、动平衡不好、前梁撞过，前三项可以调整，如果是前梁撞过就很难再恢复了。行驶中检查离合器与挡位之间的配合是否良好；减振器在行驶中有无异常声音、减振效果是否良好。其次，制动系统的检查很重要。尽量在高速行驶中急踩制动踏板，检查是否跑偏。

总之，发动机的性能、制动的稳定、车架的好坏是决定二手车质量的重要因素。

三、二手车投资价值服务

1. 二手车投资环境分析

二手车交易是汽车流通业的重要组成部分，近年来在国外二手车交易与新车交易之比为1:1,汽车市场的发展需要一个循序渐进的过程,具有一定的规律:新车销售支撑现实市场,二手车交易、二手车置换实现并完成消费群体的新一轮循环,推动汽车市场向更高层次和水平发展。由于二手车以价位低、经济实用的特点吸引了大批有购车欲望的消费者,我国的二手车市场正处于导入期向成长期过渡的关键时期,一些大中城市,二手车交易异常活跃。

国内经济形势继续向好的方向发展,企业的效益好转,为汽车的需求、特别是二手车交易的扩展提供了基础保证;中央继续实施积极的财政政策,为汽车市场提供了一定的发展机遇;公路建设的快速发展,高速公路的通车里程大幅度增加,带动了汽车需求的扩张;《汽车产业发展政策》的颁布实施,鼓励二手车流通,培育和发展了二手车市场;《旧机动车鉴定估价师国家职业标准》的实行,保护了国家和消费者的合法权益,对二手车市场进行管理,一个规范有序的二手车市场逐渐形成;二手车交易形式的多样化为消费者提供了更多的选择面。同时人们消费观念的更新,轿车消费需求巨大;网络普及化程度的提高,电子商务公司介入到二手车交易中来,不仅起到了信息平台的作用,同时又能够解决实际问题,网上、网下交易相结合等,这些都为国内的二手车市场的发展提供了有力的保障,为二手车价值投资提供了良好的环境,二手车的投资价值显现。

二手车经营机构的服务从二手车的收购、销售、鉴定估价、寄售、代购代销、租赁、拍卖、检测维修、配件供应、二手车的置换等,到二手车办理车辆过户、转籍、上牌、车辆保险等相关服务逐步完善。

2. 二手车价格影响因素分析

随着二手车市场的迅速发展,在市场经济条件下,价格是一个非常重要的因素,它直接影响到企业产品的销售和利润,二手车价格的影响因素众多。

二手车收购定价的影响因素:车辆的总体价值(车辆实体的产品价值和各项手续的价值);二手车收购后应支出的费用,如养路费、停车费、保险费、管理费等;市场宏观、微观环境的变化;经营的需要;品牌的知名度和维修服务条件等。

二手车的销售定价影响因素:成本因素,产品成本是定价的最低界限,二手车的销售价格必须保证成本;供求关系,在市场经济中,产品的价格由买卖双方的相互作用来决定,以市场供求为前提,若供大于求价格会下降,若供小与求,价格会上涨;竞争状况,二手车的销售定价要考虑本地区同行竞争对手的价格状况,根据自己的市场地位和定价的目标,选择与竞争对手相同的价格甚至低于竞争对手的价格进行定价;国家的政策法令。

3. 二手车收购风险分析与防范

二手车收购过程中,环境的变化可能产生机会,也可能带来风险。二手车收购风险指给二手车销售带来的各种损失。二手车流通企业要生存和发展,必须加强收购中的风险管理,获取大的利润。因此及时发现并规避风险,可以降低收购成本、增加企业利润,最大限度地减少自己可能遭受的损失。

在二手车的收购上可以从以下几点考虑并进行风险防范。

(1)新车型的影响:大量的新车应用了新技术、新工艺,技术含量的提高使老车型贬值加快甚至淘汰。

(2)新车市场频繁降价、优惠促销等的影响。若某一车型最近有降价的可能时,则在收购时往往要考虑比正常的收购价要低。

（3）折旧加快的影响：从实际情况看，使用年限在 3 年以内的车辆折旧最高，往往要折旧到 40%～50%，其后进入稳定的低折旧期，接近 10 年又加快折旧。所以，收购 3 年以内的车，要考虑大幅折旧。

（4）排放标准提高的影响：越来越严格的排放要求将使老旧车加速淘汰。

（5）品牌知名度的影响：知名品牌汽车的市场保有量大、质量可靠而深受消费者青睐。知名度不高的品牌收购时，贬值的程度高，要考虑。

（6）二手车收购合法性的影响：要防止收购偷盗车辆、伪劣拼装车及伪造手续凭证、档案的车辆。

（7）宏观环境的影响：要密切关注国家有关二手车的政策与法规的变化，做到未雨绸缪，根据国家已有的和即将颁布的法律法规，预测二手车价格的可能变化趋势，及时调整收购价格。

四、二手车手续检查与过户转籍服务

1. 二手车的手续检查内容

二手车的手续是指机动车上路行驶，按照国家法规和地方法规应该办理的各种有效证件和应该缴纳的各项税费凭证。二手车的手续包括如下几种。

1）二手车来历凭证

二手车来历凭证是指经国家工商行政管理机关验证盖章的二手车交易发票。除此之外，还有因经济赔偿、财产分割等所有权转移，由人民法院出具的有法律效力的判决书、裁决书、调解书。

2）机动车行驶证

《机动车行驶证》是由公安车辆管理机关依法对机动车进行注册登记后核发的证件，它是机动车取得合法行驶权的凭证。机动车行驶证是机动车上路行驶必需的证件。机动车行驶证也是二手车过户、转籍必不可少的证件。

3）机动车号牌

机动车号牌是由公安车辆管理机关依法对机动车进行注册登记核发的号牌，它和机动车行驶证一同核发，其号码与行驶证应该一致。它是机动车取得合法行驶权的标志。

4）车辆购置税

车辆购置税的征收标准，是按车辆计税价的 10% 计征。在取消消费税后，它是购买汽车后最大的一项费用。

5）车船使用税

根据规定，凡在我国境内拥有并使用车船的单位和个人，为车船使用税的纳税义务人（不包括外商投资企业、外国企业和外国人）。车船拥有人与使用人不一致时，仍由拥有人负责缴纳税款。

6）汽车保险费

汽车保险的险种很多，自 2003 年 1 月 1 日起，全国绝大多数地区汽车保险的险种和费率不再统一,一辆汽车根据不同的使用者、不同的驾驶人员、不同的保险公司、不同的险种等,保险费差距很大,从数百元至数万元不等,对汽车的评估值有着一定的影响。

2. 二手车转籍

二手车交易后由于所有权发生变更,很多情况下需要进行转籍业务的办理。二手车的转籍登记包括车辆转入和车辆转出。

1)车辆转出

(1)嫌疑车辆调查:核对车辆发动机号、车架号有无凿改痕迹;与全国被盗机动车系统信息对比;符合全部资料,核对计算机登记系统信息;检验合格车辆在《流程单》上签章,对检验不合格车辆出具《退办单》。

(2)登记受理的机动车所有人应提交的资料:原机动车所有人和现机动车所有人的身份证明;发动机号、车架号码的拓印号;机动车号牌、《行驶证》、《机动车登记证》;车辆标准照片;机动车交易证明;《机动车过户、转出、转入登记申请表》等。

(3)收回旧牌照。

(4)资料审核,手续齐全的在《流程单》上签章,合法临时号牌。

(5)机动车所有人或代理人领取机动车档案。

2)车辆转入

车辆转入是指在外地登记注册的车辆办理转出手续后,持外地车辆管理所封装的档案在本市申领号牌和行驶证。

(1)外省市机动车转入本市,车主持车辆封装档案到车管所审核。

(2)属交易的车辆提供二手车交易凭证进行审核,使用年限已经达到或者不足一年的不办理转入手续。

(3)经审核符合规定的,按照新车初领牌证办理手续,登记日期按照原车管所发牌登记日记录,同时必须填写《机动车过户、转出、转入登记申请表》。

3. 二手车过户

(1)过户登记需出具的证明材料:现机动车所有人的身份证明;《机动车登记证书》;机动车来历凭证;《机动车行驶证》;机动车标准照片;按规定需要改变机动车登记编号的,还应交回机动车号牌。

(2)办理过户登记应符合的条件。属于交易车辆的应出具经国家工商行政管理部门盖章确认的机动车交易发票;属于财产分割、经济赔偿的应出具人民法院做出的具有法律效力的调解书、判决书、裁定书。

(3)过户登记内容见《机动车过户、转出、转入登记申请表》。

(4)过户登记的基本程序。车辆管理所自受理之日起3个工作日内,按照《机动车登记工作规范》的规定,审核资料、确认车辆,对超过检验周期的机动车进行安全检测。对符合规定的,在《机动车登记证书》上记载过户登记事项;对需要改变机动车登记编号的,确定机动车登记编号,收回原机动车号牌和《机动车行驶证》,重新核发《机动车行驶证》;对不需改编机动车登记编号的,收回《机动车行驶证》,重新核发《机动车行驶证》。

机动车过户、转出、转入登记申请表见表6-1。

机动车过户、转出、转入登记申请表 表6-1

机动车登记证书编号				号牌号码		
申请事项		□过户		□转出		□转入

现机动车所有人	姓名/名称				联系电话	
	住所地址				邮政编码	
	身份证明名称	号码			□常住人口 □暂住人口	
	居住/暂住证明名称			号码		

机动车	机动车使用性质	□公路客运 □公交客运 □出租客运 □租赁 □货运 □旅游客运 □非营运 □警用 □消防 □救护 □工程抢险 □营转非 □出租营转非
	机动车获得方式	□购买 □中奖 □仲裁裁决 □继承/赠与 □协议抵偿债务 □资产重组 □资产整体买卖 □调拨 □法院调解、裁定、判决
	机动车品牌型号	
	车辆识别代号/车架号	
	发动机号码	

相关资料	来历凭证	□销售/交易发票 □《调解书》 □《裁定书》 □《判决书》 □《仲裁裁决书》 □相关文书 □批准文件 □调拨证明 □权益转让证明书	
	其他	□《中华人民共和国海关监管车辆解除监管证明书》 □《协助执行通知书》□《公证书》□身份证明 □行驶证	现机动车所有人：

事项明细	转入地车辆管理所名称	车辆管理所

申请方式	□由现机动车所有人申请 □现机动车所有人委托_____代理申请	（个人签字/单位盖章） 年 月 日

代理人	姓名/名称				联系电话：	
	住所地址					
	身份证明名称	号码			代理人：	
	经办人	姓名				
		身份证明名称	号码			
		住所地址			（个人签字/单位盖章）	
		签字		年 月 日	年 月 日	

注：填表说明在背面（略）。

单元七

汽车其他专业服务

知识目标

1. 熟悉汽车保险的含义、要素、基本内容及汽车消费贷款的保证保险；

2. 熟悉汽车保险的业务流程；

3. 掌握机动车辆理赔程序；

4. 了解投保车辆的修理及零配件的定损原则；

5. 熟悉保险条款中的不赔责任、无赔偿款优待；

6. 熟悉汽车技术及贸易服务管理政策法规；

7. 了解汽车服务相关政策法规及汽车法律服务概况。

技能目标

1. 能进行汽车保险的费率计算；

2. 会办理汽车理赔业务；

3. 能为客户提供汽车信息资讯服务；

4. 对网络资源实施选择、整合及汽车相关信息的利用。

课题一 汽车保险服务

一、汽车保险概述

1. 汽车保险的含义

汽车保险是以汽车本身及其相关利益为保险标的的一种不定值财产保险。汽车保险是财产保险的一种,也称为机动车辆保险。

汽车保险一般包括基本险和附加险两部分。基本险又分为车辆损失险、机动车交通事故责任强制保险(简称交强险)和第三者责任险。

2. 汽车保险的职能和作用

1)汽车保险的职能

保险的基本职能就是组织经济损失的补偿和实现保险金的给付,同样也是机动车辆保险的基本职能。

汽车文明在给人类生活和交通带来便利的同时,也给人类带来了因汽车运输中的碰撞、倾覆等意外事故造成的财产损失和人身伤亡。机动车辆在使用过程中遭受自然灾害的风险和发生意外事故的概率较大,特别是在发生第三者责任的事故中,其损失赔偿是难以通过自我补偿的。

机动车辆使用过程中的各种风险及风险损失是难以通过对风险的避免、预防、分散、抑制以及风险自留就能解决的,必须或最好通过保险转嫁方式,将其中的风险及风险损失得以在全社会范围内分散和转移,以最大限度地抵御风险。汽车用户以缴纳保险费为条件,将自己可能遭受的风险成本全部或部分转嫁给保险人。机动车辆保险是一种重要的风险转嫁方式。机动车辆保险是现代社会处理风险的一种非常重要的手段,是风险转嫁中一种最重要、最有效的技术,是不可缺少的经济补偿制度。

2)汽车保险的作用

汽车保险的作用,主要是指汽车保险对单位、集体、家庭或个人所起的保障作用,是通过风险管理与财务处理手段所产生的经济效应。主要作用有:

(1)促进汽车工业的发展,扩大了对汽车的需求。汽车保险的出现,解除了企业与个人对使用汽车过程中可能出现的风险的担心,一定程度上提高消费者购买汽车的欲望,扩大了对汽车的需求。

(2)稳定了社会公共秩序。车辆所有者为了转嫁使用汽车带来的风险,愿意支付一定的保险费投保。在汽车出险后,从保险公司获得经济补偿。由此可以看出,开展汽车保险既有利于社会稳定,又有利于保障保险合同当事人的合法权益。

(3)促进了汽车安全性能的提高。汽车保险的保险人从自身和社会效益的角度出发,联合汽车生产厂家、汽车维修企业开展汽车事故原因的统计分析,研究汽车安全设计新技术,并为此投入大量的人力和财力,有利于促进汽车安全性能方面的提高。

3. 汽车保险的参与者

1)汽车保险人

汽车保险人是指经营汽车保险业务,收取保险费和保险事故发生后负责赔偿损失的机构法人,通常为保险公司。保险公司的设立必须符合法律法规的规定。在我国,申请设立保险公司必须符合我国《保险法》和《中华人民共和国公司法》的要求。

2)汽车投保人

汽车投保人是指对于汽车保险标的具有可保利益,并且与汽车保险人订立保险合同,按保险合同负有支付保险费义务的人,当投保人为自己的利益投保,且保险人接受其投保时,投保人就成了被保险人。

3)被保险人

被保险人是指其车辆等财产或者人身受保险合同保障,享有保险赔偿请求权的人。被保险人有一定的范围,由于对保险车辆的使用,可能是被保险人本人,也可能是被保险人以外的其他人,所以,机动车辆第三者责任险的所承保的被保险人,除了保险单中所注明的被保险人外,还包括被保险人允许的合格的驾驶员。

4)汽车保险中介人

汽车保险中介人是指介于保险人与投保人之间,专门从事汽车保险业务咨询与招揽、风险管理与安排、价值衡量与评估、损失鉴定与理赔等中介服务活动，并从中获取手续费或佣金的单位或个人。

二、汽车基本保险

汽车基本险包括车辆损失险、机动车交通事故责任强制保险（简称交强险）、第三者责任险，在我国境内的机动车辆必须投保交强险。

1. 车辆损失险

1）车辆损失险的概念

车辆损失险是指保险车辆遭受保险责任范围内的自然灾害或意外事故，造成保险车辆本身损失，保险人依照保险合同的规定给予赔偿。

被保险人或其允许的驾驶人是指被保险人本人以及经被保险人委派、雇用或认可的驾驶保险车辆的人员，且必须持有效驾驶证，并且所驾车辆与驾驶证规定的准驾车型相符；驾驶出租汽车或营业性客车的驾驶人还必须具备交通运输管理部门核发的许可证书或其他必备证书，否则仍认定为不合格。

2）车辆损失险的保险责任

被保险人或其允许的驾驶人在使用保险车辆过程中，因意外事故或自然灾害造成保险车辆的损失及合理的施救、保护费用由保险人负责赔偿。

3）车辆损失险的责任免除

保险车辆的下列损失和费用，保险人不负责赔偿：自然磨损、锈蚀、故障、轮胎单独损坏；玻璃单独破碎、无明显碰撞痕迹的车身划痕；人工直接供油、高温烘烤造成的损失；自燃以及不明原因引起火灾造成的损失；遭受保险责任范围内的损失后，未经必要修理继续使用，致使损失扩大的部分。

4）车辆损失险的保险金额

车辆损失险的保险金额，可以按投保时新车购置价或实际价值确定；也可以由被保险人与保险人协商确定，但保险金额不得超过保险价值，超过部分无效。

2. 机动车交通事故责任强制保险（简称交强险）

1）交强险的概念

交强险是指由保险公司对被保险机动车发生道路交通事故造成本车人员、被保险人以外的受害人的人身伤亡、财产损失，在责任限额内予以赔偿的强制性责任保险。该险种于2006年7月1日起在全国统一实行。未参加投保交强险的车辆，将无法在车管所登记，也无法通过车辆年检；违规上路的，公安机关交通管理部门将扣留车辆，并通知机动车所有人或管理人按规定投保，还要处以应缴纳保费的2倍罚款。

2）交强险的保险责任及赔偿限额

已投保交强险的机动车发生交通事故造成人身伤亡、财产损失的，由保险公司在交强险责任限额范围内予以赔偿。在12.2万元总的责任限额下，实行分项限额，即死亡伤残赔偿限额11000元、医疗费用赔偿限额10000元、财产损失赔偿限额2000元。

被保险人在道路交通事故中无责任的，赔偿限额分别按照上述限额的20%计算。即死亡伤残赔偿限额为11000元；医疗费赔偿限额为1000元；财产损失赔偿限额为100元。

3）交强险的责任免除

下列损失和费用,交强险不负责赔偿和垫付:

（1）因受害人故意造成的交通事故的损失;

（2）被保险人所有的财产及被保险机动车上的财产遭受的损失;

（3）被保险机动车发生交通事故,致使受害人停业、停驶、停电、停水、停气、停产、通信或者网络中断、数据丢失、电压变化等造成的损失以及受害人财产因市场价格变动造成的贬值、修理后因价值降低造成的损失等其他各种间接损失;

（4）因交通事故产生的仲裁或者诉讼费用以及其他相关费用。

4）交强险的垫付与追偿

有下列情形之一的,保险公司在机动车交通事故责任强制保险责任限额范围内垫付抢救费用,并有权向致害人追偿:

（1）驾驶人未取得驾驶资格或者醉酒的;

（2）被保险机动车被盗抢期间肇事的;

（3）被保险人故意制造道路交通事故的。

3. 第三者责任险

1）第三者责任险的概念

第三者责任险是指保险车辆因意外事故,致使他人遭受人身伤亡或财产的直接损失,保险人依照保险合同的规定给予赔偿。对该险种,世界上绝大部分国家采用强制保险,这是为了保护无辜的受害者的利益。在我国该险种 2006 年 7 月 1 日之前强制实施,2006 年 7 月 1 日之后必须在投保了交强险后有选择投保。

2）第三者责任险的保险责任

第三者责任险的保险责任包括:被保险人或其允许的合格驾驶员在使用保险车辆过程中发生意外事故,致使第三者遭受人身伤亡或财产的直接损毁,依法应当由被保险人支付的赔偿金额,保险人依照《道路交通事故处理办法》和保险合同的规定给予赔偿。但因事故产生的善后工作,由被保险人负责处理。

3）第三者责任险的责任免除

（1）被保险人或其允许的驾驶员所有或代管的财产。

（2）私有、个人承包车辆的被保险人或其允许的驾驶员及其家庭成员,以及他们所有或代管的财产。

（3）本车上的一切人员和财产。

4）第三者责任险的赔偿限额

第三者责任险的赔偿限额是保险人计算保险费的依据,同时也是保险人承担第三者责任险每次事故赔偿的最高限额,它按每次事故最高赔偿限额的确定方式。第三者责任险的每次事故最高赔偿限额应根据不同车辆种类选择确定:对摩托车、拖拉机第三者责任险的赔偿限额分为 4 个档次:2 万元、5 万元、10 万元、20 万元;对摩托车、拖拉机以外的机动车辆第三者责任险的赔偿限额分为 8 个档次:5 万元、10 万元、15 万元、20 万元、30 万元、50 万元、100 万元、100 万元以上,且最高不超过 5000 万元;挂车投保后与主车视为一体。

4. 交强险与第三者责任险的异同

交强险与第三者责任保险（即三责险）在保险种类上属于同一个险种,都是保障道路交通事故中第三方受害人获得及时有效赔偿的险种。只不过交强险是法定强制性的,实际上可叫作"强制三责险",而过去的三责险是商业性的。

机动车三责险具有很强的公益性,车主投保了三责险后,一旦发生交通事故,将由保险公司向受害第三方提供赔偿,这对保障公民合法权益、维护社会稳定具有重要意义。2004年5月1日起实施的《中华人民共和国道路交通安全法》首次提出,"建立机动车第三者责任强制保险制度,设立道路交通事故社会救助基金"。2006年3月21日,国务院颁布了《机动车交通事故责任强制保险条例》,强制三责险从此更名为交强险,2006年7月1日起这项制度已正式实施,2012年3月30日又进行了修订。

尽管保险种类是一样的,但交强险与商业三责险在赔偿原则、赔偿范围等方面存在着本质的区别。

(1)商业三责险采取的是过错责任原则,即保险公司根据被保险人在交通事故中所承担的事故责任来确定其赔偿责任。而交强险实行的是"无过错责任"原则,即无论被保险人是否在交通事故中负有责任,保险公司均将在6万元责任限额内予以赔偿。

(2)出于有效控制风险的考虑,商业三责险规定了较多的责任免除事项和免赔率(额)。而交强险的保险责任几乎涵盖了所有道路交通风险,且不设免赔率和免赔额,其保障范围远远大于商业三责险。

(3)商业三责险是以盈利为目的,属于商业保险业务。而交强险不以盈利为目的,各公司从事交强险业务将实行与其他商业保险业务分开管理、单独核算,无论盈亏,均不参与公司的利益分配,公司实际上起了一个代办的角色。

(4)目前各保险公司商业三责险的条款费率相互存在差异,并设有5万元、10万元、20万元乃至100万元以上等不同档次的责任限额。而交强险的责任限额全国统一定为12.2万元,并在全国范围内执行统一保险条款和基础费率。

消费者如果认为12.2万元交强险不能满足自身的保障需求,可以通过自愿购买商业三责险的方式解决。

三、汽车附加保险

在中国境内行驶的机动车辆可以选择投保附加险。汽车附加险不能独立投保,在投保了车辆损失险的基础上,方可投保全车盗抢险、玻璃单独破损险、车辆停驶损失险、自燃损失险和新增设备损失险。在投保了交强险的基础上,方可投保车上责任险、无过失责任险和车上货物掉落责任险。附加险条款与基本险条款相抵触之处,以附加险条款为准。未尽之处,以基本险条款为准。

1. 全车盗抢险

保险车辆全车被盗窃、被抢夺、被抢劫,经县以上公安刑事侦察部门立案证实,满3个月未查明下落时,保险人按保险车辆的实际价值或者依照保险合同规定的限额负责赔偿。

2. 车上责任险

投保了该保险的机动车辆使用过程中,发生意外事故致使保险车辆上所载货物遭受直接损失和车上人员的人身伤亡,依法由被保险人承担的经济赔偿责任,被保险人为减少损失而支付的必要的施救、保护费用,保险人在保险单所载明的该保险赔偿限额内计算赔偿。

3. 无过失责任险

投保了该保险的机动车辆使用过程中,因与非机动车辆、行人发生交通事故,造成对方人员伤亡和财产直接损毁,保险车辆一方无过失,且被保险人拒绝赔偿无果,对被保险人已经支付给对方无法追回的费用,保险人按照《道路交通事故处理办法》和出险当地的道路交通事故处理规定标准,在保险单内所载明的该保险赔偿限额内计算赔偿。

4. 车上货物掉落责任险

投保了该保险的机动车辆使用过程中,所载货物从车上掉落致使第三者遭受人身伤亡或者财产的直接损毁,依法由被保险人承担的经济赔偿责任,保险人在保险单所载明的该保险赔偿限额内计算赔偿。

5. 玻璃单独破损险

投保了该保险的机动车辆使用过程中,发生车辆玻璃单独破碎,保险人按实际损失计算赔偿。

6. 车辆停驶损失险

投保了该保险的车辆使用过程中,因发生基本条款所列的事故,造成车身损毁、致使车辆停驶,保险人按部分损失、全车损毁的规定按保险单所载明的该保险赔偿限额内计算赔偿。

7. 自燃损失险

投保了该保险的机动车辆使用过程中,保险车辆因电器、线路、供油系统发生故障及货物自身原因起火燃烧,造成保险车辆损失,以及被保险人在发生本保险事故时,为减少保险车辆损失所支出的必要的合理的施救费用,保险人在保险单所载明的该保险金额内,按保险车辆的实际损失计算赔偿。

8. 新增设备损失险

投保了该保险的机动车辆在使用过程中,发生了基本保险条款所列的保险事故,造成车辆新增加设备的直接损毁,保险人在保险单所载明的该保险金额内,按保险车辆的实际损失计算赔偿。

四、汽车保险的操作

凡经公安部门检验合格、核发行驶证和牌照的车辆均可投保。被保险人要如实提供车型、牌照、发动机号、吨(座)位及使用性质等有关事项。在正式投保之前,首先应该全面了解要投保车辆的基本情况,如:车辆使用性质、使用年限、行驶证号、牌照号码、发动机号码等,以便在投保时填写投保单。未领取正式牌照前,凭购车发票购买保险期限为 30 天的《机动车辆提车暂保单》,在领取正式牌照后购买保险,程序如下。

1. 购买暂保单

新车购买后,可凭购车发票购买保险期为 30 天的暂保单,在领取正式牌照后再购买正式保险。

2. 选择投保项目

交强险属于非投不可的险种。除此之外,投保险种越多,所能得到的保障就越全面,但所需保费也越多,车主可根据具体需要及缴费能力确定投保项目。由于许多附加险依附于基本险,故需首先投保相应的基本险才能投保。如果投保的车属中高档型,除投两个主险外,还应投全车盗抢险、车上责任险、玻璃单独破碎险和不计免赔特约险;如果你的车属低档型,有些险种对自己影响不大可以不保,比如新增设备损失险。如果投保的车只保留了出厂新车原有各项设备而未新增加设备或设施,就不必购买该项附加险。

确定投保险种后,务必认真读懂对应保险条款内容,明确责、权、利,对认为模糊或读不懂的内容和字句,请保险公司解释和确认。同时应特别注意,保险条款有的属于全国统一执行,有的在此基础上当地另有补充规定,具体执行和解释权在当地保险公司,这些也要一并了解和确认。

3. 填写投保单

车主应根据填写要求,逐栏详细、真实地填写投保单。如投保车辆较多,投保单容纳不下则要填写投保单附表。填写时字迹应清楚,如有涂改,应签章于涂改更正处。

4. 审核投保单

保险公司收到投保人填写的投保单及附表后,应结合投保车的有关证明详细审核,并会同投保人验查投保车,若有疑问可向投保人提出并得到合理解释。对投保单填写有误或有遗漏,保险公司应提出更正。当投保金额低于购置价值时,保险公司会向投保人明确赔偿标准及计算依据。

5. 保险费的核定

计算保险费时,首先应核定保险费率。此项工作由保险公司根据投保车种类和使用性质核定。

6. 签订保险单及凭证

保险公司经审核、计费后,填写并向车主出具保单。机动车保险单是保险公司与车主签订的保险合同凭证,具有法律效力。保险单一式三份,一份正本交车主,两份副本保险公司存留。机动车辆保险凭证是机动车参加保险的凭证,应由车主或驾驶员随身携带。二证均是向保险公司索赔的依据。二证签订核对后,填写签订日期,并签章生效。

7. 缴纳保险费

在签订保险单及保险证的同时,车主要缴纳保险费,并开具收据或付款委托书,办理财务手续。

五、汽车保险的费率

1. 汽车保险费率的概念

保险费率:依照保险金额计算保险费的比例,通常以千分率(‰)来表示。

保险金额:简称保额,保险合同双方当事人约定的保险人于保险事故发生后应赔偿(给付)保险金的限额,它是保险人据以计算保险费的基础。

保险费:简称保费,是投保人参加保险时所交付给保险人的费用。

2. 基本险和附加险保费的计算方法

1)车辆损失险的保费计算

按照投保人类别、车辆用途、座位数/吨位数、车辆使用年限、新车购置价所属档次查找基础保费和费率。

保费＝基础保费＋（实际新车购置价－新车购置价所属档次的起点）×费率

以家庭自用汽车为例，表7-1中横栏第一行为新车购置价档次，共分5个档次:5万元以下、5万~10万元,10万~15万元、15万~20万元、20万~30万元。每个档次对应的基础保费是该档次的最低保费（档次起点对应的保费），费率是实际新车购置价与档次起点的差额部分的费率。

家庭自用汽车损失保险费率表（局部）   表7-1

座位/吨位	车龄	5万元以下		5万~10万元		10万~15万元		15万~20万元		20万~30万元	
		基础保费（元）	费率（%）	基础保费（元）	费率（%）	基础保费（元）	费率（%）	基础保费（元）	费率（%）	基础保费（元）	费率（%）
6座以下	1 年以下	449	0.516	707	1.116	1265	0.989	1759	0.985	2252	1.079
	1~2 年	483	0.555	761	1.202	1361	1.064	1894	1.06	2423	1.162
	2~3 年	478	0.550	753	1.190	1348	1.054	1875	1.049	2400	1.150
	3~4 年	453	0.521	713	1.126	1276	0.997	1775	0.993	2271	1.089
	4~5 年	432	0.496	680	1.074	1217	0.951	1692	0.947	2166	1.038
	5~6 年	422	0.485	665	1.050	1190	0.930	1655	0.926	2118	1.015
	6~7 年	417	0.479	656	1.037	1175	0.918	1634	0.915	2091	1.003
	7~8 年	411	0.473	648	1.024	1160	0.907	1613	0.903	2065	0.990
	8~9 年	408	0.469	642	1.015	1150	0.899	1599	0.895	2047	0.981
	9 年以上	404	0.465	637	1.006	1140	0.891	1586	0.887	2029	0.973

保费的计算方法举例说明如下:

例 7-1 假定某投保车辆的车龄为 4~5 年,新车购置价为 20 万元,则其所属的新车购置价档次为 20 万~30 万元档（档次分段含起点不含终点）,在费率表7-1 上查得对应的基础保费就是 2166 元,而实际新车购置价恰好为档次的起点（20 万元）,则该车辆的保费 2166 元。

例 7-2 假定另一投保车辆的车龄为 4~5 年,新车购置价为 25 万元,则其所属的新车购置价档次同样为 20 万~30 万元档;在费率表上查得对应的基础保费为 2166 元,费率为 1.038%;保费＝2166＋（25－20）×1.038%＝2685 元。

如果投保人选择不足额投保,即保额小于新车购置价,保费应作相应调整,计算公式为:

保费＝（0.05＋0.95×保额/新车购置价）×足额投保时的标准保费

36 座以上营运客车新车购置价低于 20 万元的,按照 20~36 座营运客车对应档次的保险费计收;

挂车保险费按同吨位货车对应档次保险费的 50% 计收。

2）第三者责任险的保费计算

（1）按照投保人类别、车辆用途、座位数/吨位数、车辆使用年限、责任限额直接查找保费;

（2）挂车保险费按 2t 以下载货汽车计收（责任限额统一为 5 万元）。

3）附加险的保费计算

（1）全车盗抢险。按照投保人类别、车辆用途、座位数、车辆使用年限查找基础保费和费率。

$$保费 = 基础保费 + 保额 \times 费率$$

（2）车上人员责任险。按照投保人类别、车辆用途、座位数、投保方式查找费率。

$$保费 = 单座责任限额 \times 投保座位数 \times 费率$$

注意：如果责任限额为100万元以上，则

$$保险费 = A + A \times N \times (0.034 - 0.0013 \times N)$$

式中：A——指同档次限额为100万元的第三者险保费；

$N = （限额 - 100万）/50万元$，限额必须是50万元的倍数，且不得超过1 000万元。

（3）车上货物责任险。按照责任限额，分营业用、非营业用查找费率。车上货物责任险的最低责任限额为人民币20 000元。

$$保费 = 基础保费 + （责任限额 - 20\,000） \times 费率$$

（4）玻璃单独破碎险。按客车、货车、座位数、投保进口/国产玻璃查找费率。

$$保费 = 新车购置价 \times 费率$$

（5）不计免赔特约条款。

保费 = 适用本条款的所有险种应收保费之和（不含无赔款优待以及风险修正）×20%

（6）火灾、自燃、爆炸损失险。实行0.6%的固定费率。

$$保费 = 保险金额 \times 费率$$

如果单保自燃险，固定费率为0.4%。

$$保费 = 保险金额 \times 费率$$

（7）车身划痕损失险。按新车购置价所属档次直接查找保费。

（8）停驶损失险。实行10%的固定费率。

$$保费 = 约定的最高赔偿天数 \times 约定的最高日责任限额 \times 费率$$

（9）无过失责任险。无过失责任险的最高责任限额为50000元人民币。基础保费为50元，费率为0.5%。

$$保费 = 基础保费 + 责任限额 \times 费率$$

（10）救助特约条款。只有购买了车辆损失险之后才能购买本附加险。实行固定保费，无须计算，保费为150元人民币。

六、汽车消费贷款的保证保险

近几年来，个人大宗消费对象——汽车，越来越多地通过汽车消费贷款业务走入千家万户。银行为了有效化解风险，对保险公司提供的机动车消费贷款保证保险需求大幅提高。

随着汽车消费贷款业务的迅速增长及市场规模的扩大，贷款风险问题已成为商业银行日益重视的一个课题。为此，汽车消费贷款保证保险的推出，是帮助银行有效锁定风险，为保险公司创造新的效益增长点，使贷款购车居民方便借款，得以尽享金融便利服务的一件好事。

1. 基本概念

（1）投保人：汽车消费贷款投保人指根据中国人民银行《汽车消费贷款管理办法》规定，与被保险人订立《汽车消费贷款合同》，以贷款购买汽车的中国公民、企业、事业单位法人。

（2）被保险人：汽车消费贷款被保险人指为投保人提供贷款的国有商业银行或经中国人民银行批准经营汽车消费贷款业务的其他金融机构。

（3）保险责任事故：投保人逾期未能按《汽车消费贷款合同》规定的期限偿还欠款满1个月的，视为保险责任事故发生。

保险责任事故发生后6个月，投保人不能履行规定的还款责任，保险人负责偿还投保人的欠款。

2. 保险期限和保险金额

（1）汽车消费贷款保险期限是从投保人获得贷款之日起，至付清最后一笔贷款之日止，但最长不得超过《汽车消费贷款合同》规定的最后还款日后的1个月。

（2）汽车消费贷款保险金额为投保人的贷款金额（不含利息、罚息及违约金）。

3. 相关方义务

（1）投保人义务。投保人必须在本合同生效前，履行以下义务：

①一次性缴清全部保费；

②必须依法办理抵押物登记；

③必须按中国人民银行《汽车消费贷款管理办法》的规定，为抵押车辆办理车辆损失险、第三者责任险、盗抢险、自燃险等保险，且保险期限至少比汽车消费贷款期限长6个月，不得中断或中途退保。

（2）被保险人义务：

①被保险人发放汽车消费贷款对象必须为贷款购车的最终用户。

②被保险人应按中国人民银行《汽车消费贷款管理办法》严格审查投保人的资信情况，在确认其资信良好的情况下，方可同意向其贷款。

资信审查时应向投保人收取以下证明文件，并将其复印件提供给保险人，内容包括：个人的身份证及户籍证明原件，工作单位人事及工资证明或居委会出具的长期居住证明；法人的营业执照、税务资信证明等。

③被保险人应严格遵守国家法律、法规，做好欠款的催收工作和催收记录。

④被保险人与投保人所签订的《汽车消费贷款合同》内容如有变动，须事先征得保险人的书面同意。

⑤被保险人在获得保险赔偿的同时，应将其有关追偿权益书面转让给保险人，并协助保险人向投保人追偿欠款。

⑥被保险人不履行上述规定的各项义务，保险人有权解除保险合同或不承担赔偿责任。

4. 赔偿处理

（1）当发生保险责任范围内事故时，被保险人应立即书面通知保险人，如属刑事案件，应同时向公安机关报案。

（2）被保险人索赔时应先行处理抵押物抵减欠款，抵减欠款不足部分由保险人按本条款赔偿办法予以赔偿。被保险人索赔时如不能处分抵押物，应向保险人依法转让抵押物的抵押权，并对投保人提起法律诉讼。

（3）被保险人索赔时，应向保险人提供以下有效单证：

①索赔申请书；

②汽车消费贷款保证保险和汽车保险保单正本；

③《汽车消费贷款合同》（副本）。

课题二　汽车理赔服务

一、机动车辆理赔程序

当车辆发生交通事故后，应及时向事故发生地公安交通管理部门报案，同时通知车辆投保的保险公司，填写《出险通知书》，保护好第一现场，采取合理的施救措施，协助保险理赔人员查检出险车辆。

当发生了保险合同约定的保险事故后，被保险人应按照下述步骤办理索赔：

1. 通知保险公司

保险事故发生后，被保险人应将保险事故发生的时间、地点、原因及造成的损失情况及保险单证号码、保险标的，保险险种险别，保险期限等事项，以最快的方式通知保险公司。如果保险标的在异地出现受损，被保险人应向原保险公司及其在出险当地的分支机构或代理人报案。在保险公司抵达出险现场之前，被保险人应采取必要的抢救措施，并对受损的保险标的进行必要的整理。对于火灾或机动车辆出险，被保险人在出险现场应服从消防部门或公安交通部门的现场指挥。

2. 接受保险公司检验

被保险人应接受保险公司或其委托的其他人员（如保险代理人、检验机关）在出险现场检验受损的保险标的，并提供各种方便，以保证保险公司及时准确地查明事故原因，确认损害程度和损失数额。

3. 提出索赔申请并提供索赔单证

被保险人应根据有关法律规定和保险合同，向保险公司提出索赔申请并提供相应的索赔单证。

1）机动车辆事故

机动车辆事故索赔一般应提供如下单证：保险单；出险通知书；保险车辆事故证明、责任认定书；有关修理费用及施救费用的发票及其清单；涉及第三者财产损失、人员伤亡的还要提供事故调解书和有关费用单据；对部分案件，保险公司还会要求提供驾驶员驾驶证复印件和身份证复印件。

索赔时，属单方责任事故，没有人员伤亡的，应提供：出险通知书（盖章或签字）；出险证明（公安交通管理部门盖章）；修车发票原始件；修理、更换部件清单；其他必要的证明或费用收据原件。

如果涉及车损和人员伤亡事故的，除以上证明外，还应提供：伤者诊断证明（县级（含）以上医院）；残疾者评残法医鉴定证明；死亡者死亡证明；抢救治疗费收据；事故责任认定书、调解书；伤亡者工资收入证明、家庭情况证明（派出所盖章）；保险公司针对特殊情况要求的其他证明等。

2)机动车辆丢失

发生机动车辆丢失案件时,被保险人应及时向出险地公安部门报案,并在出险 24 小时内向保险公司递交"出险通知书"。

车辆被盗后三个月内公安部门仍未破获案件,被保险人向保险公司提出索赔申请,索赔时要提供以下材料:保险单正本;保险证;出险通知书;出险地及本市公安部门出具的机动车辆被盗证明;车辆行驶证;购置附加缴费凭证、购车原始发票;市城市建设部门开出的《存取机动车辆停驶凭证》收据;车辆全套钥匙、权益转让书;如果有被随车被盗或被公安部门扣留,应由公安部门在有关证明上注明,被保险人如能提供相应收据,索赔时应一起交给保险公司。

4. 领取保险赔款

(1)接到领取赔款通知后,被保险人应尽快领取保险赔款,赔款超出 3 个月不领,保险公司视为放弃领取。

(2)领取赔款时,法人团体要在权益转让书及赔款收据上盖章,个人要在权益转让书及赔款收据上签字。

5. 怎样计算赔款金额

保险车辆在保险期内发生事故,造成车辆损失或需承担第三者责任时,分别按不同情况根据保险条款中的有关规定计算赔款金额。

(1)保险车辆若发生全部损失,且保险金额等于或低于出险当时的实际价值,按保险金额计算赔偿。

即

$$赔款 = (保险金额 - 残值) \times (事故责任比例) \times (1 - 免赔率)$$

当保险金额高于出险时的实际价值,按出险时的实际价值计算赔偿。

即

$$赔款 = (实际价值 - 残值) \times (事故责任比例) \times (1 - 免赔率)$$

(2)保险车辆若发生部分损失,当保险金额达到出险当时的保险价值,按实际修复费用赔偿。

即

$$赔款 = (实际修复费用 - 残值) \times (事故责任比例) \times (1 - 免赔率)$$

当保险金额低于保险价值,发生部分损失按保险金额与投保时的保险价值比例计算赔偿费用。

即

$$赔款 = (实际修复费用 - 残值) \times (事故责任比例) \times$$
$$(保险金额/保险价值) \times (1 - 免赔率)$$

(3)保险车辆发生第三者责任事故,根据保险单载明的保险金额核定赔偿限额。

当被保险人应付赔偿金额超过赔偿限额时:

$$赔款 = 赔偿限额 \times (1 - 免赔率)$$

当被保险人应付赔偿金额低于赔偿限额时:

$$赔款 = 应付赔偿金额 \times (1 - 免赔率)$$

二、投保车辆的修理

机动车辆在正常使用中或发生事故后，往往需要进行更换配件或修理后，才能正常使用。用于更换配件或修理以保持车辆正常运行的开支即为投保车辆的维修成本，也就是维修价格。维修成本一般由配件材料费、修理工时费和其他费用（外加工费等）组成。

1. 事故车辆维修定损的基本原则

机动车辆发生保险事故后，造成了本车损失或者第三者车损的，在确认属保险责任而需修理时，保险公司的理赔人员应该从信守保险合同、维护公司信誉的角度对事故车辆做出准确、合理的定损。定损中除了坚持事故车辆以修复为主的基本原则外，还应坚持以下几个原则：

（1）修理范围仅限于本次事故造成的车辆损失；

（2）能修复的零配件尽量修复，不要随便更换；

（3）能局部修复的不能扩大到整体修复；

（4）能更换零件的不能更换总成；

（5）修理工时费的确定根据修复工艺及当地的工时费标准确定；

（6）配件价格实行报价中心的报价核价管理；

（7）所有配件的残值应折价给被保险人，并在赔款中扣除。

2. 事故车辆修理范围的界定及定损方法

1）投保车辆的修理范围的界定

在对事故车辆进行定损核价之前，要做到准确、合理、符合事故车辆的定损原则，必须先弄清事故车辆的修理范围。

（1）界定事故损失和自然损失。凡是车损险，保险公司只能承担条款所载明的保险责任所致事故损失的经济赔偿。机械故障、轮胎爆裂以及部分零件的老化、锈蚀等责任免除列明的不在赔偿范围之内。但因这些原因发生责任范围内的事故，对发生事故造成的损失可以负责赔偿，非事故损失不予赔偿。

（2）界定新旧碰撞损失。界定属于本次事故造成损失的部位，一般应在"新"上做文章，即有新脱落的漆皮痕迹和新的金属刮痕。非本次事故造成的损失，碰刮处有油污、锈迹和灰尘。这部分主要是事故小，赔偿后未及时修复的损失，修复中再次出险造成的损失，如在修复中尚未喷油漆又发生碰撞的，上次已定损部位的油漆工料费应在本次事故中扣除。

（3）界定事故接触部位损失。事故发生后，损失一般集中在接触部位及其周围，非接触部位一般不会造成损失，如果有损失，一定要分析事故成因及事故经过，反复斟酌后予以界定。界定事故接触部位损失一定要了解和熟悉出险车辆的结构及性能，以便准确确定接触部位的损失。

2）事故车辆的定损方法

事故车辆一般采用分解估损的方法。即将车辆的受损部位逐个分解，确定是修复还是更换，然后根据有关依据定价，确定修理价格。现根据车辆组成部分，对车辆定损估价方法简介如下：

（1）全部损失的定损。车身全部损失予以更换，全部损失的界定标准定为实际价值即残值,残值的确定可以与被保险人协商,残值一般不低于该部件实际进价的20%。

(2)部分损失的定损。部分损失按损坏部位的面积及损坏加工的难易程度占整体修复费用的比例计算。

$$整体损坏的工时费 = 整体损坏的修理定额工时 \times 工时费$$

$$部分损坏的工时费 = 整体损坏的工时费 \times 损坏比例(\%)$$

损坏比例根据损坏面积和损坏加工难易程度确定。

(3)车身油漆定损。

$$整体损坏的工时费 = 车身需做喷涂油漆面积 \times 单位喷涂油漆面积工时费$$

三、不赔责任、无赔偿款优待

1. 不赔责任

商业保险并非有险必保,也并非有保必赔。要想获得保险公司的赔偿,所发生的保险事故必须是保险合同约定责任范围内的事故,超出保险合同约定的责任范围,保险公司不承担赔偿或给付保险金责任。车主必须仔细阅读有关保险公司不赔付的内容,有针对性地避免无保障的风险。下面列举一些常见的不赔付情况,其他事项请参见《机动车保险条款》。

(1)酒后、吸毒、药物麻醉所致车辆损失和第三者伤亡;

(2)无证驾车或超出准驾车型;

(3)第三者责任险拒绝支付投保户与第三者私下协定的赔偿金额;

(4)逾时报案,报案不实;

(5)投保车辆发生转卖、赠送他人、变更用途、增加危险程度而未办理批改手续;

(6)发生事故,未报保险公司备案;

(7)新车保险单生效日以交通管理部门核发的行驶证和号牌日期为准,如果在行驶证和号牌尚未领到时,车辆被盗或发生交通事故,保险公司仍旧不予赔偿。

2. 无赔款优待

无赔款优待是指如果保险车辆在上一年保险期间内没有发生赔款且车辆所有权未发生转移,则被保险人在续保时可以享受无赔款优待,减收保险费,优待金额为本年度保险险种应交保险费的10%。在计算无赔款优待时,按照机动车辆保险条款的要求进行计算:

(1)被保险人投保车辆不止一辆的无赔款优待分别按车辆计算。

(2)上年度无赔款的机动车辆,如果续保的险种与上年度不完全相同,无赔款优待则以险种相同部分为计算基础;如果续保的险种与上年度相同,但投保金额不同,无赔款优待则以本年度保险金额对应的应交保险费为计算基础。

(3)不论保险车辆连续几年无事故,无赔款优待金额一律为应交保险费的10%。

发生事故后到续保时案件未决,不能给予无赔款优待,但事故经交警部门处理后,保户没有责任,保险公司不需赔款,则可补给无赔款优待。

四、汽车零配件的定损原则

由于近年来,汽车整车价格以及零配件的销售价格不稳定,特别是进口汽车的整车的价格和配件价格不统一,且变化幅度大。因此保险金额也不一致,这样,就给保险车出事故后的定损、理赔工作带来了很大困难。另外,由于没有统一的配件价格标准,所以理赔人员在定损时的尺度很难掌握,有时同样的车损,但保险金额差别很大,而部分损失赔偿时却一样对待,即使以比例赔偿,其差别也较大。为了解决这些实际问题,对于汽车零部件费用的计算方法一般用零配件价值占全车价值的比例计算方法。

零配件理赔定损应注意以下几点:

(1)百分比率表是根据不论全车及配件价值怎样变化,而两者之间的比值基本不变这一原则制定的。

(2)百分比率表是根据同期车价(计划价)和配件(计划价)计算出配件占全车保险金额百分之多少。全车为100%,损毁件占全车的百分率是多少,以此赔偿计算损毁件占全车保险金额百分之多少,即以百分率乘以保险金额即为损毁件比例赔偿金额。如果市场现行价超过以此法计算出的价值时,以计算金额赔付;如低于计算比例金额时,按现行价赔付,即以什么价值保的就以什么价值赔的精神赔付。

课题三　汽车相关法律服务

一、汽车技术服务管理政策法规

汽车技术服务管理是指交通部、国家工商行政管理局等主管部门根据国家有关法律、法规对汽车技术服务行业进行行业准入、质量控制、市场监督的外部行为。汽车技术服务是汽车处于完好技术状况和工作能力的保障,具有技术性强、工艺复杂与安全密切相关等特点,目前已经制定了《机动车维修管理规定》、《汽车运输业车辆技术管理规定》、《汽车运输业车辆综合性能检测站管理办法》等政策法规(见表7-2)。

汽车技术服务管理政策法规　　　　　　　　　　　　表7-2

法律法规名称	发布部门	实施时间	适用场合范围	主　要　目　的
机动车维修管理规定	交通运输部	2016年4月19日	机动车维护、修理以及维修救援等相关经营活动	规范机动车维修经营活动,维护机动车维修市场秩序,保护机动车维修各方当事人的合法权益,保障机动车运行安全,保护环境,节约能源,促进机动车维修业的健康发展
机动车维修管理规定	交通部	2005年8月1日	机动车维护、修理以及维修救援等相关经营活动	规范机动车维修经营活动,维护机动车维修市场秩序,保护机动车维修各方当事人的合法权益,保障机动车运行安全,保护环境,节约能源,促进机动车维修业的健康发展
汽车运输业车辆技术管理规定	交通部	1990年10月1日	汽车运输业运输车辆	加强汽车运输业车辆的技术管理,保持运输车辆技术状况良好,保证安全生产,充分发挥运输车辆效能和降低运行消耗
汽车运输业车辆综合性能检测站管理办法	交通部	1991年10月1日	汽车运输车辆综合性能检测站	加强车辆综合性能检测站的管理

二、汽车贸易管理政策法规

(一)汽车金融政策

加入 WTO 后,我国已陆续出台了有关汽车金融信贷领域的相关政策法规,极大地促进了汽车消费信贷和汽车工业的发展,这些政策法规如下。

1.《汽车金融公司管理办法》

《汽车金融公司管理办法》是经国务院批准,由中国银行业监督管理委员会颁布,于 2008 年 1 月 24 日起正式实施。

《汽车金融公司管理办法》对汽车金融公司的功能定位、出资人资格要求、机构的设立、变更与终止及业务规范等方面提出了监督管理要求,并对违规经营的行为做出了具体处罚规定。其主要内容为:

1)汽车金融公司的设立、变更与终止

设立汽车金融公司应当经中国银行业监督管理委员会批准。出资设立汽车金融公司,注册资本的最低限额为 5 亿元人民币或等值的自由兑换货币。

所设立的汽车金融公司应具备的条件主要包括:注册资本最低限额为 5 亿元人民币或等值的自由兑换货币;具有符合《公司法》等相关法律和《汽车金融公司管理办法》要求的章程;具有熟悉汽车融资及相关业务的高级管理人员;具有健全的组织结构、管理制度和风险控制制度;具有与业务经营相适应的营业场所、安全防范措施和其他设施等条件。

《汽车金融公司管理办法》还规定了汽车金融公司在筹建、开业、经营过程中应提交的文件和应具备的基本组织机构、人力资源等。

2)汽车金融公司的业务范围和监督管理

汽车金融公司可从事下列部分或全部人民币业务:接受境内股东单位 3 个月以上期限的存款;提供购车贷款业务;办理汽车经销商采购车辆贷款和营运设备贷款(包括展示厅建设贷款和零配件贷款以及维修设备贷款等);转让和出售汽车贷款应收款业务;向金融机构借款;为贷款购车提供保障;与购车融资活动相关的代理业务;经中国银行业监督管理委员会批准的其他信贷业务。

《汽车金融公司管理办法》还规定了银监会对汽车金融公司的监督管理职责。

2.《汽车贷款管理办法》

《汽车贷款管理办法》于 2004 年 10 月 1 日起实施。目的是为促进汽车贷款业务健康发展,规范汽车贷款业务管理,防范汽车贷款风险,维护借贷双方的合法权益。

《汽车贷款管理办法》主要包括 3 个方面的内容。

1)个人汽车贷款

本办法所称个人汽车贷款,是指贷款人向个人贷款人发放的用于购车的贷款。

贷款人应建立个人贷款人资信评级系统,根据个人贷款人以下情况,谨慎确定个人贷款人的资信级别:

(1)借款人的职业、收入、居所及稳定性;

(2)借款人的贷款能力和信用记录;

（3）家庭月收入水平及其稳定性；

（4）贷款人认为必要的其他因素。

贷款人应综合考虑以下因素，合理确定对借款人的贷款条件，包括贷款数量、期限、利率和还本付息方式等：

（1）贷款人对借款人的资信评级情况；

（2）贷款担保情况；

（3）借款所购车辆的性能及用途；

（4）汽车行业发展和汽车市场供求情况。

贷款人必须建立借款人信贷档案，并及时更新。

贷款人发放商用汽车贷款，应在贷款人信贷档案中增加商用车运营行业的发展状况、商用车折旧、保险情况等内容。

2）经销商汽车贷款

贷款人应为每个经销商借款人建立独立的信贷档案，并及时更新。

贷款人应建立经销商资信评级系统，加强跟踪监测，谨慎确定其资信级别及贷款条件。

贷款人对单个经销商汽车存货的货款额度应以经销商一段期间的平均库存作为依据，具体期间应视经销商库存周转情况而定。汽车存货贷款应逐笔审批、发放和管理。

贷款人应通过定期清点经销商汽车存货、分析经销商财务报表等方式，定期对经销商进行信用审查，并视审查结果适时调整经销商资信级别、贷款条件和清点存货的频率。

贷款人对汽车经销商发放贷款，经销商必须提供有效担保，且对汽车贷款单独列账，单独管理。

3）机构汽车贷款

机构汽车贷款，是指贷款人对除经销商以外的其他法人机构等单位组织发放的用于购买汽车的贷款。贷款人对从事融资租赁、经营租赁业务的法人机构发放机构商用车贷款，应关注借款机构对残值的估算方式，防范残值估计过高给贷款人带来的风险。

另外，贷款人在从事汽车贷款业务时有违反本办法规定之行为的，中国银行业监督委员会及其授权机构有权依据《中华人民共和国银行业监督管理法》对该金融机构及其相关人员进行处罚。中国人民银行有权建议中国银行业监督管理委员会对从事汽车贷款业务的金融机构的违规行为进行监督核查。

（二）汽车保险政策

我国汽车保险是在中国保险监督委员会管理下，由各保险公司在《中华人民共和国保险法》以及其他与汽车保险有关的政策法规规定的范围内进行业务的，并可根据公司实际进行保险费率的适当变更。

1.《中华人民共和国保险法》

《中华人民共和国保险法》从1995年10月1日开始施行，并于2015年修订。其中与汽车相关的内容有：

（1）保险责任开始前，投保人要求解除合同的，应当向保险公司支付手续费，保险人应当退还保险费。保险责任开始后，投保人要求解除合同的，保险人可以收取自保险责任开始之日起至合同解除期间的保险费,剩余部分退还投保人。

（2）保险标的的保险价值,可以由投保人和保险人约定并在合同中说明,也可以由发生事故时保险标的的实际价值确定。

（3）重复保险的投保人应当将相关情况通知各保险人。

（4）保险事故发生时,被保险人有责任尽力采取必要的措施,减少损失。

（5）因第三者对保险标的的损害而造成保险事故的,保险人自向被保险人赔偿保险金之日起,在赔偿金额范围内代位行使被保险人对第三者请求赔偿的权利。

2.《机动车辆保险条款》

《机动车辆保险条款》中对什么原因造成的保险车辆损失,保险人负责赔偿或不负责赔偿都有严格的界定。附加险是两种主险的附加险,投保了主险的车辆方可投保相应的附加险。由中国保险行业协会制定的《机动车交通事故责任强制保险条款》已经实行。

《机动车交通事故责任强制保险条款》包括总则、定义、保险责任、垫付与追偿、责任免除、保险期间、投保人与被保险人义务、赔偿处理、合同变更与终止、附则十项内容共二十七条。交强险按机动车种类、使用性质分为家庭自用汽车、非营业客车、营业客车、非营业货车、营业货车、特种车、摩托车和拖拉机 8 种类型,不同的类型采用不同的费率。对于被保险机动车被依法注销登记、被保险机动车办理停驶的和被保险机动车经公安机关证实丢失的这三种情况,投保人可以要求解除交强险合同。

除上述政策外各大保险公司的《机动车辆第三者责任保险条款》、《家庭自用汽车损失保险条款》、《分期付款购车合同履约保险条款》及《机动车辆保险(修订版)费率规章》都为保障汽车保险行业规范、稳健的发展奠定了基础。

3. 汽车消费信贷保证保险

保监会在 2004 年 1 月发布的《关于规范汽车消费贷款保险业务有关问题的通知》,规定贷款购车首付款不得低于净车价的 30%;各保险公司可根据投保人的风险状况确定承保期限,原则上不得超过 3 年;车贷险应仅限于承保消费性车辆;保险责任生效必须以投保人向被保险人提供有效担保为前提。

三、汽车服务相关政策法规

汽车服务行业的发展除了要有相关行业性法律法规和政策支持外,还离不开汽车工业的整体产业政策、消费政策等外部因素的作用,因此,了解汽车工业的产业政策、消费政策以及其他影响汽车消费的政策是十分必要的。

1.《汽车产业发展政策》

国家 2014 年发布的《汽车产业发展政策》与汽车服务相关的内容主要有以下几个方面:

（1）国家鼓励汽车、摩托车、零部件生产企业和金融、服务贸易企业借鉴国际上成熟的汽车营销方式、管理经验和服务贸易理念,积极发展汽车服务贸易。

（2）国内外汽车生产企业凡在境内市场销售自产汽车产品的,必须尽快建立起自产汽车品牌销售和服务体系。

（3）2005 年起,汽车生产企业自产乘用车均要实现品牌销售和服务;2006 年起,所有自产汽车产品均要实现品牌销售和服务。

（4）汽车、摩托车生产企业要加强营销网络的销售管理,规范维修服务;有责任向社会公告停产车型,并采取积极措施保证在合理期限内提供可靠的配件供应用于售后服务和维修。

（5）汽车生产企业要兼顾制造和销售服务环节的整体利益,提高综合经济效益。

（6）培育以私人消费为主体的汽车市场,改善汽车使用环境,维护汽车消费者权益。引导汽车消费者购买和使用低能耗、低污染、小排量、新能源、新动力的汽车,加强环境保护。

（7）积极发展汽车服务贸易,推动汽车消费。国家支持发展汽车信用消费。从事汽车消费信贷业务的金融机构要改进服务,完善汽车信贷抵押办法。

（8）国家鼓励二手车流通。有关部门要积极创造条件,统一规范二手车交易税费征管办法,方便汽车经销企业进行二手车交易,培育和发展二手车市场。

2.《缺陷汽车产品召回管理规定》

为了加强对缺陷汽车产品召回事项的管理,消除汽车产品对使用者及公共人身、财产安全造成的不合理危险,维护公共安全、公共利益和社会经济秩序。2015 年 11 月 27 日,由国家质量监督检验检疫总局、国家发展和改革委员会、商务部和海关总署共同修订的《缺陷汽车产品召回管理规定》正式发布,并于 2016 年 1 月 1 日起正式实施。加强缺陷汽车产品管理,有利于维护公共安全、公共利益和社会经济秩序。

四、汽车法律服务概况

汽车法律服务是汽车服务的一种表现形式,研究我国汽车法律服务的内涵和市场需求,是完善和壮大我国汽车法律服务的需要。

1. 汽车法律服务的内涵

本书所指的汽车法律服务是一种狭义概念上的法律服务,即指法律服务的从业人员(一般指律师)根据委托人的要求所进行的与汽车生产、投资、贸易、消费等相关的各种法律服务活动。以解决如汽车产品责任纠纷、交通事故纠纷、汽车信贷保险纠纷等。

2. 汽车法律服务的特征

1）专业性

汽车,作为一技术密集性产品,其本身具有高度专业性,并已发展成为一门学科。因此汽车法律服务提供者必须具备一定的汽车专门知识,且必须熟悉汽车相关法律法规的知识。

2）地域性

所提供的法律服务往往与服务提供者或接受者所在地的政治、经济、文化、法律制度及语言习惯密切相关。

3）信任性

汽车法律服务的对象既有汽车生产制造企业,也有汽车维修和贸易业,同时也有汽车消费者,涉及了社会各个领域,服务提供者需与委托人之间建立高度的信任关系。

4）差异性

汽车法律服务的内涵的多样性决定了汽车法律服务的差异性,另外,国际汽车法律服务的增加,各国之间的汽车法律服务市场的需求差异也很大。

3. 我国汽车法律服务的表现形式

1）反倾销领域

由于我国劳动力成本的优势,我国的许多行业曾经遭受过国外的倾销指控,虽然我国的汽车竞争力量还不强,但个别领域也曾被提出倾销指控。另一方面,我国加入 WTO 以后,面临国外汽车的低价竞争,我国可以利用反倾销手段对其加以限制,保护我国的汽车工业。

2）解决贸易争端领域

加入 WTO 以后,我国的许多政策、法律、法规都与 WTO 的要求存在很大的差距。尽管有一段过渡期,但要在短时间内完成法律、法规的协调工作还是有困难的。因此,在加入 WTO 后,在诸多方面与其他成员国发生争端,尤其在汽车工业,我国与其他国家发生贸易争端的可能性更大,一旦发生,我们可以利用 WTO 贸易争端解决机制加以解决。WTO 的贸易争端解决机制是一套很独特的争端解决机制,我国法律服务工作者可以研究其他国家之间运用该机制解决争端的实例,来保护我国的利益。

3）汽车消费领域

目前,我国汽车消费领域普遍存在"维权难"这种说法,一方面我国以前没有专门针对汽车这一特殊消费品的消费法律,消费者只能根据《中华人民共和国消费者权益保护法》等维护自己的权益,往往针对性不强,合法权益难以得到保护,但随着《缺陷汽车产品召回管理规定》的出台,可以大大缓减这一问题。

另外,由于汽车消费者的差异性,汽车法律服务者有时会发现没有相应的国家法律作为支撑,汽车法律服务还在汽车金融保险领域、国内贸易争端、汽车人力资源的争夺等领域开展了大量的业务活动。随着汽车服务贸易的发展,汽车法律服务还将进一步发挥作用。

课题四　汽车信息资讯服务

一、汽车流行趋势分析

1. 色彩将成轿车核心卖点

色彩是影响汽车售价的三大因素之一,即使是同一品牌、同一款车,颜色不同也可导致很高的产品差价。在国外,因色彩导致的汽车销售价差可多达 300 美元。而在国内,汽车色彩这一卖点也在走红,当初 POLO 苹果绿颜色的推出吸引了一批消费者。而奇瑞 QQ 也是在色彩上的大胆出新为自己贴上了时尚的标签,在很长一段时间内销势一路看涨。

2. 随动转向前照灯成为标配

普通前照灯具有固定的照射范围,当夜间汽车在弯道上转弯时无法调节照明角度,常常会在弯道内侧出现"盲区"。转向前照灯能够不断对前照灯进行动态调节,保持与汽车的当前行驶方向一致,确保驾驶员拥有最佳的可见度。曾经是 BMW5 系的独有技术,如今已经开始悄悄酝酿着普及到更多车型中。东风雪铁龙凯旋、广州丰田凯美瑞和东风日产新天籁便是很好的例子。对安全更加关注及制造成本的下降便是随动转向前照灯流行的主要基础。

3. 运动元素将成为新卖点

国内越来越多的车型把运动当作卖点,更多的汽车赛事也使运动氛围越来越浓。汽车厂商在自己的产品中融入更多的运动元素，甚至推出纯粹的运动汽车，在未来销售中，运动元素成为汽车卖点将占据更重要的位置。老款的宝来运动版、花冠运动版、嘉年华运动版等，都是以运动为主要卖点，而马自达6、速腾、宝马3系、奥迪A4等从动力、操控、内涵、风格等各个方面都在诉说着"运动"。而比亚迪F8跑车、华晨M3跑车、哈飞轿跑车赛豹V更会使这股运动风愈演愈烈。

4.大视野后视镜渐成主流

最近几年，汽车的保有量以飞快的速度增长着。换一块大视野的后视镜，能有效提高行车的安全性，降低交通事故率。为了保障车辆的安全，越来越多的人换上大视野后视镜。在汽车装饰超市、各个汽车4S店中几乎都在卖大视野后视镜。从这一点可以看出，开发与安全相关的功能永远是流行的趋势。

5.车载MP3将取代CD成为主流

MP3越来越受年轻人喜爱。个性化、音质好、抗震的优点更是让开车族难以抗拒。新近上市的车型基本都配备了MP3播放功能的音响系统，如：POLO劲情、劲取、新宝来、高尔夫2017款、新乐驰、威志、新威驰等。随着芯片制造成本的下降，车载音响模块生产厂商甚至将其作为"标配"功能加入到产品中。

6.具有年轻气息的车型更多涌现

随着汽车价格的不断下降，人们生活方式的转变，购车者年轻化的趋势势不可挡，越来越多年轻人跨入有车族的行列。不仅是经济型轿车，中高档车型的车主年轻化趋势也日益凸显。这都说明，年轻人将成为汽车消费的主力军。目前各大汽车厂家也注意到了这一特点，纷纷推出具有年轻气息的车型，如凯美瑞、丰田锐志、2016款雅阁、君越、新奥迪A4等，它们外形更加流畅，富有动感，得到不少年轻精英人士的喜爱。

7.深色内饰更受青睐

汽车内饰颜色对驾驶员的情绪具有一定的影响，深色内饰能给人稳重、内敛、坚强的感觉。虽然选择内饰颜色会因人而异，但深色内饰相对浅色内饰更耐脏、更好打理，受到很多消费者的青睐，这种深色内饰的流行，在一些中高档轿车中更容易体现。进口车中，标致407、保时捷911Carrera都是深色内饰的代表，而国产车中，一汽—大众高尔夫、长安福特福克斯、一汽奥迪A6、A4L也都有深色内饰可供选择，深色内饰不仅可以体现稳重、尊贵，配以银色金属饰板也可以散发现代、运动、科技的气氛。

8.家族脸面成为流行趋势

从帕萨特领驭、POLO劲情、劲取到最新的迈腾，都会让你在第一眼看出其血缘关系。无论是第一次添置车辆或换车，它都为你提供了一系列统一理念的车型以供选择。经典的宝马前隔栅、标致锐眼、雪铁龙车头大标以及上文提及的大众U型前脸设计都是最好的证明。

二、汽车价格走势分析

目前，我国经济正处在上升期。自从加入世界贸易组织之后，我国轿车产业的发展态势可以用突飞猛进来形容，车市上进口的、国产的，各种品牌和型号的轿车层出不穷。与此同时，我国城市化进程加快，居民消费结构的升级，轿车市场已由集团购买转向个人购买为主。目前私家车需求稳步增长，从总量上看，山东、广东、江苏三省的汽车拥有量突破了1000万辆大关,这三个省的经济总量多年来一直位居前三位。山东省私家车拥有量达到了1351.83万辆。数据显示,2008年,山东私家车拥有量为315.72万辆,近几年私家车数量快速增长,并在2012年首度超过广东省,跃居全国各省份第一位。从每百户居民家庭汽车拥有量来看,2016年底,城镇居民每百户拥有汽车55.6辆,农村为29.4辆,价格高低仍是影响消费者是否购车的主要因素。

影响汽车价格的因素很多,其中商品价格的变动取决于供求双方力量对比,而我国汽车特别是轿车的价格变动的主要驱动因素包括:

1. 汽车生产能力与需求能力的增长情况

近年虽然我国汽车需求呈高速增长的趋势,但是与供给相比,汽车需求的弹性毕竟有限。目前全球汽车生产能力普遍过剩,各国对安全、排放、节能法规日趋严格,国际汽车寡头加快了汽车工业全球性产业结构调整,特别是在华汽车投资的步伐;其次,跨国汽车公司汽车产业链的全球性配置、生产过程中越来越多地采用平台战略、全球采购、模块化供货方式等。今年以来,大众、本田、通用纷纷加大在华投资,加之国内企业的大规模追加投资,开始形成白热化的汽车投资竞争。这意味着在我国形成大规模汽车生产能力并且出现相对过剩的局面为期不远。

2. 汽车单位生产成本

汽车工业是一个规模经济十分明显的行业,单位产品成本随生产规模增加而下降的趋势十分明显。2002年以来,国产车价格下降的同时,汽车行业的利润却成倍增长,这主要得益于汽车生产规模迅速扩大和生产成本急剧下降。汽车成本的下降还得益于学习曲线,即在汽车生产过程中企业的工人、技术人员和经理积累起来的在产品生产、技术设计和企业管理方面的有益经验,从而导致单位产品的劳动投入量的逐步降低。

3. 消费者对产品选择的理性化程度

与20世纪90年代的市场需求结构迥然不同,当前我国轿车和微型客车大多为私人购买,两者共占全国汽车市场份额的半数以上,表明私人购车已成为当今汽车市场消费的主流。私人消费者在汽车购买过程中,要受产品价格、收入水平、替代品或互补品价格、价格预期等因素的影响,但最根本的单位货币支出给自己带来的效用满足。对消费者来讲,是否形成购买关键看价格是否低于自己对商品的评价,若是,就会形成购买行为。购车者不但价格货比三家,而且参照北美、欧洲车市的各种品牌报价一览表,比较不同品牌车型的合理价格比,一些价格居高不下,或者新车价格虚高的厂家,在市场的压力下不得不降低产品价格。

4. 汽车厂商的价格策略行为

企业在进行产量、价格决策时都会给竞争对手造成很大压力,并引起竞争对手的反应。在同类型、同档次的汽车市场上,价格已成为推销自己挤压对手最有力的武器。不少汽车厂家逐步形成高中低全系列车型,形成较为合理的价格梯度。很多国内汽车厂家相继对主导产品价格向下调整。汽车厂家调整价格既是挤压竞争对手的需要,更是事关自身全局发展战略的需要。

由于受上述因素的影响,短期汽车价格仍将继续呈稳中下降走势。

三、汽车生产厂商的背景分析

近年我国汽车工业发展迅速,汽车工业已成为我国很多地区的支柱型产业,在各地制定与实施"十三五"规划的背景下,合理地配置资源、更好地发挥区域经济优势,可以使我国的汽车工业乃至整个国民经济不断地进步。

据中国汽车工业协会提供,2016年,汽车销量排名前十位的企业及销量见表7-3。

2016年汽车销量排名前十位的企业及销量　　　　　　　　　　　　表7-3

排　名	企 业 名 称	销量(万辆)
1	上汽	647.16
2	东风	427.67
3	一汽	310.57
4	长安	306.34
5	北汽	284.67
6	广汽	164.92
7	长城	107.45
8	吉利	79.92
9	华晨	77.44
10	奇瑞	69.85
合计		2476

上述十家企业共销售2476万辆,同比增长12.9%,低于行业增速0.8个百分点,占汽车销售总量的88.3%,同比下降0.6个百分点。下面介绍2016年度汽车销售量排名前十位的部分企业。

1. 上海汽车工业(集团)总公司发展概况

上海汽车工业(集团)总公司简称"上汽集团",是中国四大汽车集团之一(其他:一汽、东风、长安),主要从事乘用车、商用车和汽车零部件的生产、销售、开发、投资及相关的汽车服务贸易和金融业务。

上汽集团2006年整车销售超过134万辆,其中乘用车销售91.5万辆,商用车销售42.9万辆,位居全国汽车大集团销量第一位。2007年,上汽集团整车销售超过169万辆,其中乘用车销售113.7万辆,商用车销售55.3万辆。2008年,上汽集团整车销售超过182.6万辆,其中乘用车销售111.8万辆,商用车销售70.8万辆。2016年整车销售超过647万辆,在国内汽车集团排名中继续保持第一位。2006年,上汽集团以143.65亿美元的销售收入,进入《财富》杂志世界500强企业排名。2008年,上汽集团以226亿美元的合并销售收入,位列《财富》杂志世界500强企业第373名。2009年,上汽集团以248.22亿美元的合并销售收入,位列《财富》杂志世界500强企业第359名。2010年,连续5年入选中国工业经济研究院编制"中国制造业500强"排行榜。通过加强与德国大众、美国通用等全球著名汽车公司的战略合作,形成上海通用、上海大众、上汽双龙、上汽通用五菱、上海申沃等系列产品;推进自主品牌建设,相继推出了荣威品牌和750产品,逐步形成了合资品牌和自主品牌共同发展的格局。上汽集团除在上海当地发展外,还在柳州、烟台、沈阳、青岛、仪征等地建立了自己的生产基地;拥有韩国通用大宇10%的股份;在美国、欧洲、日本和韩国设有海外公司。上汽集团除直接经营管理汽车零部件、服务贸易等业务外,其核心的整车业务已于2006年10月注入持股 83.83% 的上海汽车股份有限公司(简称"上海汽车"),目前上海汽车已成为国内 A 股市场规模最大的汽车公司。该企业在中国企业联合会、中国企业家协会联合发布的 2006 年度中国企业 500 强排名中名列第十八,2007 年度中国企业 500 强排名中名列第十九。2008 年 12 月 30 日,在世界权威的品牌价值研究机构——世界品牌价值实验室举办的"2008 世界品牌价值实验年度大奖"评选活动中,上汽集团凭借良好的品牌印象和品牌活力,荣登"中国最具竞争力品牌"大奖,为中国品牌群体性的崛起奏响了华彩的乐章。

2. 东风汽车公司发展概况

东风汽车公司始建于 1969 年,是中国四大汽车集团之一,中国品牌 500 强。东风汽车公司总部位于华中地区最大城市武汉,公司主要业务分布在十堰、襄阳、武汉、广州四大基地,形成了"立足湖北,辐射全国,面向世界"的事业布局。主营业务涵盖全系列商用车、乘用车、发动机及汽车零部件和汽车水平事业。公司现有总资产 732.5 亿元,员工 12.4 万人。2008 年销售汽车 132.1 万辆,实现销售收入 1969 亿元,综合市场占有率达到 14.08%。在国内汽车细分市场,中重卡、SUV、中客排名第一位,轻卡、轻客排名第二位,轿车排名第三位。2008 年公司位居中国企业 500 强第 20 位,中国制造企业 500 强第 5 位。"东风"品牌,2015 年入围《中国品牌价值研究院》主办的"中国品牌 500 强"榜单,位列第 50 位。2016 年 8 月,东风汽车公司在 2016 中国企业 500 强中,排名第 16。2016 年东风汽车公司整车销售超过 427 万辆,在国内汽车集团排名第二位。

经过近 50 年的发展,公司已经构建起行业领先的产品研发能力、生产制造能力与市场营销能力,东风品牌早已家喻户晓。在科学发展观的指引下,公司的经营规模和经营质量快速提升,公司也相应确立了建设"永续发展的百年东风,面向世界的国际化东风,在开放中自主发展的东风"的发展愿景,提出了"打造国内最强、国际一流的汽车制造商,创造国际居前、中国领先的盈利率,实现可持续成长,为股东、客户、员工和社会长期创造价值"的事业梦想。展望未来,东风公司一定会在新的发展阶段,为广大用户提供更多的优质产品和服务,为社会、为国家、为中国汽车工业做出更大的贡献。

3. 第一汽车集团公司发展概况

中国第一汽车集团公司(原第一汽车制造厂)简称"一汽",1953 年 7 月 15 日破土动工,中国汽车工业从这里起步。52 年来,一汽肩负中国汽车工业发展重任,经历了建厂创业、产品换型和工厂改造、上轻型车和轿车三次大规模发展阶段,产品生产由单一卡车向轻型车和轿车方面发展。

一汽 1953 年奠基兴建,1956 年建成并投产,制造出新中国第一辆解放牌卡车。1958 年制造出新中国第一辆东风牌轿车和第一辆红旗牌高级轿车。一汽的建成,开创了中国汽车工业新的历史。经过五十多年的发展,一汽已经成为国内最大的汽车企业集团之一。截至 2009 年 10 月,中国 10 000 000 辆自主轿车在长春下线,中国成为名副其实的汽车强国。一汽现有职能部门 18 个,全资子公司 28 个、控股子公司 18 个。其中上市公司 4 个,分别是一汽轿车股份有限公司、长春一汽富维汽车股份有限公司、天津一汽夏利汽车股份有限公司、一汽启明信息技术股份有限公司。主营业务板块按领域划分为:研发、乘用车、商用车、毛坯零部件、辅助和衍生经济等六大体系。现有员工 13.2 万人,资产总额 1340 亿元。一汽经过多年的发展建设,培育了以"学习、创新、抗争、自强"企业精神为核心的企业文化。初步建立了适应市场竞争需求的现代企业制度。逐步形成了东北、华北、西南三大基地,形成了立足东北、辐射全国、面向海外的开放式发展格局。改造并建设了一汽解放卡车新工厂、一汽轿车新工厂、一汽－大众轿车二工厂、天津一汽丰田轿车二工厂等新工厂,形成了较为先进的生产制造基地。自主研发与企业核心竞争能力不断提升,形成了卡车、轿车、轻微型车、客车多品种、宽系列的产品格局。拥有解放、红旗、奔腾、夏利、威志等自主品牌和大众、奥迪、丰田、马自达等合资合作品牌。

一汽产销量连续多年居中国汽车行业之首,2004 年企业年销量率先突破 100 万辆,竖起了中国汽车工业发展史上的里程碑。2007 年,一汽实现销售 143.6 万辆,实现销售收入1885 亿元,列世界 500 强第 303 位,中国企业 500 强第 14 位;世界机械 500 强第 49 位,中国机械工业 500 强第 1 位;中国制造业企业 500 强第 2 位和 2007 年度"最具影响力企业"第 2 位。"中国一汽"以 605.78 亿元的品牌价值位列国内汽车行业第一。2016 年一汽整车销售超过 310 万辆,在国内汽车集团排名第三位。

面向未来,一汽提出了坚持用户第一,尊重员工价值,保障股东利益,促进社会和谐,努力建设具有国际竞争力的"自主一汽、实力一汽、和谐一汽"的奋斗目标。一汽人正以自己特有的汽车情怀,抗争图强,昂扬向上,为推动汽车工业又好又快发展,为实现人·车·社会和谐发展做出新的更大的贡献。

4. 浙江吉利控股集团有限公司

浙江吉利控股集团有限公司是中国汽车行业十强企业,1997 年进入轿车领域以来,凭借灵活的经营机制和持续的自主创新,取得了快速的发展,资产总值超过 140 亿元。连续六年进入中国企业 500 强,连续四年进入中国汽车行业十强,被评为首批国家"创新型企业"和首批"国家汽车整车出口基地企业",是"中国汽车工业 50 年发展速度最快、成长最好"的企业。

集团总部设在杭州,在浙江临海、宁波、路桥和上海、兰州、湘潭建有六个汽车整车和动力总成制造基地,拥有年产 30 万辆整车、30 万台发动机、变速器的生产能力。集团现有吉利自由舰、吉利金刚、吉利远景、吉利熊猫、上海华普、中国龙等八大系列 30 多个品种整车产品;拥有 1.0L～1.8L 八大系列发动机及八大系列手动与自动变速器。上述产品全部通过国家的 3C 认证,并达到欧 III 排放标准,部分产品达到欧 IV 标准,吉利拥有上述产品的完全知识产权。

集团已在国内建立了完善的营销网络,拥有近 500 个 4S 店和近 600 家服务站;投资近千万元建立了国内一流的呼叫中心,为用户提供 24 小时全天候快捷服务;率先在国内汽车行业实施了 ERP 管理系统和售后服务信息系统,实现了用户需求的快速反应和市场信息快速处理。2016 年吉利集团整车销售超过 79 万辆,在国内汽车集团排名第八位。吉利汽车累计社会保有量已经超过 120 万辆,吉利商标被认定为中国驰名商标。

四、汽车销售企业的服务质量分析

汽车售后服务的优劣直接影响某品牌以致某车型的销售情况,成为激烈竞争中的制胜关键,这对发展中的市场更为重要。国家鼓励轿车进入家庭,在中国加入世界贸易组织以后,进口汽车配额巨幅增加和关税大幅下调等利好消息,使各大汽车生产商对中国汽车市场蕴藏的巨大商机充满了信心。与此同时,汽车市场受经济收入水平提高和消费观念转变的带动,销售形势日趋激烈,使汽车制造商和经销商获得了可观的利润。

售后服务是汽车流通领域的一个重要环节,是一项非常繁杂的工程,它涵盖了汽车销售以后有关汽车的质量保障、索赔、维修服务、汽车零部件供应、维修技术培训、技术咨询及指导、市场信息反馈等与产品和市场有关的一系列内容。作为汽车销售经营的重要组成部分,售后服务不仅是一种经营,更是文化、理念,是体现企业对客户的人文关怀与情感,是生产商与客户沟通的一个纽带。生产商可以通过它与客户的关系更加紧密,树立企业的形象,提高产品的信誉,扩大产品的影响,培养客户的忠诚度。售后服务就像一把双刃剑,既可以对产品销售、市场推广、品牌影响及信誉起到有力的支持和促进作用;也可以使产品滞销,品牌信誉下降,甚至可以使品牌的威信扫地。它的重要性早已在国外汽车市场数十年的经营活动得到验证。在经济发达国家汽车非常普及,成为每个家庭的普通交通工具,市场销售量相当大,售后服务质量的优劣直接关系到某品牌、某车型的市场销售业绩,成为汽车制造商在激烈的市场竞争中制胜的关键。

长期以来,售后服务是中国汽车市场的软肋,没有受到重视。国内媒介不断披露的汽车质量问题,在社会上引起很大反响,也反映售后服务对市场和产品的巨大影响力。中国汽车市场存在的普遍问题有:

(1)销售和服务脱节。目前各汽车制造厂家都建立了营销网络,但是,大多片面地追求形式,真正具备完善售后服务功能的网点较少;很多特约维修站徒有其名,根本起不到应有的作用,消费者的利益很难得到保障。这与生产商的授权及考核制度是否谨慎和严格有直接关系。销售和维修各自独立经营,缺乏沟通。另外,销售人员的专业水平较低,服务不到位,消费者得不到专业的车辆使用指导。

(2)车辆维修价格高技术水平差。特约维修站的维修费用昂贵,配件价格高是消费者普遍的反映。据了解,特约维修和非特约维修的价格相距很远,而且重要零部件几乎没有库存,有些部件一旦损坏需要更换,还要向国外厂家订货,以致维修周期长,费用高,影响客户的正常使用。维修技术水平低也是普遍存在的问题。从外表看,售后服务的外观形象和设备条件已非常现代化,并与国际水平接轨,但实际上客户享受不到相应的优质服务。我们通过调查发现,售后服务的技术力量薄弱,人员整体素质差,先进技术检测设备操作使用能力差,在一些挂牌特约维修站相当普遍,仅能处理一些简单的故障,遇到疑难问题就一筹莫展。当车辆出现故障和进厂以后,不是通过检验程序判断故障所在,动辄就解体、更换部件;不按操作规程进行维修,造成非正常损坏;缺乏职业道德,将客户没有损坏的部件更换,以换代修,失去维修的根本意义。

(3)销售网络布局不合理。从售后服务点的位置、布局和覆盖区域来看,现有的网点太少,布局也不合理,有些客户不得不辗转往返几十公里,跨城市甚至跨省份才能解决车辆在使用过程中出现的故障和问题。使客户享受不到方便、及时、周到的服务。

(4)销售体制不规范。在市场上可以看到同样商品的价格不同,同样车型的规格不同等不正常现象。通过调查了解发现,由于经销商不同,有些获得授权,也有些为非授权,销售渠道没有规范。对于造成这种混乱局面,生产商有不可推卸的责任,由于进货渠道和管理费用的不同,导致价格不同。有些经销商还通过其他非正常渠道,把不适合中国使用条件和标准的中东规格及美国规格车型,在国内市场销售以获得高额利润。客户在不知情的情况下购买,为日后的维修、配件供应和服务带来极大的麻烦。另外,由于销售渠道的混乱,生产商无法全面掌握车主和车辆的基本情况,难以提供服务。

(5)不同的客户待遇。国内客户所享受的待遇与国外消费者相差很大。这主要集中在保修期限、索赔范围、售后服务承诺、服务水准等方面。这与各家公司所宣称的"全球奉行统一的服务标准"大相径庭。

国内市场的售后服务还存在很多漏洞,还不到位,亟待解决。这些问题将会受到政府有关部门和各生产商的重视,并逐步得到解决。希望在不久的将来,售后服务将会更正规,让广大消费者得到理想的服务。

单元八
汽车服务市场开发

汽车服务市场除了生产企业的技术服务、在用车辆的维修、配件经营、旧车交易等，还包括停车设施、汽车装饰美容、汽车租赁等大量因汽车的使用或以汽车作为主要经营工具的相关市场服务。这些市场随着汽车整车市场的蓬勃发展，也蕴涵着巨大的商机。

课题一　经营性停车场的建设与管理

一、停车场与停车场分类

汽车停车场是指从事汽车保管、存放，并可进行加注、充气和清洁的作业场所。按照不同的分类标准，汽车停车场具有不同的分类方法。

按停车场所处的位置分为路侧停车场和路外停车场；按停车场的服务对象分为社会公共停车场、配建停车场和专用停车场；按照停车场的建筑类型与位置分为地面停车场和地下停车场；按管理方式分为免费停车场、限时停车场、限时免费停车场和收费停车场。

二、经营性停车场的选址与规划

选址是经营性停车场投资决策成功与否的最重要因素，它与城市规划中的停车场选址有一定的相似之处。但是，由于这一类停车场除了配合城市交通疏导之外，还要求投资收益的最大化，因此，在选址与规划时应遵循以下原则。

1. 停车需求

主要指备选地周边的交通流和相关机构可能为停车场所带来的停车客户的多少，以及周边其他停车设施的形式、数量可能会对投资造成的影响。一般而言，在人口密集的生活小区或商业区的繁华路段修建经营性停车场是比较可行的。

2. 步行距离

各国对停车设施规划中的停车后步行时间都曾做过研究，人们一般倾向于停车后有短距离的步行即可到达出行的目的地。人们对停车后步行距离有一定的可容忍范围，一个停车点要保证 85%～95% 的使用者在其可容忍的服务半径以内。在日本，停车后步行距离一般大约为 200～300m，极限值为 400m 左右。我国政府规定，市中心区的停车场服务半径不应大于 500m。

3. 交通方便性

停车场所处的交通环境造成的汽车到达停车场的难易程度，主要与停车场周围的路网结构和交通疏导方案有关。交通越方便，停车场的吸引力就越大。

4. 连通街道的通行能力

连接停车场与城市主干道的街道，其通行能力必须要适应停车场建成后所吸引的附加交通量，并能提供车辆一定的等候排队所需的空间。

5. 征地拆迁的难易及费用

拟建设停车场的土地上是否存在建筑物需要拆迁，以及拆迁所需的成本和时间，是否有难度较大的地上、地下管线改造，是否存在地质处理等。

6. 建设方案与城市总体规划的协调

在停车场的使用寿命内及服务范围内将来可能发生的停车源的变化，主要考虑新建街道或交通干道出入口布局和现有街道的改造。

三、经营性停车场的建设与管理

智能停车场管理系统分为半自动智能管理系统和全自动智能管理系统两种。半自动停车场管理系统，是指由人工完成收费操作，其他功能诸如车辆识别、车位显示、车辆引导等功能都可在计算机控制下自动完成。全自动停车场管理系统则通过设立自动收费站，无须操作员即可完成收费管理工作，实现所有停车场管理功能的自动化。

1. 经营性停车场建设的审批

停车场建设的审批在我国一般由公安交通管理部门牵头会同规划部门、土地管理部门和消防部门共同负责。公安交管部门负责根据城市总体规划的要求协助规划局制定有关城市停车场建设的专业规划，对专业性停车场（库）、楼和公共建筑配建的停车场（库）的建筑施工过程进行技术监督、检查。城市规划部门则主要负责审批要求，对停车场建设和管理实行监督。城市土地管理部门负责审批单位或个人专项建设停车场（楼），申请以划拨或出让方式用地的审批手续。消防部门则负责对停车场的消防情况进行审核。

申请开办经营性停车场，应向地方公安交管部门申请办理经营性停车场许可证。在申请申报时,一般要提供以下文件:申请报告、工商行政管理部门核发的营业执照、规划局的图文批件、消防合格证明、市政占道批件、法人代表委托停车场负责人证书、有效的土地使用权证明、停车场建设工程竣工验收合格证明、相应的停车场管理制度和专业巡查人员名单及资格证书、停车场设置车位与进出口标志牌的施工设计图及停车场设施图、主办单位营业执照复印件和法人任命书复印件等。

2. 经营性停车场的管理

经营性停车场的管理要符合以下规定。

(1)停车场必须有专门管理人员负责停车场秩序和收费管理工作,要有具体的规章制度和管理措施。

(2)停车场出、入口及场地内要设置明显的引导标志、标线,室内停车场的出、入口要设置限高标志。在社会道路的路口以及道路主、辅路出入口的范围内,不得设置停车场出、入口。

(3)停车场地必须是硬质铺装(含草地水泥砖)。场地内的停车泊位要以白线标画清晰,每个停车泊位的规格不得少于长 5m、宽 2.5m,场地内的通道宽度在 6m 以上。泊位斜排时,通道宽度应在 4.5m 以上。与通道平行设置的泊位规格为长 6m、宽 2.5m。

(4)停车场须配制必要的消防、排水、通风、防盗、照明设备,并保持其正常运转,消防通道不得设置停车泊位。

(5)室内停车场出、入口的数量、坡道的坡度以及转弯半径必须与规划设计方案相等。

(6)停车场的收费标准应遵循地方政府价格主管部门根据国家有关规定核定的标准执行。国家有关部门根据《中华人民共和国价格法》等有关法律、法规规定,颁布了《机动车停放服务收费管理办法》,规定县级以上地方人民政府价格主管部门负责机动车停放服务收费方面的管理工作。机动车停放服务收费实行"统一政策、分级管理"的原则。国务院价格主管部门统一负责全国机动车停放服务收费管理政策的制定;各省、自治区、直辖市人民政府价格主管部门负责制定本行政区域内机动车停放服务收费实施细则;机动车停车场所所在城市人民政府价格主管部门负责制定机动车停放服务收费具体标准。机动车停放服务收费实行市场调节价、政府指导价、政府定价三种定价形式。

(7)经营性停车场的管理单位提供机动车停放服务时,应履行以下职责:在停车场出入口的显著位置明示停车场标志、服务项目、收费标准、停车场管理责任和管理制度;执行公安交管部门制定的停车场管理规定;负责进出车辆的检查、登记;维护停车场车辆停放秩序和行驶秩序;按照核定或约定的收费标准收费,采用税务统一发票;做好停车场防火、防盗等安全防范工作;协作疏导停车场出入口的交通。

(8)大型停车场要创造条件,逐步采用先进技术,建立智能停车场管理系统,提高停车场工作效率,降低经营成本。

课题二　汽车租赁市场的开发

汽车租赁在经济发达国家已成长为一项规模巨大、管理成熟、深受汽车制造厂商和政府关注的服务产业。在我国,随着经济的持续发展和人民生活水平的提高,人们对方便快捷的出行方式的需求越来越强烈,预示着我国汽车租赁业将有着巨大的市场潜力和美好前景。

一、汽车租赁及其分类

1. 汽车租赁

汽车租赁是在将汽车的产权与使用权分开的基础上,通过出租汽车的使用权而获取收益的一种经营行为。其出租标的除了实物汽车以外,还包含保证该车辆正常、合法上路行驶的所有手续与相关价值。不同于一般汽车出租业务的是,在租赁期间,承租人自行承担驾驶职责。

2. 汽车租赁的分类

汽车租赁常常按照租赁期长短和经营目的来划分。

(1)按照租赁期的长短可将汽车租赁划分为长期租赁和短期租赁。长期租赁是指租赁企业与用户签订长期(一般以年计算)租赁合同,按长期租赁期间发生的费用(通常包括车辆价格、维修费、各种税费开支、保险费及利息等)扣除预计剩存价值后,按合同月数平均收取租赁费用,并提供汽车税费、保险、维修及配件等综合服务的租赁形式;短期租赁是指租赁企业根据用户要求签订合同,为用户提供短期(一般以小时、日、月计算)的用车服务,收取短期租赁费。

(2)按照经营目的可将汽车租赁划分为融资租赁和经营租赁。融资租赁是指承租人以取得汽车产品的所有权为目的,经营者则是以租赁的形式实现标的物所有权的转移,其实质是一种带有销售性质的长期租赁业务,一定程度上带有金融服务的一些特点;经营租赁是指承租人以取得汽车产品的使用权为目的,经营者则是通过提供车辆功能、税费、保险、维修、配件等服务来实现投资收益。

二、汽车租赁的经营模式

目前,我国汽车租赁企业由于经营时间短,规模和实力有限,大多采取分散独立经营的模式。随着我国经济的发展和租赁市场的成长,这种模式难以为顾客提供方便快捷的服务,难以为企业提供持续健康发展的空间,限制了企业的市场开拓和经营规模的扩大。汽车租赁企业在经历了最初的市场培育之后,其经营模式必将走上特许连锁经营和与生产厂商合作的道路。

1. 特许连锁经营

世界知名的汽车租赁企业无一不采用连锁经营的方式,其连锁经营网点遍布各地,大型租赁公司的连锁租赁站点都在近千家。连锁经营的汽车租赁企业通过统一的管理标准和运营体系还在其车辆型号、车辆技术管理、服务质量管理等方面不断优化,从而赢得大量稳定的客户。汽车租赁企业实行连锁经营,通过建立广泛的网络,统一管理,统一调配资源,能带来经营上的很多优势。首先,在构建连锁网络的同时,由于经营规模的扩大,使得企业统一采购的车辆和服务数量大大增加,提高了连锁企业与汽车厂商和相关服务企业的议价能力,从而易于获得优惠价格。其次,连锁经营的汽车租赁企业通过统一管理标准和统一调配资源,大大提高了客户在租车的时间、地点上的方便性和使用中出现故障时进行施救的及时性,简化顾客租赁的手续,完善顾客的信用管理体制,进而提高企业整体的服务水准和顾客满意程度,同时,也能够在更高的层次上实现企业各项资源的优化配置,提高各种设备、设施的利用效率。对于全国性或区域性的汽车连锁租赁企业,可以统一运作各种形式的媒体工具,提高市场推广的效果和效率。

2. 与制造厂商的合作经营

从汽车租赁业的发展历史看,自20世纪初汽车租赁行业诞生以来,汽车租赁企业就一直与汽车生产厂商保持密切的合作关系。各大汽车厂商以收购或入股的形式直接参与一些汽车租赁公司的经营。以世界第一家也是目前规模最大的汽车租赁公司赫兹公司为例,该公司自1918年创建之初,便专门使用福特汽车公司的T型汽车。1926年,赫兹公司被美国通用汽车公司购买,其后又由美国福特公司、瑞典Volvo汽车公司共同拥有,成为福特汽车公司的全资子公司。

在德国,1996年全国租赁汽车总保有量为230万辆,由汽车制造企业建立的汽车租赁公司的汽车保有量就有147万辆,占64%。

通过合作,厂商一方面为汽车租赁公司提供了融资上的支持,这样有利于汽车租赁公司扩大规模获取规模经济效应;另一方面,租赁公司还可获得来自厂商直接的技术支持,为出租车辆提供专业维护和维修质量担保,提高了车辆整体技术状况,降低了出租车辆在整个使用寿命中的使用成本,从而在一定程度上保证汽车租赁企业资产投资的有效性和收益能力。除了获得资金和技术上的支持以外,还直接增强了企业市场推广的力度,降低了企业的营销活动成本。由此可见,汽车租赁企业与汽车制造厂商的合作是租赁企业发展到一定规模后必须做出的战略选择。

三、汽车租赁企业的运营管理

1. 汽车租赁的业务流程

汽车租赁作为一种服务产品,为了提高服务质量、控制运营风险,业务运行中的过程管理十分重要,因此汽车租赁企业应制定和实施合理、严格的业务流程。具体涉及的有租车、还车和实施救援三个方面。

1)租车流程

客户到达汽车租赁站点后,应由业务人员负责接洽,简要介绍租赁业务情况,解答客户提出的有关价格、车辆使用限制、信用担保、交还车辆程序等方面的疑问;根据客户的租车目的、用途、所需车型、所用时间等具体情况为客户制定租赁方案,尽可能满足客户需求。

通过洽谈达成意向后,业务员应按照公司有关制度仔细查验客户所提供的证件、证明(包括身份证明、承租方驾驶证等)。经严格确认、留存复印件和必要的抵押金后,与客户签订正式汽车租赁合同。之后,业务人员应陪同客户到财务部缴纳押金、预付租金,然后到车管部门交接所需车辆并会同客户一起试车、验车,客户试车满意后,双方共同在租赁车辆交接单上登录验车情况,并签字确认,直至客户驾车离站。

2)还车流程

客户到租赁公司交还承租车辆时,业务员应给予客户主动热情的接待,和顾客一起迅速查验汽车租赁合同、车辆交接单等相关单据及其租车时所用证件、证明,会同车管部门对照车辆交接单对车主交还的车辆进行现场勘验;验车结果经车管部门和承租方共同确认后,双方签字验收。然后,由业务人员引导顾客至财务部门进行财务结算(若有车损情况,双方应相互协商,由技术部门出具合理赔偿单据,承租方依单据交纳赔偿金后,方可进行财务结算),财务部门出具结算证明,还车手续结束,汽车租赁合同终止。

3)车辆救援流程

当收到客户要求救援的信息后,业务员应及时建立与客户的直接联系,询问顾客所在具体地点、联系方式、车辆状况、车损程度、是否需要替换车辆等情况,然后通知车管、技术部门安排救援(包括救援车辆、替换车辆的派遣,随车修理工具、通信工具的准备,准备拖车)。并及时提醒或协助客户向公安交管部门和保险公司报案,并会同本公司自己的车管人员迅速赶赴现场进行检查,与客户和公安交管部门一起确认事故原因、责任方及车辆损坏程度,协助保险公司进行定损,双方在救援单据上记录情况并签字确认。然后由工作人员进行车辆维修及必要的车辆替换,并跟踪办理保险理赔手续。

2. 车辆的管理

车辆的管理工作包括车辆运营标准管理、车辆档案管理、车辆技术与安全管理等。

1)车辆运营标准管理

车辆运营标准是指投入汽车租赁运营的车辆应具备的技术、安全条件,各租赁公司为了减少车辆非正常损耗和事故的发生,避免车辆运营过程中因车辆技术状况不良造成租赁双方的纠纷,都应制定相应的车辆运营标准。如必须随车携带的车辆行驶文件、车辆技术状况、车容车貌、随车配套设施等标准。

2)车辆档案管理

车辆技术档案管理。租赁公司应为每一辆租赁车辆建立完整的车辆技术档案,并做到一车一档、专人管理、随时记载、分级调用。

车辆运营证件管理。行车证件必须齐全有效,所用证件均应有复印件存档,车辆一交回公司,所有行驶、运营证件均应交由专人保管。

3)车辆的技术与安全管理

车辆的技术与安全管理主要是车管部门按照车辆使用说明书和维护手册上规定行驶的公里数和时间要求,定期对租赁车辆进行仔细检查、维护,并涉及预防车辆事故的发生和事故后的处理。

课题三 汽车文化市场的开发

汽车的发明和发展是社会文明的产物。汽车文化是汽车发明和发展中所创造的物质财富和精神财富的积累。汽车文化包括技术文化、车史文化、造型文化、名人文化、名车文化、车标文化、赛车文化等内容。

从1886年德国人卡尔·本茨发明第一辆汽车到今天的智能化汽车,汽车文化从静止形态,如汽车影展、挂历、明信片、邮票、T恤衫、车模、图书、摄影图册、期刊、报刊等,逐渐发展为动态,如汽车旅游、汽车运动、汽车娱乐等,现代社会则更多地表现为二者交融,如汽车俱乐部、汽车餐馆、汽车影院、汽车酒吧、汽车旅店、汽车书屋、卡丁车赛场及至汽车厕所等。这些流动的汽车不但给人们的生活带来极大的方便,而且也是汽车文化在社会生活中的顽强表现。这种汽车文化已经步深入人们的生活。

汽车工业的发展促进了汽车文化的发展,静态与动态汽车文化的交融,不但有助于汽车工业的发展,而且有助于社会整体的发展,这种汽车文化为社会的发展创造了无限的商机,改变了人们常规的生活,同时汽车文化形成的市场潜力巨大。这种市场主要表现在:汽车俱乐部、汽车赛事、汽车广告、汽车美容、汽车展览、汽车旅游、汽车夜市、汽车娱乐、汽车媒体等方面。

一、汽车俱乐部

汽车属于大件商品,一旦拥有,相关的一系列需求随之而派生。汽车俱乐部于是应运而生。功能较全的汽车俱乐部蕴涵了汽车售后的一切服务项目,包括汽车救援、金融服务、车辆保险、车辆维修、展览咨询、汽车旅游、赛事运动、连锁租赁等。

目前,国内的汽车俱乐部很多,这些俱乐部大都是汽车生产厂家、社会团体、汽车发烧友和大学生们组织的。俱乐部的形式也是多种多样,有充满文化味沙龙式的,有火药味极浓的以赛车为主的,也有集销售、维修、租赁、旅游为一体的俱乐部。汽车俱乐部大致可划分为以下几种类型:救援型、租赁型、文化娱乐型、企业型、汽车品牌型和综合型。

汽车界有两大组织,一个是国际性的组织——国际旅游汽车联盟,简称 AIT。它是国际上各汽车俱乐部组成的一个庞大组织,包括 138 个国家的成员,有 2 亿注册会员。另一大组织是 FIA,它主要组织各种汽车拉力赛。这两大组织已合并组成了 AIT-FIA。AIT 的总部设在巴黎,FIA 的总部设在瑞士。

二、汽车展览

汽车展览不仅是汽车企业家、汽车专家及有关人士的表演舞台,而且还散发出浓浓的汽车文化气息。汽车展览经常召开多种形式的研讨会,研讨汽车技术、汽车创新、汽车安全、汽车与环境保护等问题,为汽车行业的发展,为大众的汽车消费开拓着美好的未来。汽车展览会带来更多的概念车型、新车型、汽车展会风格和文化氛围,让人们感受到世界汽车工业跳动的脉搏。

法兰克福车展、巴黎车展、日内瓦车展、北美车展和东京车展是世界著名的五大汽车展,最短的也有 50 年以上的历史。我国每年举办各种车展近百场,其中以北京、上海、广州、长春四地的车展最具有影响力。这些车展都对世界汽车的发展起到了推动和促进作用,在世界汽车工业发展的历史长河中有着不可磨灭的功绩。

三、汽车赛事

近几年国内汽车赛事越来越频繁,样式也越来越多。除了举办多种样式的汽车拉力赛之外,还举办了古色古香的老爷车赛、中国康巴斯方程式锦标赛、全国卡丁车锦标赛等。

赛车可促进中国的汽车工业加速发展。运动是工业的橱窗,汽车运动更直接展示了汽车工业的水平。汽车运动可以称作是汽车工业展示自己生产水平的重要舞台。国际上水平最高的世界一级方程式锦标赛所使用的场地赛车,不仅体现了汽车工业的高新技术,而且对汽车工业的科技进步起到了很大的促进作用。

赛车能促进汽车的科研工作，提高各种车辆的性能，使其更加舒适，更加适合人们日常生活的需要。汽车生产企业参加汽车赛的目的就是为了检验车辆的性能，宣传使用汽车的安全性和可靠性。

赛车，赛的是车辆的性能、品质，赛的是市场、品牌，赛的是产品竞争力。

目前，全世界汽车生产企业都把参加赛车运动作为有效地树立企业及产品品牌形象，提高产品市场竞争力的重要手段。国外的大汽车厂家非常重视参与赛车，通过赛车运动从而成功建立企业产品形象的案例比比皆是。本田，原是日本的一个小企业，1955年开始涉足赛车领域。10年后，本田首次夺得世界一级方程式墨西哥站冠军。如今本田汽车业已成为世界名牌，在世界赛场和市场上均占有一席之地。三菱、法拉利轿车等，也是依靠赛车宣扬并成为世界名牌的。

四、汽车广告

汽车文化对广告的发展起着不可估量的作用。日本丰田的经典广告语："车到山前必有路，有路必有丰田车"影响了中国人十几年。现在，汽车广告在城市里已经非常普遍。各式各样的广告充斥着公共汽车的里里外外，特别是当举办体育比赛、商贸洽谈会、文化节、艺术节、博览会时，汽车广告更是无处不在。一些商家还将专用运输车和售后服务车作为流动的广告牌走街串巷。投资小、冲击力强、视觉效果显著的汽车广告已成为各种形式广告中必不可缺的一部分。进入新世纪，各大汽车公司兼并联合，实施全球营销战略，使得众多知名品牌涌入世界各地，给综合了视觉、听觉、平面、立体等各类效果的广告及整个广告业创造出更多的契机，掀起一轮广告投放热潮。

五、汽车娱乐

汽车娱乐包括放碟片、看电视、听音乐、听广播、玩游戏，而提供此五位一体娱乐平台的核心技术是汽车影音系统。

驱车长途行驶，驾车者精神高度集中，单调的听觉和视觉刺激极易引起疲劳，乘车者当然更觉枯燥乏味。人们已不满足于单纯的汽车音响了，更追求有声有色的生活享受。

正是迎合汽车驾乘者的新的需求，进入21世纪，音响界推出崭新概念的汽车影音系统，彻底改变固有行车观念，在您的旅途上增加更真实丰富的色彩，更动人心弦的视听效果。

汽车影音系统包括车载电视、音响系统、CD机、DVD系统、MP4等，它的市场非常广阔，营业额可超过汽车本身，因为一套高档音响中心的价值就要超过汽车本身的价值。

六、汽车媒体

汽车文化已成为人们日常生活的重要组成部分，各种汽车杂志纷纷问世，许多报纸开辟了有关汽车的专栏；电视台、广播电台也纷纷举办汽车专题报道，新闻媒体对汽车文化的形成与发展功不可没。

21世纪，汽车会真正成为国人生活的一部分，只有当我们与同生存时，才可能创造出形式各异的汽车文化。归根结底，汽车文化是以汽车为载体，以文化为依托，两者相辅相成，缺一不可。

课题四 报废车回收服务

一、我国的汽车报废标准

国际通行的汽车报废制度是以汽车的技术状况为主要检测指标的。

我国在 1997 年规定,凡在境内注册的民用汽车,属下列情况之一的应当报废:

(1)轻、微型载货汽车(含越野型),矿山作业专用车累计行驶 30 万公里;重、中型载货汽车(含越野型)累计行驶 40 万公里;特大、大、中、轻、微型客车(含越野型),轿车积累行驶 50 万公里,其他车辆累计行驶 45 万公里。

(2)轻、微型载货汽车(含越野型),带拖挂的载货汽车,矿山作业专用车及各类出租汽车使用 8 年,其他车辆使用 10 年。

(3)因各种原因造成车辆严重损坏(如发动机或者底盘严重损坏)或技术状况低劣,无法修复的。

(4)车型淘汰,已无配件来源的。

(5)汽车经长期使用,耗油量超过国家定型车出厂标准规定值 15% 的。

(6)经修理和调整仍达不到国家对机动车运行安全技术条件要求的。

(7)经修理和调整或采用排气污染控制技术后,排放污染物仍超过国家规定的汽车排放标准的。

(8)除 19 座以下的出租车和轻、微型载货汽车(含越野型)外,对达到上述使用年限的客、货车辆,经公安车辆管理部门依据国家机动车安全排放有关规定的严格检测,性能符合规定的,可延缓报废,但延长期不得超过年限的一半。对于吊车、消防车、钻探车等从事专门作业的车辆,还可根据实际使用和检验情况再延长使用年限。所有延长使用年限的车辆,都需按公安部规定增加检验次数,不符合国家有关汽车安全排放规定的应当强制报废。

由于上述汽车报废标准是以使用年限和使用里程为衡量指标的强行报废标准,随着我国市场化程度的提高和私家车的增加,这项报废标准显得不够科学,尤其对私家车影响最大。因此,为了鼓励技术进步,节约资源,促进汽车消费,2000 年 12 月 18 日,原国家经贸委、国家计委、公安部、国家环保局联合发文,将 1997 年制定的汽车报废标准中非营运载客汽车和旅游载客汽车使用年限及办理延缓的报废标准调整为:

(1)9 座(含 9 座)以下非营运载客汽车(包括轿车,含越野型)使用 15 年。

(2)旅游载客汽车和 9 座以上非营运载客车使用 10 年。

(3)上述车辆达到报废年限后需继续使用的,必须依据国家机动车安全、污染物排放有关规定进行严格检验,检验合格后可延长使用年限。但旅游载客汽车和 9 座以上非营运载客汽车可延长使用年限最长不超过 10 年。

(4)对延长使用年限的车辆,应当按照公安交通管理部门和环境保护部门的规定,增加检验次数。一个检验周期内连续三次检验不符合要求的,应注销登记,不允许再上路行驶。

(5)营运车辆转为非营运车辆或非营运车辆转为营业车辆,一律按营运车辆的规定报废。

（6）通知没有调整的内容和其他类型的汽车（包括右置转向盘汽车），仍按照原汽车报废标准实行。

（7）通知所称非营运载客汽车是指单位和个人不以获取运输利润为目的的自用载客汽车；旅游载客汽车是指经各级旅游主管部门批准的旅行社专门运载游客的自用载客汽车。

二、汽车报废手续

车主须到各区、县交通大（中）队宣传科或车管所（含地区所）领表并按规定到档案科审核登记后，将车交送指定的回收单位解体厂，交回号牌、行驶证，办理报废注销手续。

1. 单位办理汽车报废业务流程

（1）按样表填写《机动车停驶、复驶/注销登记申请表》。

（2）将车辆交市政府指定的回收单位。

（3）经办人凭以下资料到市车管所办理有关业务：回收单位车辆解体证明、经办人身份证、机动车号牌、《机动车行驶证》《机动车登记证书》。

（4）手续符合规定后，凭受理凭证办理相关业务。

2. 个人办理汽车报废业务流程

（1）按样表填写《机动车停驶、复驶/注销登记申请表》。

（2）车主凭以下资料到市车管所业务厅，登记审核受理：经办人身份证、机动车号牌、《机动车行驶证》《机动车登记证书》。

（3）车主须填写《车辆报废保证书》。

（4）手续符合规定后，凭受理凭证办理相关业务。

①填写《机动车停驶、复驶/注销登记申请表》；

②将报废车辆送到报废车辆回收部门；

③持报废车辆回收部门的回收证明书、注销登记申请表、机动车所有人的身份证明、机动车登记证书、机动车号牌和机动车行驶证，监管车辆还应出具进（出）境领（销）牌照通知书到公安交通大队车管所办理登记；

④初审手续签注意见后到车管所办理报废注销手续。

三、报废汽车回收管理办法

为加强对报废汽车回收管理，规范报废汽车回收行为，国务院制定了《报废汽车回收管理办法》（国务院令第 307 号）。国家经济贸易委员会负责组织全国报废汽车回收（含拆解，下同）的监督管理工作，国务院公安、工商行政管理等有关部门在各自的职责范围内负责报废汽车回收有关的监督管理工作。县级以上地方各级人民政府经济贸易管理部门对本行政区域内报废汽车回收活动实施监督管理。县级以上地方各级人民政府公安、工商行政管理等有关部门在各自的职责范围内对本行政区域内报废汽车回收活动实施有关的监督管理。

我国对报废汽车回收业实行特种行业管理，对报废汽车回收企业实行资格认定制度。报废汽车回收企业要取得《企业法人营业执照》和省经贸委的资格认定。

报废汽车拥有单位或者个人应当及时将报废汽车交售给报废汽车回收企业，任何单位或者个人不得将报废汽车出售、赠予或者以其他方式转让给非报废汽车回收企业的单位或个人;不得自行拆解报废汽车。

　　其他执法机关收缴、没收的不允许上路应予报废的汽车,均须依法送交当地有资格的报废汽车回收企业收购,不得以任何形式流入社会。此外,报废汽车回收企业不得因企业经济效益等原因拒收依法应予回收的报废汽车。

　　报废汽车回收企业要通过公安机关机动车信息查询系统,核对验收交售的报废汽车车辆识别代号(车架号)、发动机号等,确认无误后,向经办人出具《报废汽车回收证明》,办理收购手续。完成有关手续后,报废汽车正式移入报废汽车收购站或拆解场。

　　报废汽车回收企业必须拆解回收的报废汽车。其中,回收的报废营运客车,应当在公安机关的监督下解体。拆解的"五大总成"应当作为废金属,交售给钢铁企业作为冶炼原料;拆解的其他零配件能够继续使用的,可以出售,但必须标明"报废汽车回收用件"。

　　禁止任何单位或者个人利用报废汽车"五大总成"以及其他零配件拼装汽车;禁止报废汽车整体、"五大总成"和拼装车进入市场交易或者以其他任何方式交易;禁止拼装车和报废汽车上路行驶。

附录一

汽车销售管理办法

(中华人民共和国商务部令2017年第1号　2017年4月5日)

第一章　总　　则

第一条　为促进汽车市场健康发展,维护公平公正的市场秩序,保护消费者合法权益,根据国家有关法律、行政法规,制定本办法。

第二条　在中华人民共和国境内从事汽车销售及其相关服务活动,适用本办法。

从事汽车销售及其相关服务活动应当遵循合法、自愿、公平、诚信的原则。

第三条　本办法所称汽车,是指《汽车和挂车类型的术语和定义》(GB/T 3730.1)定义的汽车,且在境内未办理注册登记的新车。

第四条　国家鼓励发展共享型、节约型、社会化的汽车销售和售后服务网络,加快城乡一体的汽车销售和售后服务网络建设,加强新能源汽车销售和售后服务网络建设,推动汽车流通模式创新。

第五条　在境内销售汽车的供应商、经销商,应当建立完善汽车销售和售后服务体系,保证相应的配件供应,提供及时、有效的售后服务,严格遵守家用汽车产品"三包"、召回等规定,确保消费者合法权益。

第六条　本办法所称供应商,是指为经销商提供汽车资源的境内生产企业或接受境内生产企业转让销售环节权益并进行分销的经营者以及从境外进口汽车的经营者。

本办法所称经销商,是指获得汽车资源并进行销售的经营者。

本办法所称售后服务商,是指汽车销售后提供汽车维护、修理等服务活动的经营者。

第七条　国务院商务主管部门负责制定全国汽车销售及其相关服务活动的政策规章,对地方商务主管部门的监督管理工作进行指导、协调和监督。

县级以上地方商务主管部门依据本办法对本行政区域内汽车销售及其相关服务活动进行监督管理。

第八条　汽车行业协会、商会应当制定行业规范,提供信息咨询、宣传培训等服务,开展行业监测和预警分析,加强行业自律。

第二章　销售行为规范

第九条　供应商、经销商销售汽车、配件及其他相关产品应当符合国家有关规定和标准,不得销售国家法律、法规禁止交易的产品。

第十条　经销商应当在经营场所以适当形式明示销售汽车、配件及其他相关产品的价格和各项服务收费标准,不得在标价之外加价销售或收取额外费用。

第十一条　经销商应当在经营场所明示所出售的汽车产品质量保证、保修服务及消费者需知悉的其他售后服务政策,出售家用汽车产品的经销商还应当在经营场所明示家用汽车产品的"三包"信息。

第十二条　经销商出售未经供应商授权销售的汽车,或者未经境外汽车生产企业授权销售的进口汽车,应当以书面形式向消费者作出提醒和说明,并书面告知向消费者承担相关责任的主体。

未经供应商授权或者授权终止的,经销商不得以供应商授权销售汽车的名义从事经营活动。

第十三条　售后服务商应当向消费者明示售后服务的技术、质量和服务规范。

第十四条　供应商、经销商不得限定消费者户籍所在地,不得对消费者限定汽车配件、用品、金融、保险、救援等产品的提供商和售后服务商,但家用汽车产品"三包"服务、召回等由供应商承担费用时使用的配件和服务除外。

经销商销售汽车时不得强制消费者购买保险或者强制为其提供代办车辆注册登记等服务。

第十五条　经销商向消费者销售汽车时,应当核实登记消费者的有效身份证明,签订销售合同,并如实开具销售发票。

第十六条　供应商、经销商应当在交付汽车的同时交付以下随车凭证和文件,并保证车辆配置表述与实物配置相一致:

(一)国产汽车的机动车整车出厂合格证;

(二)使用国产底盘改装汽车的机动车底盘出厂合格证;

(三)进口汽车的货物进口证明和进口机动车检验证明等材料;

(四)车辆一致性证书,或者进口汽车产品特殊认证模式检验报告;

(五)产品中文使用说明书;

(六)产品保修、维修保养手册;

(七)家用汽车产品"三包"凭证。

第十七条　经销商、售后服务商销售或者提供配件应当如实标明原厂配件、质量相当配件、再制造件、回用件等,明示生产商(进口产品为进口商)、生产日期、适配车型等信息,向消费者销售或者提供原厂配件以外的其他配件时,应当予以提醒和说明。

列入国家强制性产品认证目录的配件,应当取得国家强制性产品认证并加施认证标志后方可销售或者在售后服务经营活动中使用,依据国家有关规定允许办理免于国家强制性产品认证的除外。

本办法所称原厂配件,是指汽车生产商提供或认可的,使用汽车生产商品牌或其认可品牌,按照车辆组装零部件规格和产品标准制造的零部件。

本办法所称质量相当配件,是指未经汽车生产商认可的,由配件生产商生产的,且性能和质量达到原厂配件相关技术标准要求的零部件。

本办法所称再制造件,是指旧汽车零部件经过再制造技术、工艺生产后,性能和质量达到原型新品要求的零部件。

本办法所称回用件,是指从报废汽车上拆解或维修车辆上替换的能够继续使用的零部件。

第十八条 供应商、经销商应当建立健全消费者投诉制度,明确受理消费者投诉的具体部门和人员,并向消费者明示投诉渠道。投诉的受理、转交以及处理情况应当自收到投诉之日起 7 个工作日内通知投诉的消费者。

第三章 销售市场秩序

第十九条 供应商采取向经销商授权方式销售汽车的,授权期限(不含店铺建设期)一般每次不低于 3 年,首次授权期限一般不低于 5 年。双方协商一致的,可以提前解除授权合同。

第二十条 供应商应当向经销商提供相应的营销、宣传、售后服务、技术服务等业务培训及技术支持。

供应商、经销商应当在本企业网站或经营场所公示与其合作的售后服务商名单。

第二十一条 供应商不得限制配件生产商(进口产品为进口商)的销售对象,不得限制经销商、售后服务商转售配件,有关法律法规规章及其配套的规范性文件另有规定的除外。

供应商应当及时向社会公布停产或者停止销售的车型,并保证其后至少 10 年的配件供应以及相应的售后服务。

第二十二条 未违反合同约定被供应商解除授权的,经销商有权要求供应商按不低于双方认可的第三方评估机构的评估价格收购其销售、检测和维修等设施设备,并回购相关库存车辆和配件。

第二十三条 供应商发生变更时,应当妥善处理相关事宜,确保经销商和消费者的合法权益。

经销商不再经营供应商产品的,应当将客户、车辆资料和维修历史记录在授权合同终止后 30 日内移交给供应商,不得实施有损于供应商品牌形象的行为;家用汽车产品经销商不再经营供应商产品时,应当及时通知消费者,在供应商的配合下变更承担"三包"责任的经销商。供应商、承担"三包"责任的经销商应当保证为消费者继续提供相应的售后服务。

第二十四条 供应商可以要求经销商为本企业品牌汽车设立单独展区,满足经营需要和维护品牌形象的基本功能,但不得对经销商实施下列行为:

(一)要求同时具备销售、售后服务等功能;

(二)规定整车、配件库存品种或数量,或者规定汽车销售数量,但双方在签署授权合同或合同延期时就上述内容书面达成一致的除外;

(三)限制经营其他供应商商品;

(四)限制为其他供应商的汽车提供配件及其他售后服务;

(五)要求承担以汽车供应商名义实施的广告、车展等宣传推广费用,或者限定广告宣传方式和媒体;

(六)限定不合理的经营场地面积、建筑物结构以及有偿设计单位、建筑单位、建筑材料、通用设备以及办公设施的品牌或者供应商;

(七)搭售未订购的汽车、配件及其他商品;

（八）干涉经销商人力资源和财务管理以及其他属于经销商自主经营范围内的活动；

（九）限制本企业汽车产品经销商之间相互转售。

第二十五条 供应商制定或实施营销奖励等商务政策应当遵循公平、公正、透明的原则。

供应商应当向经销商明确商务政策的主要内容，对于临时性商务政策，应当提前以双方约定的方式告知；对于被解除授权的经销商，应当维护经销商在授权期间应有的权益，不得拒绝或延迟支付销售返利。

第二十六条 除双方合同另有约定外，供应商在经销商获得授权销售区域内不得向消费者直接销售汽车。

第四章 监督管理

第二十七条 供应商、经销商应当自取得营业执照之日起90日内通过国务院商务主管部门全国汽车流通信息管理系统备案基本信息。供应商、经销商备案的基本信息发生变更的，应当自信息变更之日起30日内完成信息更新。

本办法实施以前已设立的供应商、经销商应当自本办法实施之日起90日内按前款规定备案基本信息。

供应商、经销商应当按照国务院商务主管部门的要求，及时通过全国汽车流通信息管理系统报送汽车销售数量、种类等信息。

第二十八条 经销商应当建立销售汽车、用户等信息档案，准确、及时地反映本区域销售动态、用户要求和其他相关信息。汽车销售、用户等信息档案保存期不得少于10年。

第二十九条 县级以上地方商务主管部门应当依据职责，采取"双随机"办法对汽车销售及其相关服务活动实施日常监督检查。

监督检查可以采取下列措施：

（一）进入供应商、经销商从事经营活动的场所进行现场检查；

（二）询问与监督检查事项有关的单位和个人，要求其说明情况；

（三）查阅、复制有关文件、资料，检查相关数据信息系统及复制相关信息数据；

（四）依据国家有关规定采取的其他措施。

第三十条 县级以上地方商务主管部门应当会同有关部门建立企业信用记录，纳入全国统一的信用信息共享交换平台。对供应商、经销商有关违法违规行为依法作出处理决定的，应当录入信用档案，并及时向社会公布。

第三十一条 供应商、经销商应当配合政府有关部门开展走私、盗抢、非法拼装等嫌疑车辆调查，提供车辆相关信息。

第五章 法律责任

第三十二条 违反本办法第十条、第十二条、第十四条、第十七条第一款、第二十一条、第二十三条第二款、第二十四条、第二十五条、第二十六条有关规定的，由县级以上地方商务主管部门责令改正，并可给予警告或 3 万元以下罚款。

第三十三条 违反本办法第十一条、第十五条、第十八条、第二十条第二款、第二十七条、第二十八条有关规定的，由县级以上地方商务主管部门责令改正，并可给予警告或 1 万元以下罚款。

第三十四条 县级以上商务主管部门的工作人员在汽车销售及其相关服务活动监督管理工作中滥用职权、玩忽职守、徇私舞弊的，依法给予处分；构成犯罪的，依法追究刑事责任。

第六章 附 则

第三十五条 省级商务主管部门可结合本地区实际情况制定本办法的实施细则，并报国务院商务主管部门备案。

第三十六条 供应商通过平行进口方式进口汽车按照平行进口相关规定办理。

第三十七条 本办法自 2017 年 7 月 1 日起施行。

附录二

缺陷汽车产品召回管理条例

(中华人民共和国国务院令 第 626 号 2012 年 10 月 10 日)

第一条 为了规范缺陷汽车产品召回,加强监督管理,保障人身、财产安全,制定本条例。

第二条 在中国境内生产、销售的汽车和汽车挂车(以下统称汽车产品)的召回及其监督管理,适用本条例。

第三条 本条例所称缺陷,是指由于设计、制造、标识等原因导致的在同一批次、型号或者类别的汽车产品中普遍存在的不符合保障人身、财产安全的国家标准、行业标准的情形或者其他危及人身、财产安全的不合理的危险。

本条例所称召回,是指汽车产品生产者对其已售出的汽车产品采取措施消除缺陷的活动。

第四条 国务院产品质量监督部门负责全国缺陷汽车产品召回的监督管理工作。

国务院有关部门在各自职责范围内负责缺陷汽车产品召回的相关监督管理工作。

第五条 国务院产品质量监督部门根据工作需要,可以委托省、自治区、直辖市人民政府产品质量监督部门、进出口商品检验机构负责缺陷汽车产品召回监督管理的部分工作。

国务院产品质量监督部门缺陷产品召回技术机构按照国务院产品质量监督部门的规定,承担缺陷汽车产品召回的具体技术工作。

第六条 任何单位和个人有权向产品质量监督部门投诉汽车产品可能存在的缺陷,国务院产品质量监督部门应当以便于公众知晓的方式向社会公布受理投诉的电话、电子邮箱和通信地址。

国务院产品质量监督部门应当建立缺陷汽车产品召回信息管理系统,收集汇总、分析处理有关缺陷汽车产品信息。

产品质量监督部门、汽车产品主管部门、商务主管部门、海关、公安机关交通管理部门、交通运输主管部门、工商行政管理部门等有关部门应当建立汽车产品的生产、销售、进口、登记检验、维修、消费者投诉、召回等信息的共享机制。

第七条 产品质量监督部门和有关部门、机构及其工作人员对履行本条例规定职责所知悉的商业秘密和个人信息,不得泄露。

第八条 对缺陷汽车产品,生产者应当依照本条例全部召回;生产者未实施召回的,国务院产品质量监督部门应当依照本条例责令其召回。

本条例所称生产者,是指在中国境内依法设立的生产汽车产品并以其名义颁发产品合格证的企业。

从中国境外进口汽车产品到境内销售的企业,视为前款所称的生产者。

第九条 生产者应当建立并保存汽车产品设计、制造、标识、检验等方面的信息记录以及汽车产品初次销售的车主信息记录,保存期不得少于 10 年。

第十条 生产者应当将下列信息报国务院产品质量监督部门备案:

(一)生产者基本信息;

(二)汽车产品技术参数和汽车产品初次销售的车主信息;

(三)因汽车产品存在危及人身、财产安全的故障而发生修理、更换、退货的信息;

(四)汽车产品在中国境外实施召回的信息;

(五)国务院产品质量监督部门要求备案的其他信息。

第十一条 销售、租赁、维修汽车产品的经营者(以下统称经营者)应当按照国务院产品质量监督部门的规定建立并保存汽车产品相关信息记录,保存期不得少于 5 年。

经营者获知汽车产品存在缺陷的,应当立即停止销售、租赁、使用缺陷汽车产品,并协助生产者实施召回。

经营者应当向国务院产品质量监督部门报告和向生产者通报所获知的汽车产品可能存在缺陷的相关信息。

第十二条 生产者获知汽车产品可能存在缺陷的,应当立即组织调查分析,并如实向国务院产品质量监督部门报告调查分析结果。

生产者确认汽车产品存在缺陷的,应当立即停止生产、销售、进口缺陷汽车产品,并实施召回。

第十三条 国务院产品质量监督部门获知汽车产品可能存在缺陷的,应当立即通知生产者开展调查分析;生产者未按照通知开展调查分析的,国务院产品质量监督部门应当开展缺陷调查。

国务院产品质量监督部门认为汽车产品可能存在会造成严重后果的缺陷的,可以直接开展缺陷调查。

第十四条 国务院产品质量监督部门开展缺陷调查,可以进入生产者、经营者的生产经营场所进行现场调查,查阅、复制相关资料和记录,向相关单位和个人了解汽车产品可能存在缺陷的情况。

生产者应当配合缺陷调查,提供调查需要的有关资料、产品和专用设备。经营者应当配合缺陷调查,提供调查需要的有关资料。

国务院产品质量监督部门不得将生产者、经营者提供的资料、产品和专用设备用于缺陷调查所需的技术检测和鉴定以外的用途。

第十五条 国务院产品质量监督部门调查认为汽车产品存在缺陷的,应当通知生产者实施召回。

生产者认为其汽车产品不存在缺陷的,可以自收到通知之日起 15 个工作日内向国务院产品质量监督部门提出异议,并提供证明材料。国务院产品质量监督部门应当组织与生产者无利害关系的专家对证明材料进行论证,必要时对汽车产品进行技术检测或者鉴定。

生产者既不按照通知实施召回又不在本条第二款规定期限内提出异议的,或者经国务院产品质量监督部门依照本条第二款规定组织论证、技术检测、鉴定确认汽车产品存在缺陷的,国务院产品质量监督部门应当责令生产者实施召回;生产者应当立即停止生产、销售、进口缺陷汽车产品,并实施召回。

第十六条 生产者实施召回,应当按照国务院产品质量监督部门的规定制定召回计划,并报国务院产品质量监督部门备案。修改已备案的召回计划应当重新备案。

生产者应当按照召回计划实施召回。

第十七条 生产者应当将报国务院产品质量监督部门备案的召回计划同时通报销售者,销售者应当停止销售缺陷汽车产品。

第十八条 生产者实施召回,应当以便于公众知晓的方式发布信息,告知车主汽车产品存在的缺陷、避免损害发生的应急处置方法和生产者消除缺陷的措施等事项。

国务院产品质量监督部门应当及时向社会公布已经确认的缺陷汽车产品信息以及生产者实施召回的相关信息。

车主应当配合生产者实施召回。

第十九条 对实施召回的缺陷汽车产品,生产者应当及时采取修正或者补充标识、修理、更换、退货等措施消除缺陷。

生产者应当承担消除缺陷的费用和必要的运送缺陷汽车产品的费用。

第二十条 生产者应当按照国务院产品质量监督部门的规定提交召回阶段性报告和召回总结报告。

第二十一条 国务院产品质量监督部门应当对召回实施情况进行监督,并组织与生产者无利害关系的专家对生产者消除缺陷的效果进行评估。

第二十二条 生产者违反本条例规定,有下列情形之一的,由产品质量监督部门责令改正;拒不改正的,处 5 万元以上 20 万元以下的罚款:

(一)未按照规定保存有关汽车产品、车主的信息记录;

(二)未按照规定备案有关信息、召回计划;

(三)未按照规定提交有关召回报告。

第二十三条 违反本条例规定,有下列情形之一的,由产品质量监督部门责令改正;拒不改正的,处 50 万元以上 100 万元以下的罚款;有违法所得的,并处没收违法所得;情节严重的,由许可机关吊销有关许可:

(一)生产者、经营者不配合产品质量监督部门缺陷调查;

(二)生产者未按照已备案的召回计划实施召回;

(三)生产者未将召回计划通报销售者。

第二十四条 生产者违反本条例规定,有下列情形之一的,由产品质量监督部门责令改正,处缺陷汽车产品货值金额 1% 以上 10% 以下的罚款;有违法所得的,并处没收违法所得;情节严重的,由许可机关吊销有关许可:

(一)未停止生产、销售或者进口缺陷汽车产品;

(二)隐瞒缺陷情况;

(三)经责令召回拒不召回。

第二十五条 违反本条例规定,从事缺陷汽车产品召回监督管理工作的人员有下列行为之一的,依法给予处分:

(一)将生产者、经营者提供的资料、产品和专用设备用于缺陷调查所需的技术检测和鉴定以外的用途;

(二)泄露当事人商业秘密或者个人信息;

(三)其他玩忽职守、徇私舞弊、滥用职权行为。

第二十六条 违反本条例规定,构成犯罪的,依法追究刑事责任。

第二十七条 汽车产品出厂时未随车装备的轮胎存在缺陷的,由轮胎的生产者负责召回。具体办法由国务院产品质量监督部门参照本条例制定。

第二十八条 生产者依照本条例召回缺陷汽车产品,不免除其依法应当承担的责任。

汽车产品存在本条例规定的缺陷以外的质量问题的,车主有权依照产品质量法、消费者权益保护法等法律、行政法规和国家有关规定以及合同约定,要求生产者、销售者承担修理、更换、退货、赔偿损失等相应的法律责任。

第二十九条 本条例自 2013 年 1 月 1 日起施行。

附录三

缺陷汽车产品召回管理条例实施办法

（国家质量监督检验检疫总局令 2015 年第 176 号 2015 年 12 月 22 日）

第一章 总 则

第一条 根据《缺陷汽车产品召回管理条例》，制定本办法。

第二条 在中国境内生产、销售的汽车和汽车挂车（以下统称汽车产品）的召回及其监督管理，适用本办法。

第三条 汽车产品生产者（以下简称生产者）是缺陷汽车产品的召回主体。汽车产品存在缺陷的，生产者应当依照本办法实施召回。

第四条 国家质量监督检验检疫总局（以下简称质检总局）负责全国缺陷汽车产品召回的监督管理工作。各级产品质量监督部门和出入境检验检疫机构依法履行职责。

第五条 质检总局根据工作需要，可以委托省级产品质量监督部门和出入境检验检疫机构（以下统称省级质检部门），在本行政区域内按照职责分工分别负责境内生产和进口缺陷汽车产品召回监督管理的部分工作。

质检总局缺陷产品召回技术机构（以下简称召回技术机构）按照质检总局的规定承担缺陷汽车产品召回信息管理、缺陷调查、召回管理中的具体技术工作。

第二章 信息管理

第六条 任何单位和个人有权向产品质量监督部门和出入境检验检疫机构投诉汽车产品可能存在的缺陷等有关问题。

第七条 质检总局负责组织建立缺陷汽车产品召回信息管理系统，收集汇总、分析处理有关缺陷汽车产品信息，备案生产者信息，发布缺陷汽车产品信息和召回相关信息。

质检总局负责与国务院有关部门共同建立汽车产品的生产、销售、进口、登记检验、维修、事故、消费者投诉、召回等信息的共享机制。

第八条 地方产品质量监督部门和各地出入境检验检疫机构发现本行政区域内缺陷汽车产品信息的，应当将信息逐级上报。

第九条 生产者应当建立健全汽车产品可追溯信息管理制度，确保能够及时确定缺陷汽车产品的召回范围并通知车主。

第十条 生产者应当保存以下汽车产品设计、制造、标识、检验等方面的信息：

（一）汽车产品设计、制造、标识、检验的相关文件和质量控制信息；

（二）涉及安全的汽车产品零部件生产者及零部件的设计、制造、检验信息；

（三）汽车产品生产批次及技术变更信息；

（四）其他相关信息。

生产者还应当保存车主名称、有效证件号码、通信地址、联系电话、购买日期、车辆识别代码等汽车产品初次销售的车主信息。

第十一条　生产者应当向质检总局备案以下信息：

（一）生产者基本信息；

（二）汽车产品技术参数和汽车产品初次销售的车主信息；

（三）因汽车产品存在危及人身、财产安全的故障而发生修理、更换、退货的信息；

（四）汽车产品在中国境外实施召回的信息；

（五）技术服务通报、公告等信息；

（六）其他需要备案的信息。

生产者依法备案的信息发生变化的，应当在 20 个工作日内进行更新。

第十二条　销售、租赁、维修汽车产品的经营者（以下统称经营者）应当建立并保存其经营的汽车产品型号、规格、车辆识别代码、数量、流向、购买者信息、租赁、维修等信息。

第十三条　经营者、汽车产品零部件生产者应当向质检总局报告所获知的汽车产品可能存在缺陷的相关信息，并通报生产者。

第三章　缺　陷　调　查

第十四条　生产者获知汽车产品可能存在缺陷的，应当立即组织调查分析，并将调查分析结果报告质检总局。

生产者经调查分析确认汽车产品存在缺陷的，应当立即停止生产、销售、进口缺陷汽车产品，并实施召回；生产者经调查分析认为汽车产品不存在缺陷的，应当在报送的调查分析结果中说明分析过程、方法、风险评估意见以及分析结论等。

第十五条　质检总局负责组织对缺陷汽车产品召回信息管理系统收集的信息、有关单位和个人的投诉信息以及通过其他方式获取的缺陷汽车产品相关信息进行分析，发现汽车产品可能存在缺陷的，应当立即通知生产者开展相关调查分析。

生产者应当按照质检总局通知要求，立即开展调查分析，并如实向质检总局报告调查分析结果。

第十六条　召回技术机构负责组织对生产者报送的调查分析结果进行评估，并将评估结果报告质检总局。

第十七条　存在下列情形之一的，质检总局应当组织开展缺陷调查：

（一）生产者未按照通知要求开展调查分析的；

（二）经评估生产者的调查分析结果不能证明汽车产品不存在缺陷的；

（三）汽车产品可能存在造成严重后果的缺陷的；

（四）经实验检测，同一批次、型号或者类别的汽车产品可能存在不符合保障人身、财产安全的国家标准、行业标准情形的；

（五）其他需要组织开展缺陷调查的情形。

第十八条　质检总局、受委托的省级质检部门开展缺陷调查，可以行使以下职权：

（一）进入生产者、经营者、零部件生产者的生产经营场所进行现场调查；

（二）查阅、复制相关资料和记录，收集相关证据；

（三）向有关单位和个人了解汽车产品可能存在缺陷的情况；

（四）其他依法可以采取的措施。

第十九条　与汽车产品缺陷有关的零部件生产者应当配合缺陷调查，提供调查需要的有关资料。

第二十条　质检总局、受委托的省级质检部门开展缺陷调查，应当对缺陷调查获得的相关信息、资料、实物、实验检测结果和相关证据等进行分析，形成缺陷调查报告。

省级质检部门应当及时将缺陷调查报告报送质检总局。

第二十一条　质检总局可以组织对汽车产品进行风险评估，必要时向社会发布风险预警信息。

第二十二条　质检总局根据缺陷调查报告认为汽车产品存在缺陷的，应当向生产者发出缺陷汽车产品召回通知书，通知生产者实施召回。

生产者认为其汽车产品不存在缺陷的，可以自收到缺陷汽车产品召回通知书之日起15个工作日内向质检总局提出书面异议，并提交相关证明材料。

生产者在15个工作日内提出异议的，质检总局应当组织与生产者无利害关系的专家对生产者提交的证明材料进行论证；必要时质检总局可以组织对汽车产品进行技术检测或者鉴定；生产者申请听证的或者质检总局根据工作需要认为有必要组织听证的，可以组织听证。

第二十三条　生产者既不按照缺陷汽车产品召回通知书要求实施召回，又不在15个工作日内向质检总局提出异议的，或者经组织论证、技术检测、鉴定，确认汽车产品存在缺陷的，质检总局应当责令生产者召回缺陷汽车产品。

第四章　召回实施与管理

第二十四条　生产者实施召回，应当按照质检总局的规定制定召回计划，并自确认汽车产品存在缺陷之日起5个工作日内或者被责令召回之日起5个工作日内向质检总局备案；同时以有效方式通报经营者。

生产者制定召回计划，应当内容全面，客观准确，并对其内容的真实性、准确性及召回措施的有效性负责。

生产者应当按照已备案的召回计划实施召回；生产者修改已备案的召回计划，应当重新向质检总局备案，并提交说明材料。

第二十五条　经营者获知汽车产品存在缺陷的，应当立即停止销售、租赁、使用缺陷汽车产品，并协助生产者实施召回。

第二十六条　生产者应当自召回计划备案之日起5个工作日内，通过报刊、网站、广播、电视等便于公众知晓的方式发布缺陷汽车产品信息和实施召回的相关信息，30个工作日内以挂号信等有效方式，告知车主汽车产品存在的缺陷、避免损害发生的应急处置方法和生产者消除缺陷的措施等事项。

生产者应当通过热线电话、网络平台等方式接受公众咨询。

第二十七条 车主应当积极配合生产者实施召回,消除缺陷。

第二十八条 质检总局应当向社会公布已经确认的缺陷汽车产品信息、生产者召回计划以及生产者实施召回的其他相关信息。

第二十九条 生产者应当保存已实施召回的汽车产品召回记录,保存期不得少于10年。

第三十条 生产者应当自召回实施之日起每3个月向质检总局提交一次召回阶段性报告。质检总局有特殊要求的,生产者应当按要求提交。

生产者应当在完成召回计划后15个工作日内,向质检总局提交召回总结报告。

第三十一条 生产者被责令召回的,应当立即停止生产、销售、进口缺陷汽车产品,并按照本办法的规定实施召回。

第三十二条 生产者完成召回计划后,仍有未召回的缺陷汽车产品的,应当继续实施召回。

第三十三条 对未消除缺陷的汽车产品,生产者和经营者不得销售或者交付使用。

第三十四条 质检总局对生产者召回实施情况进行监督或者委托省级质检部门进行监督,组织与生产者无利害关系的专家对消除缺陷的效果进行评估。

受委托对召回实施情况进行监督的省级质检部门,应当及时将有关情况报告质检总局。

质检总局通过召回实施情况监督和评估发现生产者的召回范围不准确、召回措施无法有效消除缺陷或者未能取得预期效果的,应当要求生产者再次实施召回或者采取其他相应补救措施。

第五章　法律责任

第三十五条 生产者违反本办法规定,有下列行为之一的,责令限期改正;逾期未改正的,处以1万元以上3万元以下罚款:

（一）未按规定更新备案信息的;

（二）未按规定提交调查分析结果的;

（三）未按规定保存汽车产品召回记录的;

（四）未按规定发布缺陷汽车产品信息和召回信息的。

第三十六条 零部件生产者违反本办法规定不配合缺陷调查的,责令限期改正;逾期未改正的,处以1万元以上3万元以下罚款。

第三十七条 违反本办法规定,构成《缺陷汽车产品召回管理条例》等有关法律法规规定的违法行为的,依法予以处理。

第三十八条 违反本办法规定,构成犯罪的,依法追究刑事责任。

第三十九条 本办法规定的行政处罚由违法行为发生地具有管辖权的产品质量监督部门和出入境检验检疫机构在职责范围内依法实施;法律、行政法规另有规定的,依照法律、行政法规的规定执行。

第六章 附 则

第四十条 本办法所称汽车产品是指中华人民共和国国家标准《汽车和挂车类型的术语和定义》规定的汽车和挂车。

本办法所称生产者是指在中国境内依法设立的生产汽车产品并以其名义颁发产品合格证的企业。

从中国境外进口汽车产品到境内销售的企业视为前款所称的生产者。

第四十一条 汽车产品出厂时未随车装备的轮胎的召回及其监督管理由质检总局另行规定。

第四十二条 本办法由质检总局负责解释。

第四十三条 本办法自 2016 年 1 月 1 日起施行。

参考文献

[1] 宋明顺. 质量管理学[M]. 北京:科学出版社,2005.

[2] 杨志坚,张伯坚,丁炳山. 2000 新版 ISO 9000 服务行业实践指南[M]. 北京:国防工业出版社,2003.

[3] 张国方,等. 汽车服务工程[M]. 北京:电子工业出版社,2004.

[4] 周燕,罗小青. 汽车美容与装饰. [M]. 3 版. 北京:机械工业出版社,2011.

[5] 郭洪太,刘雅杰. 交通运输管理[M]. 北京:人民交通出版社,2005.

[6] 洪生伟. 汽车维修服务质量体系[M]. 北京:中国标准出版社,2003.

[7] 程诚,庄继德,邹广德,等. 汽车服务系统工程[M]. 北京:人民交通出版社,2005.

[8] 张德金. 汽车装饰美容实用手册[M]. 北京:机械工业出版社,2004.

[9] 林皓琪. 汽车美容装潢工[M]. 北京:中国劳动社会保障出版社,2005.

[10] 宓亚光. 汽车售后服务管理[M]. 北京:机械工业出版社,2005.

[11] 张毅. 汽车配件市场营销[M]. 北京:机械工业出版社,2004.

[12] 刘仲国,何效平. 汽车服务工程. [M]. 2 版. 北京:人民交通出版社股份有限公司,2016.